基桩检测技术与实例

PILE TESTING TECHNOLOGY

刘屠梅 赵竹占 吴慧明   著

中国建筑工业出版社

图书在版编目（CIP）数据

基桩检测技术与实例／刘屠梅，赵竹占，吴慧明著.
北京：中国建筑工业出版社，2006（2023.9重印）
ISBN 978-7-112-08023-6

Ⅰ．基… Ⅱ．①刘… ②赵… ③吴… Ⅲ．桩基础-
检测 Ⅳ．TU473.1

中国版本图书馆 CIP 数据核字（2006）第 006962 号

责任编辑：徐纺　邓卫
封面设计：邵怡

基桩检测技术与实例
叶军献　主编
刘屠梅、赵竹占、吴慧明　著
*
中国建筑工业出版社出版、发行（北京西郊百万庄）
新华书店经销
上海腾飞照相制版印刷厂　制版
北京市密东印刷有限公司　印刷
*
开本：787 毫米×1092 毫米　1/16　印张：12¼　字数：300 千字
2006 年 4 月第一版　2023 年 9 月第八次印刷
定价：**26.00 元**
ISBN 978-7-112-08023-6
（13976）

序

随着我国国民经济持续快速发展，基础设施、工业项目投资不断增加，一大批能源、交通、水利和城市大型公用设施等各类工程建设项目已经建成或正在投入建设。在工程施工中，桩基是建设工程中应用最广泛的一种基础形式，桩基工程质量直接关系到主体结构的质量安全，但因其属于地下或水下隐蔽工程，施工质量较难控制，桩基检测是判定桩基质量的重要手段和依据，因此，保证桩基检测质量是工程建设不可缺少的一个重要的环节。

桩基检测目前主要包括基桩桩身质量检测、基桩承载力检测。桩基检测技术原理涉及土（动）力学、工程地质、桩基设计理论、桩基施工技术、波动振动理论、计算机应用技术等多门理论与技术；现场检测技术涉及到不断更新的仪器设备的操作、现场原始数据的判读等。对桩基工程检测人员来说，在具备多学科理论知识、熟练掌握现场检测技术基础上，还必须积累大量的工程检测经验才能对桩基工程质量给出一个合理的判定、规范的表述。本书最大的特点是，就基桩检测原理理解上、现场检测过程中、检测结果评价上常易出现的问题进行了归纳和总结，并增设了大量的检测工程实例，充分突出本书的实用性。本书是作者长期从事桩基检测技术的研究和实践的总结，相信会对广大土木工程、岩土工程工作者有所助益。

赵如龙

二〇〇二年一月

前　言

桩基工程是目前应用最为广泛的基础形式，合理正确的基桩检测方法是控制桩基工程施工质量的保障手段，客观准确的基桩检测数据是工程质量评定的重要依据。基桩检测技术是综合了的多门学科和技术的系统工程，是吸收了大量工程经验的实用技术。本书共分九章，第一章介绍了基桩检测涉及到的桩基基础知识、桩基施工技术；第二章综述了基桩检测技术的分类与选用方法；第三～第八章对现行基桩桩身质量及承载力各项检测方法的应用原理进行了系统归纳，详细介绍了各项检测的现场检测技术和结果评价方法，总结和解释了检测原理和检测技术中易出现的问题，并例举了大量的工程实例；第九章增设了基桩自平衡法承载力检测新技术，目的是使读者了解基桩检测最新技术，也促进该方法的推广和使用。

本书由浙江省建筑业管理局叶军献高工主编，第一、二、三章由叶军献高工、浙江省建筑业管理局刘屠梅（教授级高工）编写；第四、五、六章由浙江省地球物理应用技术研究所赵竹占（教授级高工）、冶金部建筑研究院徐攸在（教授级高工）编写；第七章由浙江环宇建设集团有限公司陶红雨（高工）、南京水利科学研究院罗琪先（教授级高工）编写；第八章由陶红雨编写，第九章由东南大学土木工程系戴国亮（教授）、赵竹占编写。全书由宁波市鄞州城乡建设工程技术有限公司吴慧明博士负责整理编排，赵竹占负责审核。本书得到宁波市鄞州城乡建设工程技术有限公司的大力协助。限于时间及作者水平，本书缺点、错误及不当之处尚请读者批评指正。

编者

2006 年 1 月

目 录

第1章 桩基基础知识

1.1 桩基础简介

建筑地基分为天然地基与人工地基。无须经过处理可直接承受建筑物荷载的地基称为天然地基,反之,需通过地基处理技术处理的地基称为人工地基。广义地讲,人工地基可以分为:

(1) 均质地基、多层地基:通过改良或置换,改善地基土的物理力学性质,提高地基土的抗剪强度、增强土体压缩模量或减少土的渗透性。

(2) 复合地基:通过在地基中设置竖向或水平向增强体,增强体与原地基土形成复合地基,以提高地基土承载力、减少地基沉降。

(3) 桩基础:在地基中设置桩,通过桩将荷载传递到深层土体中。

水泥搅拌桩、低强度等级混凝土灌注桩、CFG桩、灰土桩、碎石桩等,是在土中设置的竖向增强体,均属复合地基范畴,虽被称为桩,但不是桩基工程。本书中所讲的众多基桩检测技术,一般来说,不能无条件地应用到复合地基中。

早在新石器时代,人们就已采用木桩搭设水上住所,这可以看作最原始的桩基工程。近代,无论桩的材料还是成桩工艺都得到快速发展,目前主要有预制混凝土桩、就地混凝土灌注桩、钢桩等多种桩型,施工工艺有打入、压入、钻孔等多种方法。桩基工程应用领域也越来越广泛,大量应用于工业与民用建筑、道路桥梁、海上采油平台等。

桩基工程与岩土工程地质条件、基础和结构类型、荷载特征、桩土相互作用体系、施工技术及环境等因素有关,是地下高度隐蔽性工程。目前已建立了比较完善的桩基理论体系,就桩基工程的勘察、选型与布置、设计原则、计算方法、施工、质量检查与验收等方面,编制了众多的规范、规程,以指导桩基工程的勘察、设计、施工及验收。

建筑基桩检测是桩基质量检查与验收中的一个关键部分,也是桩基工程施工中不可缺少的重要环节;同时作为基桩检测人员,如果不能充分了解岩土工程地质勘察、桩基设计理论、桩基施工技术,就无法保证基桩检测工作的质量、无法确保检测结果评定的可靠性。

在介绍基桩检测理论与实践之前,有必要介绍一些与桩基工程相关的理论与技术。

1.2 建筑桩基重要术语

桩基础——由设置于岩土中的桩和连接于桩顶端的承台共同组成的基础。分低桩承台桩基与高桩承台桩基。

单桩基础——采用1根基桩(通常为大直径桩)以承受和传递上部结构(通常为柱)荷载的独立基础。

群桩基础——由 2 根以上基桩组成的桩基础。

基桩——桩基础中的单桩。

复合桩基——由桩和承台下地基土共同承受荷载的桩基。

复合基桩——包含承台底土阻力的基桩。

单桩竖向极限承载力——单桩在竖向荷载作用下到达破坏状态前或出现不适于继续承载的变形时所对应的最大荷载。它取决于土对桩的支承阻力和桩身材料强度,一般由土对桩的支承阻力控制,对于端承桩、超长桩和桩身质量有缺陷的桩,可能由桩身材料强度控制。

单桩竖向承载力特征值——表示正常使用极限状态计算时采用的承载力值,其涵义为在发挥正常使用功能时所允许采用的抗力设计值。

群桩效应——群桩基础受竖向荷载后,由于承台、桩、土的相互作用使其桩侧摩阻力、桩端阻力、沉降等性状发生变化而与单桩明显不同,承载力往往不等于各单桩承载力之和,称之为群桩效应。群桩效应受土的力学性质、桩距、桩数、桩的长径比、桩长与承台宽度比、成桩方法等多种因素的影响。

负摩阻力——桩身周围的土由于自重固结、自重湿陷、地面附加荷载等原因而产生大于桩身的沉降时,土对桩侧表面所产生的向下摩阻力。在桩身某一深度处的桩与土的位移量相等,该处成为中性点。中性点是正、负摩阻力的分界点。

闭塞效应——开口管桩沉入过程中,桩端土一部分被挤向外围,一部分涌入管内形成"土塞"。土塞受到管壁摩阻力作用将产生一定压缩,土塞高度及闭塞程度与土的力学性质、管径、壁厚及进入持力层的深度等诸多因素有关。闭塞程度直接影响端阻力发挥、桩的破坏性状及桩的承载力。称此为"闭塞效应"。

1.3 桩的分类

桩的分类方法很多,针对基桩检测,现选取几种主要的分类方法。

1. 按成桩方法对土层影响分类

不同成桩方法对桩周围土层的扰动程度不同,将影响到桩承载能力的发挥和计算参数的选用。一般分为:

(1) 挤土桩。在成桩过程中,桩周土被挤密或挤开,土的原状结构遭到破坏,土的工程性质有很大改变。如打入或静压预制桩。

(2) 部分挤土桩。在成桩过程中,桩周土受轻微扰动,土的原状结构和工程性质变化不明显。如开口式钢管桩。

(3) 非挤土桩。成桩过程中,将与桩体积相同的土挖出,因而桩周土较少受到扰动,但有应力松弛现象。如挖孔或钻孔灌注桩。

2. 按桩的使用功能分类

(1) 竖向抗压桩。按抗压桩的荷载传递机理可分为:

1）摩擦桩。在极限承载力状态下，外荷载主要由桩侧摩阻力承担，桩端阻力很少，一般不会超过10%。如饱和软土中的桩。

2）端承桩。在极限承载力状态下，外荷载主要由桩端阻力承担，一般不考虑桩侧摩阻力。如长径比较小的嵌岩桩可视为端承桩，但长径比较大时，由于桩本身压缩，桩侧摩阻力可部分发挥。

3）摩擦端承桩、端承摩擦桩。外荷载由桩侧摩阻力与桩端阻力同时承担，侧摩阻力与端阻力的分配比例与桩径、桩长、持力层刚度、软土层厚度等有关。如穿过软土层进入砂砾持力层的桩。

（2）水平受荷桩。桩身要承受水平力引起的弯矩，由桩侧土的被动土压力承担，或由水平支撑和桩锚来平衡。

（3）抗拔桩。由桩侧摩阻力抵抗桩上的抗拔荷载。

（4）复合受荷桩。同时承受较大竖向荷载和水平荷载的桩。

3.根据桩径大小分类

（1）大直径桩。桩径 $d \geqslant 800$mm，在设计中考虑挤土效应与尺寸效应。

（2）中等直径桩。桩径介于250mm～800mm之间的桩。

（3）小桩。桩径 $d \leqslant 250$mm，一般长径比较大。

4.根据桩身材料分类

（1）混凝土桩。又分就地灌注桩与预制桩，是目前应用最广泛的桩型。

（2）钢桩。主要有钢管与型钢两大类。

（3）组合材料桩。指由两种材料组成的桩，现应用很少。

桩基检测主要针对前两种桩型。

5.根据成桩方法分类

（1）打入桩。将预制桩用击打或振动法打入地层至设计标高。

（2）静压桩。利用无噪声的机械将预制桩压入设计标高。

（3）就地灌注桩。按成孔工艺分为：

1）沉管灌注桩。将钢管打入土中成孔，然后灌注混凝土，并在灌注过程中将钢管拔出或留在土中。

2）钻孔灌注桩。使用机械成孔，如冲击钻机、旋转钻机等机械。一般没有护壁或采用泥浆护壁，对孔周土层不产生扰动。

3）挖孔灌注桩。使用人工或机械，在有护壁或无护壁的条件下成孔。

4）螺旋桩。在木桩或混凝土桩的端部接一段螺旋钻头，用旋转机械将桩拧入土中至设计标高。现已很少采用。

1.4 桩在荷载作用下的破坏模式

1.桩在荷载作用下的工作方式

当桩还没有承受荷载时,作用在桩杆表面的是水平向的土压力;随着桩顶竖向荷载的增加,桩侧的摩擦力发挥出来,这两者的和就是侧摩阻力。作用在桩端的反力主要是竖直向上的,这就是桩的端阻力。桩的承载力包括两部分,即侧摩阻力和端阻力,这两者之比取决于地基土的地层分布及力学性质、桩的尺寸与设置方法及总荷载的大小(图1-1(a))。如果桩上作用的是水平力及力矩,那么桩上的应力分布将是不对称的,桩杆将承受弯矩(图1-1(b));如果桩上作用的是上拔力,那么侧摩阻力的方向与图1-1(a)中相反(图1-1(c));如果桩打在上部地层为欠固结的土中,则土对桩身产生向下的负摩阻力(图1-1(d))。

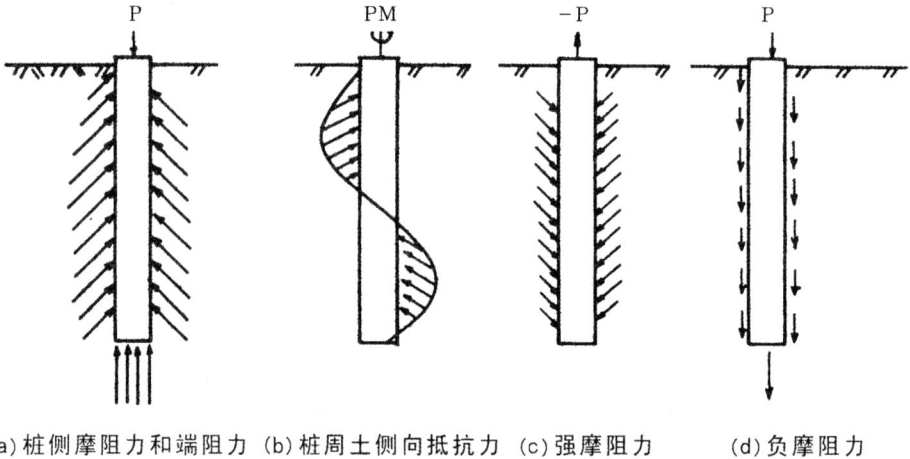

(a)桩侧摩阻力和端阻力　(b)桩周土侧向抵抗力　(c)强摩阻力　　(d)负摩阻力

图1-1　桩的荷载传递形式

2.桩的破坏模式

桩的破坏模式主要取决于桩周土的抗剪强度、桩的类别与施工方式及桩的荷载传递类型等条件。

图1-2给出了摩擦桩、端承摩擦桩、摩擦端承桩和端承桩的不同破坏模式简图,图中显示了桩周土层和桩端持力层的抗剪强度相对值以及常规桩荷载－桩顶沉降关系曲线(Q-s曲线)。

第一种情况——摩擦桩。桩顶荷载由桩侧土阻力来承担,而桩端土较软,当桩顶荷载不断增加时,桩侧土阻力也不断得以发挥直至全部发挥,当桩顶荷载超过桩侧土阻力后,Q-s曲线呈现某一斜率后的急速下降趋势,此时的桩侧土出现刺入破坏,桩再也无法承受上部荷载的压力。(图1-2(a))

第二种情况——端承摩擦桩。桩顶荷载大部分由桩侧摩阻力承受,小部分由桩尖的桩端阻力承受,此种地层土的抗剪强度均匀,桩出现刺入剪切破坏。曲线不出现明显的破坏现象。(图1-2(b))

第三种情况——摩擦端承桩。桩穿过抗剪强度较低的地层后,端承在高强度的土层中,当桩顶的荷载不断增加时,较小的桩侧摩阻力发挥完后,桩端阻力得到充分发挥,随后将出

现整体剪切破坏，因为桩端以上的软弱土层不能阻止滑动土楔的形成。此种现象在打入式短桩工地常出现。（图1-2(c)）

第四种情况——端承桩。打入式预制桩或钻孔嵌岩灌注桩，桩周土较软时，桩尖端承在坚硬的中、微风化基岩上或高强度的地层中，对于桩身没有约束力和侧向抵抗力，桩的破坏是在经受了弹性压缩变形后出现纵向压曲，有明显的破坏荷载。这种情况往往是与桩身的材料强度有关。（图1-2(d)）

第五种情况——上拔桩。上拔荷载由侧摩阻力来抵抗，当上拉荷载抵消桩的侧摩阻力后，桩侧土进入塑性变形。

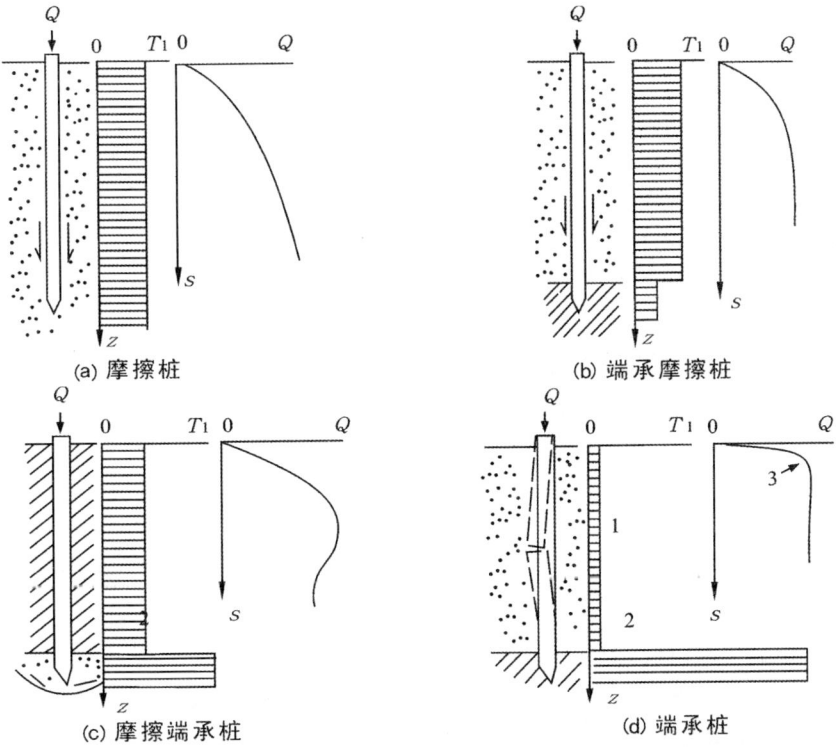

(a) 摩擦桩

(b) 端承摩擦桩

(c) 摩擦端承桩

(d) 端承桩

图1-2　桩破坏模式示意图

其实，桩在打入土层后，其顶部加上荷载，桩的被动受力和各部位的应变是很复杂的，因此在分析桩的受力和Q-s曲线的同时，应综合各方面的资料来解释桩的破坏机理。

1.5 基桩竖向承载力与沉降变形计算

1. 建筑地基基础设计等级

根据地基复杂程度、建筑物规模和功能特征以及由于地基问题可能造成建筑物破坏或影响正常使用的程度，将地基基础设计分为三个设计等级，见表1-1。

地基基础设计等级 表 1-1

设计等级	建筑和地基类型
甲级	重要的工业与民用建筑物 30层以上的高层建筑 体形复杂，层数相差超过10层的高低连成一体的建筑物 大面积的多层地下建筑物（如地下车库、商场、运动场等） 对地基变形有特殊要求的建筑物 复杂地质条件下的坡上建筑物（包括高边坡） 对原有工程影响较大的新建建筑物 场地和地基条件复杂的一般建筑物 位于复杂地质条件及软土地区的二层及二层以上地下室的基坑工程
乙级	除甲级、丙级以外的工业与民用建筑物
丙级	场地和地基条件简单、荷载分布均匀的七层及七层以下民用建筑物及一般工业建筑物；次要的轻型建筑物

所有等级建筑均应满足承载力要求，以下建筑物的桩基础还应进行沉降计算。

（1）设计等级为甲级的建筑物桩基础；

（2）体形复杂、荷载不均匀或桩端以下存在软弱下卧层，地基基础设计等级为乙级的建筑物桩基础；

（3）摩擦型桩基础。

当有可靠地区经验时，对地质条件不复杂、荷载均匀、对沉降无特殊要求的端承桩基也可不进行沉降计算。

2.单桩竖向承载力与沉降变形基本理论

桩顶竖向荷载由桩侧摩阻力与桩端阻力承受，桩侧摩阻力一般先于桩端阻力发挥出来。

当桩顶受荷时，桩身压缩导致桩土间相对位移，于是桩侧受到向上的摩阻力，荷载因此传到土体中。桩身压缩变形及桩土间的相对位移，随深度而递减。随着荷载增加，桩身下部桩侧摩阻力逐渐增大直至全部发挥，端阻力也得到充分发挥，基桩达到极限承载力状态。基桩沉降由基桩本身压缩变形、持力层变形组成。

土是散粒体结构，是复杂多样的三相体非线性材料。桩、土荷载传递也是非线性的，其数学模型很难有简单的数学解，所以在进行理论计算分析时，桩侧摩阻力宜采用线性简化，桩端阻力可采用 Wincle 地基或其他模型，桩基础最终沉降变形宜按单向压缩分层总和法。

对重要建筑可采用在桩身埋设量测元件，较为准确地测定桩身轴力、桩身变形等，以此推算桩侧摩阻力。

6

3. 单桩承载力的计算

（1）承载力设计要求

轴心竖向力作用下：$Q_k \leqslant R_a$ （1-1）

偏心竖向力作用下：$Q_{ikmax} \leqslant 1.2R_a$ （1-2）

式中 Q_k——相应于荷载效应标准组合轴心竖向力作用下任一单桩的竖向力；

        Q_{ikmax}——相应于荷载效应标准组合偏心竖向力作用下单桩的最大竖向力；

        R_a——单桩竖向承载力特征值。

（2）满足承载力设计时桩身混凝土强度要求

桩轴心受压时 $Q \leqslant A_p f_c \Psi_c$ （1-3）

式中 f_c——混凝土轴心抗压强度设计值，按现行《混凝土结构设计规范》取值；

        Q——相应于荷载效应基本组合时的单桩竖向力设计值；

        A_p——桩身横截面积；

        Ψ_c——工作条件系数，预制桩取 0.75，灌注桩取 0.6～0.7（水下灌注桩或长桩用低值）。

4. 单桩竖向承载力特征值的确定方法

（1）地基基础设计等级为甲级、乙级的建筑物，单桩承载力特征值应通过单桩竖向静载试验确定。在同一条件下的试桩数量，不宜少于总桩数的 1%，且不应少于 3 根。这就是常说的"设计试桩"。

当桩端持力层为密实砂卵石或其他承载力类似的土层时，对单桩承载力很高的大直径端承型桩，可采用深层平板载荷试验确定桩端土的承载力特征值。

（2）地基基础设计等级为丙级的建筑物，可采用静力触探及标准贯入试验参数确定。

（3）初步设计时单桩竖向承载力特征值可用下式估算：

$$R_a = q_{pa} A_p + u_p \Sigma q_{sia} l_i \qquad (1-4)$$

式中 R_a——单桩竖向承载力特征值；

        q_{pa}、q_{sia}——桩端阻力、桩侧摩阻力特征值，由当地静载试验结果与桩侧、桩端土层的物理力学性质指标进行统计分析算得；

        A_p——桩底端横截面面积；

        u_p——桩身周边长度；

        l_i——第 i 层岩土的厚度。

当桩端嵌入完整或较完整的硬质岩中时，可按下式估算单桩竖向承载力特征值：

$$R_a = q_{pa} A_p \qquad (1-5)$$

式中 q_{pa}——桩端岩石承载力特征值。

5. 影响单桩竖向承载力的因素

（1）桩侧土的性质与土层分布：桩侧土的强度与变形性质影响桩侧阻力的发挥性状与大小。

（2）桩端土层的性质：桩端持力层的类别与性质直接影响桩端阻力的大小和沉降量。

（3）桩的几何特征：桩的直径、长度及其比值是影响桩总侧摩阻力与总端阻力的比值、桩端阻力的发挥程度和单桩承载力的主要因素之一。

（4）成桩效应：挤土桩、部分挤土桩、非挤土桩三大成桩工艺，影响到桩的承载力及其随时间的变化。一般说饱和土中的成桩效应大于非饱和土中的、群桩中的大于单桩中的。

（5）成桩桩身质量。

6．例题

【例题1-1】一钢筋混凝土预制桩的截面为400mm × 400mm，桩长12m。场地土层分布情况和根据邻近桩静荷试验得出的轴向荷载550kN时各土层平均摩阻力见表1-2。假定桩端以下的中砂符合Winkle地基假定，中砂基床系数 $k_s = 4 \times 10^4 kN/m^3$，桩身弹性模量 $E_p = 29 kN/mm^2$。估算桩顶荷载550kN时桩身轴力、桩侧阻力、桩端阻力及基桩沉降量。

土层分布情况和各土层平均摩阻力　　表1-2

土层编号	土层类别	土层厚度（m）	侧摩阻力（kPa）
1	粉土	3.0	25
2	黏土	7.0	20
3	中砂	2.0	35

【解】桩身轴力、桩侧摩阻力、桩端阻力的计算见表1-3。

桩身弹性压缩量计算：

$$\Sigma \delta_z = \Sigma \frac{N_i l_i}{A_p E_p} = \frac{1}{160000 \times 29} \times (490 \times 3000 + 318 \times 7000 + 150 \times 2000) = 0.85 (mm)$$

按假定，桩端单位面积压力 $\delta = \frac{N_1}{A_p} = k_s \delta_1$，而 $k_s = 4 \times 10^4 kN/m^3 = 4 \times 10^{-5} kN/mm^3$

$$\delta_1 = \frac{N_1}{A_p k_s} = \frac{94}{160000 \times 4 \times 10^{-5}} = 14.69 (mm)$$

桩端持力层变形计算：$S = \Sigma \delta_z + \delta_1 = 0.85 + 14.69 = 15.54 (mm)$

桩身轴力、桩侧阻力、桩端阻力计算　　表1-3

土层编号	各层桩侧摩阻力 $\mu_p \tau_i l_i$（kN）	各土层层底处桩的轴力（kN）	各土层桩身平均轴力 N_i（kN）
1	1.6×3×25=120	550-120=430	(550+430)/2=490
2	1.6×7×20=224	430-224=206	(430+206)/2=318
3	1.6×2×35=112	206-112=94	(206+94)/2=150

以上是在一些假设条件下所进行的简化计算。应当指出，单桩的轴向荷载传递是比较复杂的。桩的截面位移 δ_z、桩端位移 δ_1、桩顶沉降 δ_0 与桩侧摩阻力 τ_z 的关系，τ_z 的实际分布图形和极限值，桩土之间有无发生相对滑移等都影响着桩的工作性状，即影响着桩的荷载传递和桩顶的沉降量。

1.6 桩基础质量检验与验收

1. 桩基础质量检验验收与基桩质量检测

桩基础属隐蔽工程，要保证桩基础施工质量，必须对桩基础的所用材料、施工方法、施工工序、成桩质量、桩位等进行质量控制与检验。基桩与桩基础是两个不同的概念，基桩质量检测是桩基础质量检验与验收的一部分，主要指对成桩桩身质量及单桩承载力的控制与检测。

桩基础质量检验与验收，在不同阶段有不同的目的和方法。

2. 施工前质量检验与验收（设计试桩阶段的质量检验）

（1）满足下列条件之一时，施工前应采用静载试验确定单桩竖向抗压承载力特征值的桩基工程：

1）建筑地基基础设计等级为甲级、乙级的；

2）地质条件复杂、施工质量可靠性低差的；

3）本地区采用新桩型或新工艺的；

4）设计要求的。

（2）打入式预制桩有下列要求之一时，应采用高应变法进行试打桩的打桩过程检测：

1）控制打桩过程中的桩身应力；

2）选择沉桩设备和确定工艺参数；

3）选择桩端持力层。

（3）进行设计试桩的目的

为设计提供可靠的设计依据，为施工确定可行的施工方法与施工工艺、提供合理的施工参数。

（4）设计试桩质量检验与验收的内容及方法

1）设计试桩施工质量控制同本节第 3 小节中的工程桩施工质量控制；

2）采用高低应变动力检测、钻芯取样、埋管超声等方法检测桩身质量；

3）采用单桩竖向抗压静载试验确定单桩承载力，预制桩还可以采用高应变法监测桩身应力与锤击能量传递比。

3. 施工阶段质量检验与验收（工程桩施工质量验检）

（1）质量验收目的

控制施工质量,发现问题及时解决。

(2)质量验收内容

1)所有施工材料的检验。

2)灌注桩的施工过程中成桩质量检查,包括成孔与清孔、钢筋笼制作与安放、混凝土拌制与灌注等三个工序,人工挖孔桩还包括孔底持力层复验等。

3)预制桩和钢桩施工过程中成桩质量检查,包括制桩、打入(静压)深度、接桩、停锤标准、桩位及垂直度等。

(3)方法

按《建筑地基基础工程施工质量验收规范》(GB 50202－2002)执行。

4.成桩质量检验与验收

(1)质量验收内容与方法

1)成桩桩身完整性检测,可采用高低应变动力检测、钻芯取样、埋管超声等方法;

2)成桩单桩承载力检测,可采用高应变动力检测、静载荷试验等方法;

3)桩位偏差验收。

(2)质量验收目的

检测单桩的承载力和桩身完整性,进一步延伸到整个桩基础质量的检测与评定。

可见,基桩质量检测是设计试桩质量验收的重要手段,是桩基础施工完成后成桩质量检验与验收的主要方法。

1.7 桩基础常见质量事故分析

基桩质量检测是为了发现基桩质量问题,并为解决问题提供依据。只有熟悉桩基础常见质量事故及其原因,并了解常见质量事故的处理方法,才能有针对性地选用基桩检测方法,正确判定缺陷类型,合理评估缺陷程度,准确评定桩基工程质量。

1.桩基础事故的定义及原因

由于勘察、设计、施工和检测工作中存在的问题,或者桩基础工程完成后其他环境变异原因,造成桩基础受损或破坏现象。

由桩基础事故的定义可看出桩基础事故的主要原因有:

1)工程勘察质量问题。工程勘察报告提供的地质剖面图、钻孔柱状图、土的物理力学性质指标以及桩基建议设计参数不准确,尤其是土层划分错误、持力层选取错误、侧摩阻力和端阻力取值不当,均会给设计带来误导,产生严重后果。

2)桩基础设计质量问题。主要有桩基础选型不当、设计参数选取不当等问题。不熟悉工程勘察资料,不了解施工工艺,凭主观臆断选择桩型,会导致桩基础施工困难,并产生不可避免的质量问题;参数指标选取错误,结果造成成桩质量达不到设计要求,造成很大的浪费。

3)桩基础施工质量问题。施工质量问题一般是桩基础质量问题的直接原因和主要原因。

桩基础施工质量事故原因很多，人员素质、材料质量、施工方法、施工工序、施工质量控制手段、施工质量检验方法等任一方面出现问题，都有可能导致施工质量事故。

4）基桩检测问题。基桩检测理论不完善、检测人员素质差、检测方法选用不合适、检测工作不规范等，均有可能对基桩完整性普查、基桩承载力确定给出错误结论与评价。

5）环境条件的影响。例如软土地区，一旦在桩基础施工完成后发生基坑开挖、地面大面积堆载、重型机械行进、相邻工程挤土桩施工等环境条件变化，均有可能造成严重的桩身质量问题，而且常常是大范围的基桩质量事故。

以下就几种主要桩型常见质量事故进行分析。

2．打入式预制桩主要质量事故分析

1）桩身本身的质量问题。主要原因有预制桩生产过程中材料、胎膜、生产工艺、养护龄期等控制不严导致桩身强度不够、桩身几何尺寸偏差大等质量问题，装卸、运输、堆放不当造成桩身裂缝等缺陷，在施工前又未能及时发现。桩身本身质量有缺陷的桩经锤击打入后，将严重影响基桩承载力，造成的事故是很难处理的。

2）接桩质量问题。主要原因有接桩材料不合格、接桩方法不当等原因，如上下节平面偏差、焊接不牢、焊接后停歇时间过短、螺栓未拧紧、胶泥质量差等。可采用对接桩部位进行补强的方法处理。

3）桩身垂直度问题。原因很多，如施工中垂直度控制不到位，布桩密度、打桩路线、持力层层面坡度不合理，地面超载，基坑开挖，相邻工程挤土桩施工等，造成基桩倾斜，严重影响桩身质量及基桩承载力。可根据事故原因采用纠偏补强、补桩等方法处理。

4）"拒打"造成的质量问题。打入式预制桩施打过程中常出现送桩困难或无法送桩现象，桩长达不到设计要求。主要原因有勘察资料失实，设计参数、桩型、持力层选用不当，施工中采用的锤重锤垫不当、停歇时间长，或出现复杂的地质现象（如夹砂硬土层、地下孤石等）。过多的重锤打击，易导致桩头碎裂、桩身损伤。

5）"上浮吊脚"造成的承载力不足问题。在深厚软土地区，已打入的桩，在施工其相邻基桩时，往往会发生整桩"上浮"、桩端离开持力层的现象。这种现象对基桩承载力影响很大，但如果采取措施将"上浮吊脚"桩压回原位，一般来说其承载力能满足设计要求。

6）锤打出现的桩身质量问题。当重锤打击桩头时，由桩头向桩身射入的压力波，如果桩身较长，桩尖处于软土层，桩尖将反射回拉力波，此时的拉力波往往会集中在桩的中部0.3～0.7倍桩长的位置；如果桩尖处于硬土层，桩尖将反射回压力波，压力波到达桩顶后又产生拉力波，该拉力波一般集中在桩头部分。如果拉力波产生的拉应力超过预制桩桩身混凝土的抗拉强度，混凝土将会出现裂缝，形成断裂面。应选用合适的桩型、采用合适的重锤与锤垫，避免锤打中出现桩身质量问题。

3．钻（冲）孔灌注桩主要质量事故

钻孔灌注桩施工包括泥浆护壁、水下成孔、水下下笼、清孔、水下混凝土灌注等工序，每道工序都会或轻或重地出现一些缺陷。

(1) 钻孔倾斜。在钻进过程中，遇孤石等地下障碍物使得钻杠偏斜。桩倾斜程度不同，对基桩承载力的影响不同。由于该类事故无法通过基桩质量检测手段测定，因此施工中的垂直度检验显得尤其重要，特别是大直径钻孔灌注桩。

(2) 坍孔。易造成断桩、沉渣、孔径突变等缺陷。主要原因有：

1) 护壁不力。如泥浆因质量差易沉淀、相对密度小，护筒内无足够压力水头，护筒埋深不够导致筒底漏土等。

2) 钻进速度过快。

3) 操作时碰撞。如下落提升钻具、放置钢筋笼时碰撞。

4) 土质疏松。如在粉砂土等粗颗粒土层以及松散地层中成孔时，常易发生坍孔事故。

5) 有较强的承压水并且水头较高。易造成孔底翻砂和孔壁坍塌。

(3) 充盈系数过大。一般设计要求混凝土浇注充盈系数在 1.05～1.25 之间。但由于成孔的工艺（如采用无导向装置的正循环法，因钻杆细、刚度小造成施工中摇晃严重）、地质条件等原因，充盈系数超过 1.3，甚至于达到 1.6 或更大，这都属于施工不正常现象，既造成材料的浪费，也造成左右桩刚度不一致的弊病。

(4) 桩身缩径、夹泥、断桩、离析。这些均为不同程度的桩身质量问题，对基桩承载力有很大影响。一般来说发生的原因有：

1) 断桩：混凝土浇注过程中，不慎将导管拔出混凝土面，由于堵管、停电等原因而采取的拔管措施，软土层中流土、砂土层中流砂挤入钢筋笼内，导管大量进水。混凝土浇注中出现的这些事故，会使混凝土灌注面与护壁泥浆混合，形成断裂面。此外，采用机械挖土时，机械设备对桩头的碰撞易使桩浅部断裂。

2) 夹泥：混凝土浇注过程中，出现坍孔和内挤，坍落和挤入的土体混入混凝土中。这是一种严重的桩身缺陷。

3) 离析：混凝土和易性差、混凝土初灌量过小、导管进水、导管埋深不足、在混凝土初凝前地下水位变化等，造成桩身局部断面混凝土胶结不良、离析。

4) 缩径：钢筋笼设计太密，如果混凝土级配和流动性差时，造成桩身某些断面尺寸达不到设计要求；地下承压水对桩周混凝土侵蚀。

(5) 孔底沉渣。施工中未按有关规范要求清孔、清孔后未及时浇注混凝土、下钢筋笼时碰撞孔壁、混凝土初灌量太小、混凝土浇注前出现坍孔，这些现象都会造成孔底沉渣超标。采用正循环法施工时沉渣问题更为突出。对端承桩、摩擦端承桩来说，孔底沉渣对其承载力有着致命的影响，处理也很困难。

(6) 桩头浮浆。这是正常现象，但桩头必须经过处理后才能使用，或在可能的情况下加大超灌长度。

4.沉管灌注桩主要质量事故分析

在多层工业与民用建筑工程中，就地沉管灌注桩以其技术经济综合比较上的优势，被广泛采用。沉管灌注桩为挤土型桩，桩径一般为$\phi 377$、$\phi 426$，桩长20m左右。近些年由于施工设备与技术的提高，桩径有着逐步增大的趋势，出现了$\phi 500$、$\phi 550$桩径的沉管桩，桩长在浙江省宁波地区最长达到40m左右，长径比达到$80\sim 90$。沉管桩有振动、静压等施工方法，由于沉管灌注桩截面尺寸的特点，无论采用哪种施工方法，施工中都易产生以下质量问题：

(1) 缩径、夹泥、离析。硬土中混凝土充盈系数小于1.1，软土中小于1.2。原因主要有：

1) 土的性状原因。在软土中沉桩时，土受到强制扰动产生超孔隙水压力，在桩管拔出后挤向刚浇注的混凝土，使桩身局部缩径或夹泥。所以在软土中施工时一定要控制拔管速度。在软硬土层交界处，也极易发生缩径现象，如回填的池塘，回填土下夹有未被清除的河底淤泥，在这种地层中沉管施工，缩径往往发生在淤泥地层中。在桩身埋置范围内的土层中有承压地下水时，桩身也会产生局部缩径现象。

2) 拔管速度过快。施工中不按有关规范要求操作，拔管速度过快，造成管内混凝土高度过低，使得混凝土的排挤力小于地层的侧压力，从而造成缩径夹泥。

3) 管内混凝土量少。管内混凝土应保持2m左右高程，并高于地下水位$1.0\sim 1.5$m或不低于地面高程，否则管外土体挤入会造成缩径夹泥。

4) 混凝土质量差。坍落度小、和易性差，拔管时管壁对混凝土产生的摩阻力造成缩径离析。

5) 桩间距过小，邻近桩施工时的挤压也有可能造成缩径。

6) 采用反插法施工工艺时，反插深度太大，易把孔壁周围的土体挤入桩身，形成夹泥。

(2) 断桩。一般会产生贯穿全截面的水平向裂缝。造成断桩的原因与缩径基本相同，主要有工程地质差、施工工艺不当、混凝土质量差、设计桩距不合理、挖土碰撞等原因。尤其在软土地区，当布桩密度较大时，邻近桩互相水平向挤压，常常在钢筋笼底部形成断裂面。断桩对承载力的影响大于缩径。

(3) "吊脚桩"。桩底混凝土架空，泥砂在桩底部形成薄弱层。原因一般有：

1) 预制桩尖质量差。在沉管时，桩尖由于强度不足被挤压破损后进入桩管，在振拔时未能将桩尖压出，直到管拔至一定高度时才落下，但未能落到原标高，形成"吊脚"；或者桩尖被挤压破碎后，泥砂和水从破损处挤入桩管，与桩底混凝土混合成松软的薄弱层。

2) 桩身较长时，活瓣桩尖被周围土体包围而打不开，拔管至一定高度后才打开。

3) 混凝土级配不合理、和易性差，在拔管时，混凝土拒落，造成桩尖下没有混凝土或量少，一般称为"软桩"。类似这种故障可使用和易性好的混凝土或如压拔管的办法来避免。

5.环境变异引起桩基础主要质量事故

导致桩基础质量事故的环境因素很多，常见的有：

1) 基础开挖对工程桩造成的影响。例如，机械挖土时，挖机碰撞桩头，一般容易导致桩的浅部裂缝或断裂。在软土地区深基坑开挖时，基坑支护结构出现问题时，会使基坑附近的工程桩产生较大的水平位移，灌注桩桩身中上部会产生裂缝或发生断裂，薄壁预应力管桩桩身上部出现裂缝或断裂，厚壁预应力管桩与预制方桩在第一接桩处发生桩身倾斜；基坑降水产生的负摩阻力对桩身强度较差的桩产生局部拉裂缝。

2）相邻工程施工的影响。间距较近之处施工密集的挤土型桩时，如不采取防护措施，土体水平挤压可能造成桩身一处甚至多处断裂。

3）地面大面积堆载。会使桩身倾斜、桩中上部出现裂缝或断裂。

4）重型机械在刚施工完成的桩基础上行进，尤其是预制桩桩基础，对桩头水平向挤压造成桩头水平位移、桩身中上部裂缝或断裂。

第2章 基桩检测技术概述

2.1 基桩检测目的及意义

桩基础能否既经济又安全地通过设置在土中的基桩，将外荷载传递到深层土体中，主要取决于基桩桩身质量与基桩承载力是否能达到设计要求。基桩检测是指：（1）对基桩桩身质量进行检测，查清桩身缺陷及位置，以便对影响桩基承载力和寿命的桩身缺陷进行必要的补救，同时达到对桩身质量普查的目的；（2）对基桩承载力进行检测，达到判定与评价基桩承载力是否满足设计要求的目的。基桩检测可进一步延伸到对桩基础质量的验收与评定。

基桩检测主要在桩基础施工前和施工后进行，是桩基础设计和施工质量验收中的重要组成部分。

2.2 基桩检测基本术语

桩身完整性——反映桩身截面尺寸相对变化、桩身材料密实性和连续性的综合定性指标。

桩身缺陷——使桩身完整性恶化，在一定程度上引起桩身结构承载力和耐久性降低的桩身断裂、裂缝、缩径、夹泥（夹物）、空洞、蜂窝、松散等现象的统称。

静载试验——在桩顶部逐级施加竖向压力、竖向上拔力或水平推力，观测桩顶部随时间产生的沉降、上拔位移或水平位移，以确定相应的单桩竖向抗压承载力、单桩竖向抗拔力或单桩水平承载力的试验方法。

钻芯法——用钻机钻取芯样以检测桩长、桩身缺陷、桩底沉渣厚度以及桩身混凝土的强度、密实性和连续性，判定桩端岩土性状的方法。

低应变法——采用低能量瞬态或稳态激振方式在桩顶激振，实测桩顶部的速度时程曲线或速度导纳曲线，通过波动理论分析或频域分析，对桩身完整性进行判定的检测方法。

高应变法——用重锤冲击桩顶，实测桩顶部的速度和力时程曲线，通过波动理论分析，对单桩竖向抗压承载力和桩身完整性进行判定的检测方法。

声波透射法——在预埋声测管之间并联接受声波，通过实测声波在混凝土介质中传播的声时、频率和波幅衰减等声学参数的相对变化，对桩身完整性进行检测的方法。

2.3 基桩检测方法分类及适用条件

对基桩检测方法进行分类，并对各种检测方法的适用条件、优缺点进行分析研究，同时结合具体工程的特点，经济、合理地选用检测方法，是保证检测工作质量的最重要的前提。

1. 根据检测目的分：基桩完整性检测和基桩承载力检测

（1）基桩完整性检测方法主要有：钻孔取芯法、埋管式声波透射法和高低应变动力检测法。检测目的主要包括：

1）检验桩长、混凝土强度；

2）检测桩身缺陷、位置，判定完整性类别；

3）检测灌注桩桩底沉渣、桩端岩土性状。

大直径灌注桩基桩完整性检测的主要方法有钻孔取芯法、埋管式声波透射法和高低应变动力检测法等。钻芯法可检测钻孔桩桩长、桩身混凝土质量、桩底沉渣厚度、判定或鉴别桩端岩土性状、判定桩身完整性类别。其他方法可检测缺陷及其位置、判定桩身完整性类别。

预制桩、小直径灌注桩等桩型，基桩完整性检测主要采用高低应变动力检测法，检测缺陷及其位置、判定桩身完整性类别。

目前声波透射法、高低应变法等桩身完整性检测方法，由于检测原理、仪器设备、数据处理等方面的局限性，一般适用符合"一维均质杆件"假定的混凝土桩，不能完全适用于组合桩、异形桩、薄壁钢管桩；地基处理中应用的水泥搅拌桩、碎石桩、低强度等级混凝土桩、CFG桩等桩型，也不能简单套用桩基工程中的基桩完整性检测方法，只有在其桩身条件符合基桩完整性检测方法要求时，才能有选择地应用，但检测数量、结果评定，一定要按照地基处理技术要求执行。

（2）基桩承载力检测方法主要有：基桩静载试验、高应变动力检测。

基桩静载试验的目的有：

1）确定单桩的竖向抗压、竖向抗拔、水平向极限承载力，并对工程桩承载力进行检验和评价。

2）单桩竖向抗压静载试验，当同时预埋桩底沉降测管与桩底反力和桩身应力、应变等测量元件时，或同时预埋桩身位移测杆时，尚可直接测定桩周各土层的极限侧摩阻力和桩的极限端阻力或桩身截面的位移量。

3）单桩水平静载试验确定地基土的水平抗力系数；当埋设有桩身应力测量元件时，可测定出桩身应力变化，并由此求得桩身弯矩分布。

根据以上目的，基桩静力载荷试验可分为：（1）单桩竖向抗压静载试验；（2）单桩竖向抗拔静载试验；（3）单桩水平静载试验和水平反复载荷试验。

基桩高应变动力检测的目的有：

1）判定单桩竖向抗压承载力是否满足设计要求；

2）检测及判定桩身完整性；

3）分析桩侧和桩端土阻力；

4）预制桩打桩监测。

根据以上检测目的，高应变法可分为预制桩施工监测与基桩成桩质量检测。一般高应变检测适用符合"一维均质杆件"假定的混凝土桩，承载力检测应具有现场实测经验和本地区相近条件下的可靠动静对比资料。根据单桩承力判定方法可分为CASE法与曲线拟合法。

2．根据检测结果性质分：直接法和间接法

基桩完整性检测直接法主要是取芯法，浅部可采用开挖法。间接法有低应变动力检测法、声波透射法、高应变动力检测法。

基桩承载力检测直接法主要指基桩静载试验，间接法主要指高应变动力检测。

直接法检测结果直观、可靠，但由于现场工作量大、成本高，抽检数量、抽检比例小；间接法较直接法简单、成本低，所以它可以根据概率统计方法的要求，选取足够数量的样本进行试验。由于间接法是通过静力计算或其他理论进行推论，其结果可靠性显然不如直接法。

通过进行间接法与直接法的结果比对验证，可进一步完善理论、改进检测方法、完善仪器设备、提高人员素质。在选用基桩检测方法时，也应根据地基基础设计等级、场地条件、桩基础施工工艺、设计要求、地区经验等，结合各种检测方法的适用范围和特点，合理选择一种或几种检测方法，实现各种方法合理搭配、优势互补，使各种检测方法尽量互为补充或验证，在达到正确评价目的的同时，又要体现经济合理性。

3．根据施加的荷载分：静力法与动力法

基桩静力检测法主要指基桩静载试验，动力法指高低应变检测法。

基桩动力检测按动荷载作用产生的桩顶位移和桩身应变大小分为高应变法和低应变法，前者是利用高能量的冲击力产生沿桩身纵向传播的波动，使桩顶位移量与竖向静载试验接近，桩周岩土全部或大部分进入塑性变形状态，桩身应变量通常在 $1.0\% \sim 10.0\%$ 范围内，可用于检测桩身完整性、判定基桩竖向承载力及检测打桩的桩身应力和监测锤击效率；后者利用低能量的激振力产生沿桩身的纵向振动或沿桩身纵向传播的波动，桩－土系统变形完全在弹性范围内，桩身应变量一般小于 0.1%，用于桩身完整性的评价。反射波低应变检测法、高应变 CASE 法与曲线拟合法是以一维波动理论为基础的检测方法，也是目前基桩动力检测中最常用、较可靠的方法。

目前基桩动力检测方法在应用中存在的不足可归纳为：

基桩完整性动力分析：（1）基本上不能对截面的变化程度作出定量评定，而只能对桩身缺陷的存在作出定性与定位的判断；（2）大批试桩中能鉴别出肯定合格的基本完整桩和肯定不合格的严重缺损桩，对许多具有中等程度缺损桩，较难对其合格性作出判断；（3）在通过对桩身阻抗变化的分析中，很难判定缺陷的具体类型，必须结合工程地质条件、桩型、成桩工艺和施工记录等进行综合判断。所以应结合取芯、开挖等直接检测法的检测结果进行比对验证，同时总结不同桩型易出现的质量事故，获取地区经验，提高检测结果的可靠性、结果评价的合理性。

基桩承载力动力分析：物理数学模型、力学模型、桩土材料模型、计算公式、分析流程、应用软件及仪器设备等各个方面，在对承载力的分析计算上都存在一些问题，这些问题都会导致承载力分析计算的系统误差，是本质的、急需创新的不足；另外，场地环境条件、从业人员素质，尽管是外因，但都直接影响到承载力的判定精度。不论人们给予基桩承载力动力检测何种评价，都应清楚看到其原理及设备等诸多方面存在的问题。基桩采用动力检测方法分析计算桩的承载力，有其速度快、成本低、抽样率高等优点，但只有结合静载试验成果及地区经验选用动力检测法，才是明智的做法。

2.4 基桩检测的抽样及检测方法的选用

基桩检测，是对成桩质量的抽样检验，从概率论与数理统计的角度看，抽样方法、样本数量直接影响了统计结果的可靠性；从选用的检测方法看，直接法结果可靠，间接法检测结果的可靠性则取决于多种客观及人为因素，不易确定与控制。

《建筑基桩检测技术规范》(JGJ 106-2003)对检测方法的选用、抽样方法、样本的大小做了以下的规定。

1.基桩承载力检测的抽样数量及检测方法的选用

(1) 竖向抗压承载力检测的抽样数量及检测方法的选用应符合表 2-1 的要求。

竖向抗压承载力检测的抽样数量及方法选用   表 2-1

阶段	方法	条件	抽检数量	备注
施工前（设计试桩）	静载试验	满足下列条件之一时，施工前应采用静载法确定单桩竖向抗压承载力特征值： 1）建筑地基基础设计等级为甲级、乙级的桩基； 2）地质条件复杂、桩施工质量可靠性低； 3）本地区采用的新桩型或新工艺； 4）设计要求的	同一条件下不应少于3根，且不少于总桩数的1%；当工程桩总数在50根以内时，不应少于2根	
	高应变法	打入式预制桩有下列条件要求之一时，应采用高应变法进行试打桩的打桩过程监测： 1）控制打桩中的桩身应力； 2）选择沉桩设备和确定工艺参数； 3）选择桩端持力层	在相同施工工艺和相近地质条件下，试打桩数量不应少于3根	
施工后（成桩质量验收）	静载试验	对单位工程内且同一条件下的工程桩，符合下列条件时应采用静载试验验收检测： 1）建筑地基基础设计等级为甲级的桩基； 2）地质条件复杂、桩施工质量可靠性低； 3）本地区采用的新桩型或新工艺； 4）挤土群桩施工产生挤土效应	不少于总桩数的1%，且不少于3根；当总桩数在50根以内时，不应少于2根	该规定外的工程桩当采用静载试验时，抽检数量宜同本规定
	高应变法	1）可采用高应变法进行承载力检测的有：除上述规定应采用静载外的预制桩、符合高应变适用范围的灌注桩。 2）可采用高应变法作为承载力验收检测的补充的有：当有本地区相近条件的对比验证资料时，高应变法可作为上述规定应采用静载检测的基桩承载力验收检测的补充	不宜少于总桩数的5%，且不得少于5根	

(2) 对于端承型大直径灌注桩，当受设备或现场条件限制无法检测单桩竖向抗压承载力

时，可采用钻芯法测定桩底沉渣厚度并钻取桩端持力层岩土芯样检验桩端持力层。抽检数量不少于总桩数的10%，且不应少于10根。或者按《建筑地基基础设计规范》(GB 50007)进行深层平板载荷试验、岩基载荷试验。在同条件下的小直径桩的静载试验中，通过桩身内力测试，确定端承力参数。

（3）抗拔、水平向承载力：检测数量不应少于总桩数的1%，且不应3根。

2．混凝土桩桩身完整性检测的抽检数量及检测方法的选用规定

（1）柱下三桩或三桩以下的承台抽检桩数不得少于1根。

（2）建筑地基基础设计等级为甲级，或地质条件复杂、成桩质量可靠性较低的灌注桩，抽检数量不应少于总桩数的30%，且不得少于20根；其他桩基工程的抽检数量不应少于总桩数的20%，且不得少于10根。

（3）对端承型大直径灌注桩，应在上述两款规定的抽检桩数范围内，选用钻芯法或声波透射法对部分受检桩进行桩身完整性检测。抽检数量不应少于总桩数的10%。

（4）地下水位以上且终孔后桩端持力层已通过核验的人工挖孔桩，以及单节混凝土预制桩，抽检数量可适当减少，但不应少于总桩数的10%，且不应少于10根。

（5）工程有特殊需要时，应适当加大抽检数量，尤其是低应变法检测具有速度快、成本低的特点，扩大检测数量能更好了解整个工程基桩的桩身完整性情况。

3、基桩完整性与承载力验收检测的抽样规定

（1）施工质量有疑问的桩；

（2）设计方认为重要的桩；

（3）局部地质条件出现异常的桩；

（4）施工工艺不同的桩；

（5）承载力验收检测时适量选择完整性检测中判定的Ⅲ类桩；

（6）除上述规定外，同类型桩宜均匀随机分布。

《建筑基桩检测技术规范》(JGJ 106—2003)鉴于施工验收检测的目的是查明隐患、确保安全，建议宜先抽检上述第1～5款所列的桩，其次再考虑第6款抽样的随机性，但对这些桩的检测结果是否参与检测结果的评定，一定要根据实际情况确定，以免造成误判。

4．检测开始时间的规定

（1）当采用低应变法或声波透射法检测时，受检桩混凝土强度至少达到设计强度的70%，且不小于15MPa。

（2）当采用钻芯法检测时，受检桩的混凝土龄期达到28d或与预留同条件养护试块强度达到设计强度。

（3）承载力检测前的休止时间除应达到本条2款规定的混凝土龄期外，当无成熟的地区经验时，尚不应少于表2-2规定的时间。

土的类别		休止时间
砂土		7
粉土		10
黏性土	非饱和	15
	饱和	25

休止时间　　　　　　　　　　　　　　　表 2-2

注：对于泥浆护壁灌注桩，宜适当延长休止日期。

2.5 验证检测与扩大检测

1.验证检测

验证检测是指对检测中出现的缺乏依据、无法或难于定论的情况，采用同种或其他种方法进一步检测确定。基桩验证检测一般有以下几种情况：

（1）目前基桩完整性检测方法无法检测的或检测效果不好的桩。对这种类型的桩，一般采用静载试验验证基桩质量是否满足设计要求。

（2）高、低应变检测无法对桩身缺陷程度准确判定的桩或Ⅲ类桩。可根据实际情况采用静载、钻芯、开挖等方法验证检测。

（3）高应变检测无法对基桩承载力准确判定的桩。如高应变检测中出现的桩身质量有严重缺陷的桩，应采用静载试验进一步验证。

（4）检测结果与工程地质勘察有很大差别的桩。如高应变检测波形表现出竖向承载力性状明显与勘察报告中的地质条件不符合，应采用静载试验进一步验证。

2.扩大检测

当检测结果出现下列情况时，应在未检桩中再次抽样，增加受检桩数量，进行扩大检测。

1）单桩承载力检测结果不满足设计要求时，应分析原因，并经确认后扩大检测。

2）灌注桩取芯法检测结果不满足设计要求时，应分析原因，并经确认后扩大检测。

3）低应变法、高应变法和声波透射法抽检桩身完整性所发现的Ⅲ、Ⅳ类桩之和大于抽检桩数的 20% 时，宜采用原检测方法（声波透射法可改用钻芯法）进行扩大检测。

扩大检测的数量宜根据地质条件、桩基设计等级、桩型、施工质量变异性等因素合理确定，并经有关各方确认。

2.6 基桩检测工作程序

1.检测工作程序

检测机构一般采用图 2-1 所示程序进行检测工作。

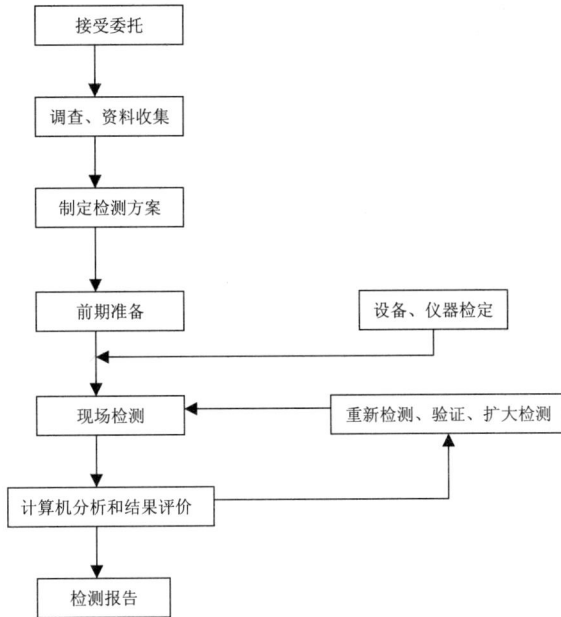

图 2—1　检测工作程序框图

2.调查与资料收集

调查与资料收集阶段包括下列内容：

（1）被检工程项目名称及建设、设计、施工监理单位名称

（2）工程项目地点、规模、地基基础设计等级、桩基础形式、设计对检测的要求等工程概况

（3）被检工程的岩土工程勘察资料

（4）桩基础施工图

（5）施工机械、成桩工艺

（6）施工过程中成桩质量检查资料

成桩质量检查是指桩基施工过程中，施工单位在监理单位监督指导下，对各施工工序的质量检查。成桩质量检查资料，是桩基检测前必须了解的重要资料，不同桩型的检查有：

1）灌注桩的成桩检查主要包括成孔及清孔、钢筋笼制作及安装、混凝土拌制及浇注等三个工序的质量检查资料；

2）预制桩和钢桩成桩质量检查主要包括制桩、打入（静压）深度、停锤标准、桩位及垂直度检查资料；

3）沉管灌注桩及其他具有上述灌注桩和预制桩施工工序的质量检查，按上述有关项目进行质量检查资料。

（7）试桩桩顶处理方法、处理前后的标高、龄期等

（8）进一步明确委托方的具体要求

（9）检测项目现场实施的可行性

（10）其他

3. 检测方案的编写

检测方案一般包括以下内容：

（1）委托方、设计单位的要求，即检测目的

（2）工程概况、桩基工程概况

（3）工程地质概况

（4）检测方法及其选用依据

（5）检测依据、标准、规范

（6）试验桩处理要求

（7）受检桩抽样方案

（8）检测部署：设备、人员配置，水电要求、检测环境、检测配合，检测时间安排

（9）试验过程

（10）试验报告涵盖内容简述

4. 现场检测

现场检测前应做到：

（1）核查受检桩的桩位，检查休止时间是否达到检测规范要求；

（2）对仪器设备进行使用前检查；

（3）对周围环境情况（如振动、地下降水等）作好检查与记录。

检测过程中应做到：

（1）严格按检测规范进行检测；

（2）遵循国家有关安全生产的规定；

（3）数据出现异常时，立即查找原因，确定是否重新检测；

（4）当需要进行验证或扩大检测时，验证方法的选择、扩大检测的桩数及抽样方法，不仅要满足检测规范要求，还应得到有关各方的同意。

5. 检测报告

检测报告应内容完整、数据准确、结论可靠，用语规范、既简洁明了又具有较强的可读性。基桩检测报告一般包含以下内容：

（1）委托方名称及委托内容

（2）有关各方：建设、勘察、设计、监理、施工等

（3）工程概况：结构形式、层数、规模，桩基础型式、设计要求

（4）工程地质概况：主要土层分布及各土层的主要物理力学性质指标

（5）受检桩概况：抽样方法、抽检比例，桩号、桩位、设计参数，相关施工情况

（6）检测概况：检测目的、检测方法、检测依据，检测日期，仪器设备，检测过程

7）检测结果：检测数据，实测与计算分析曲线、表格，汇总结果

8）检测结果评价：

工程桩承载力检测结果评价应给出每根受检桩的承载力检测值，并据此给出单位工程同一条件下的单桩承载力特征值是否满足设计要求的结论。

桩身完整性检测结果评价应给出每根受检桩的桩身完整性类别。完整性类别分类按 2-3 的规定划定。

桩身完整性分类表　　　　　　　　表 2-3

桩身完整性类别	分类原则
Ⅰ 类桩	桩身完整
Ⅱ 类桩	桩身有轻微缺陷，不会影响桩身结构承载力的正常发挥
Ⅲ 类桩	桩身有明显缺陷，对桩身结构承载力有影响
Ⅳ 类桩	桩身有严重缺陷，应进行工程处理

9）建议：该部分不是必须的，在委托方提出要求或检测单位认为有必要时，根据检测过程及检测结果提出一些建议。

第3章 基桩静载试验

基桩静载试验是目前设计阶段确定单桩极限承载力、施工完成后抽检单桩极限承载力最直接、最可靠的检测方法。按桩受荷条件，基桩静载试验通常分为单桩竖向抗压静载试验、单桩竖向抗拔静载试验及单桩水平静载试验三种。

3.1 单桩竖向抗压静载试验

1. 对试桩的要求

(1) 试桩的成桩工艺和质量控制标准应和工程桩一致，为缩短试桩养护时间，混凝土等级可适当提高，或掺入早强剂。

(2) 试桩顶部一般应予加强。对于预制桩，桩顶未受损坏时可不作处理，但当桩遭到损坏时，应清理桩头，采用高强度水泥砂浆抹平修复；对于预应力空心管桩，还应在桩头采用钢板或夹具箍固桩头等方法，进一步加固桩头；对于灌注桩，可在桩顶配置2～3层加密钢筋网，或用薄钢板圆筒做成加劲护筒与桩顶混凝土浇成一体，用高标号砂浆将桩顶抹平。

(3) 为安置沉降测点和仪表，试桩顶部露出试坑地面的高度不宜小于200mm，试坑地面标高宜与桩承台底设计标高一致。

(4) 试桩从成桩到开始试验的休止时间，《建筑基桩检测技术规范》(JGJ 106−2003)规定：在桩身混凝土强度达到设计要求的前提下，当无成熟的地区经验时，休止时间至少应满足：对于砂类土，不应少于7d；对于粉土，不应少于10d；对于非饱和的粘性土，不应少于15d；对于饱和的粘性土，不应少于25d。

该规定侧重考虑了土层条件对间歇时间的影响，在实际检测中还应考虑到桩型对间歇时间的影响，如预制桩与灌注桩、挤土桩与非挤土桩、摩擦桩与端承桩应区别对待，此外还应考虑到地下水位、周围地下环境等其它因素对间歇时间的影响。

在试桩休止时间内，在试桩附近应停止振动、开挖等对桩周土孔隙水压力产生影响的活动。

2. 试验设备

单桩竖向抗压静载试验设备由加载装置与荷载及沉降变形量测装置两部分组成。

(1) 加载装置

一般采用油压千斤顶加载，千斤顶平放于试桩中心。当采用两个或多个千斤顶加载时，应采用一套油路系统，与同种型号和规格的千斤顶并联同步工作，其上下部应设置足够刚度的钢垫或钢箱，并使千斤顶的合力通过试桩中心。

千斤顶的加载反力装置可根据实际条件取下列四种形式之一。

(a) 锚桩横梁反力装置　　　　　　　(c) 锚桩压重联合反力装置

(b) 压重平台反力装置

图 3-1　竖向抗压静载试验反力装置

1）锚桩横梁反力装置（图 3-1(a)）

采用工程桩作为锚桩时，锚桩数量不得少于 4 根。用灌注桩作锚桩时，钢筋笼要沿桩身通长配置；用预制桩作锚桩时，要加强接头的连接。试验前应对锚桩抗拔力按有关规范进行计算，钢筋面积、预制桩接头等应进行验算，反力装置的横梁刚度、强度也应进行验算，保证锚桩、反力梁装置能提供的反力达到预估最大试验荷载的 1.2～1.5 倍。试验过程中，必须对锚桩的上拔量进行监测，一般来说上拔量不得大于 15mm。这种加载方法的不足之处在于它对承载力较大的桩无法进行随机抽样，对不配筋桩、抗拔力较小的桩亦无法进行检测。

2）压重平台反力装置（图 3-1(b)）

压重平台有矩形反力平台、伞形反力平台等形式。堆载材料一般为铁锭、钢筋、混凝土块或砂袋等，压载重量不得小于预估最大试验荷载的 1.2 倍。一般来说堆载宜在试验前一次性加上，均匀对称地放置于平台上，但对于试验荷载很大的桩，一次堆载过大势必产生较大的地面荷载，致使桩周土下沉，对桩产生负摩阻力，分级加载的前几级沉降量过大，导致累计沉降过大而影响单桩极限承载力的确定，这一现象应引起重视。另外，在软土地基上堆载时，应避免重量过大而导致土体破坏。故建议施加于地基的压应力不宜大于地基承载力特征值的 1.5 倍。堆载的优点是能对试桩进行随机抽样，适用于所有桩型。

3）锚桩压重联合反力装置（图 3-1(c)）

当试桩的最大加载量超过锚桩的抗拔能力时，可在横梁上放置或悬挂一定重物，由锚桩和重物共同承担加载反力。这种反力装置的缺点是当桩发生破坏时，横梁上的重物易振动、反弹，对安全不利。

4）地锚反力装置

对于单桩极限承载力较小的摩擦桩、复合地基可用土锚作反力；对于岩面浅的嵌岩桩，可利用岩锚提供反力。

上述各种加载方式中，试桩、锚桩（或压重平台支墩）和基准桩之间的中心距应符合表 3-1 的规定。

试桩、锚桩（或压重平台支墩边）和基准桩之间的中心距离　　　表 3-1

距离 反力装置	试桩中心与锚桩中心 （或压重平台支墩边）	试桩中心与基准桩中心	基准桩中心与锚桩中心（或压重平台支墩边）
锚桩横梁	≥4(3)D且>2.0m	≥4(3)D且>2.0m	≥4(3)D且>2.0m
压重平台	≥4D且>2.0m	≥4(3)D且>2.0m	≥4D且>2.0m
地锚装置	≥4D且>2.0m	≥4(3)D且>2.0m	≥4D且>2.0m

注：1. D 为试桩、锚桩或地锚的设计直径或边宽，取其较大者。

2. 如试桩或锚桩为扩底桩或多支盘桩时，试桩与锚桩的中心距离尚不应小于 2 倍扩大端直径。

3. 括号内数值可用于工程桩验收检测时多排桩设计桩与中心距离小于 4D 的情况。

4. 软土场地堆载重量较大时，宜增加支墩边与基准桩中心和试桩中心之间的距离，并在试验过程中观测基准桩的竖向位移。

（2）测试仪表

静载试验可用的仪表主要有荷载测试仪表与沉降观测仪表两部分。

1）荷载测试仪表。有直接测定与间接测定两种方式的仪器。

直接测定法是指采用放置于千斤顶上的应变式压力传感器（荷重传感器）直接测定，一般来说传感器的测量误差不应大于 1%。

间接测定法是指采用并联于千斤顶进油高压油路上的高精度压力器具或油压传感器测定油压，再根据千斤顶的率定曲线换算成荷载，压力表的精度等级应不低于 0.4 级，不得使用 1.5 级压力表控制加载。间接测定法应注意油压表或油压传感器安装部位，还应注意压力表、油泵、油管在最大加载时的压力不应超过规定工作压力的80%，否则会对检测精度带来影响。

重要的基桩静载试验，如大吨位堆载试验，建议同时采用上述两种测试方法，实行双控。

直接测定法与间接测定法的区别在于：直接测定法采用荷重传感器直接测力，不需考虑千斤顶活塞摩擦对出力的影响；间接测定法需通过率定曲线换算千斤顶出力。同种型号的千斤顶在保养正常状态下，相同油压时的出力相对误差为1%~2%，非正常时可高达5%。可以看出，间接测定法存在难以估计的缺点（系统误差）。

2）沉降测试仪表。一般采用大量程百分表、位移传感器等测量沉降，测量误差要求不大于0.1%FS，分辨率不低于0.01mm。对于直径或边宽大于500mm的桩，应在桩的两个正交直径方向对称安装4个位移测试仪表，对于直径或边宽小于500mm的桩可对称安装2个或3个。沉降测定平面离桩顶的距离不应小于0.5倍的桩径，且不小于200mm，即不得在承压板上或千斤顶上设置沉降观测点，目的是为了避免因承载板变形导致沉降观测数据失实。固定百分表的基准梁和支承百分表的夹具在构造上应确保不因气温、振动及其它外界因素的影响而产生竖向位移。为防止堆载引起的地面沉降影响测量精度，应用高精度水准仪对基准梁进行监控。若采用工程桩做锚桩时，应在每根锚桩顶部分别安装锚桩上拔变形监测仪器。

（3）桩身测量元件

基桩内力测试一般适用于混凝土预制桩、钢桩、组合桩，也适用于桩身断面尺寸基本恒定或已知的混凝土灌注桩。为直接测定桩周各土层的侧摩阻力和桩端阻力，一般同时在桩底埋设反力测试元件与沉降观测元件、桩身埋设应力与应变测量元件或下沉位移观测元件。

1）国外常用的桩身应力量测方法

以美国材料及试验学会（ASTM）推荐的测杆式应变计（如图3-2所示）测量桩身应变，然后推算桩身应力的方法比较常见。首先沿桩身的不同标高处预埋不同长度的金属管和测杆，用千分表测量杆趾部相对于桩顶处的下沉量，经过计算而求出桩身应变与荷载。计算方法为：

$$Q_1 = \frac{2EA\triangle_1}{L_1} - Q \qquad (3-1)$$

$$Q_2 = \frac{2EA\triangle_2}{L_2} - Q \qquad (3-2)$$

$$Q_3 = \frac{2EA\triangle_3}{L_3} - Q \qquad (3-3)$$

式中　　$\triangle_1$、$\triangle_2$、$\triangle_3$——由上至下分布的各测杆处的桩身位移（mm）；

　　　　L_1、L_2、L_3——由上至下分布的各测杆长度（m）；

　　　　A、E——桩身截面积（m²）、桩身弹性模量（MPa）；

Q ——施加于桩顶的荷载（kN）;

Q_1、Q_2、Q_3——由上至下分布的各测杆处轴力（kN）。

2）国内常用的桩身应力测量方法

国内常采用钢弦式传感器（通常采用弦式钢筋计）或应变式传感器。在桩顶荷载作用下，埋设于桩身中的钢弦式传感器中的钢弦会产生微量变形，从而改变了钢弦的原有应力状态及自振频率，钢筋应力计在室内预先标定，不同的钢筋应力值得出不同的自振频率，从而得到应力与频率关系的标定曲线。在现场测得钢筋应力计频率的变化后，就可按标定曲线得出桩身钢筋所承受的轴向力。弦式钢筋计直接将其接长杆焊接在桩身的钢筋中，并代替这一段钢筋的工作，为了保证钢筋计和桩身钢筋变形的一致性，弦式钢筋计的横断面沿桩身长度方向不应有急剧的增加或减少。

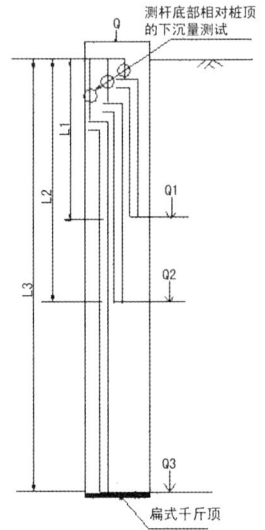

图 3-2 测杆式应变计

在加工过程中应尽量使钢筋应力计的强度、弹性模量相等和桩身钢筋的强度，钢弦长度以6cm为宜，工作应力一般在$1.5 \times 10^5 \sim 5.0 \times 10^5$kPa范围内，相应的频率变化值在800Hz左右，弦式钢筋计通过与之匹配的频率仪进行测定，频率仪的分辨率应不低于1Hz。

应变式传感器有全桥和半桥两种，宜优先采用全桥。一般采用电阻应变计，在轴向荷载作用下，桩身发生应变，粘贴在桩上的应变片的电阻丝也随之变化，导致其自身电阻的变化，通过测量应变片电阻的变化就可得到桩身的应变，进而得到桩身应力的变化情况。为了克服由于工作环境温度变化而引起应变片的温度效应，测量时应采用温度补偿片予以消除。应变计可采用特殊的粘贴剂直接粘在钢桩上，混凝土预制桩和灌注桩可采用焊接或绑扎在主筋上。电阻应变计测量所用的电阻应变仪宜具有多点自动测量功能，仪器分辨率应不低于$1\mu\varepsilon$，并有储存和打印功能。

桩身应力测量元件应安放在两种不同性质土层的界面处，以测量桩在不同土层中的分层摩阻力。同一断面应根据桩径大小对称设置2～4只传感器。

（3）桩端反力测量：一般用埋置于桩端的扁身千斤顶测得。

（4）桩端位移观测：埋设1～2根ϕ50的预埋管，并采取防护措施防止混凝土堵管，管内埋设测杆直接用千分表观测桩底位移。

3.试验方法

（1）加载分级与卸载分级

1）加载分级：荷载分级施加，每级加载值为预估单桩竖向极限承载力的1/10～1/15，第一级加载可按2倍分级荷载加载，试验进行到最后一级时，可按1/2分级荷载施加，这对提高极限承载力的判定精度是有益的。

2）卸载分级：卸荷应分级进行，每级卸载值取每级加载值的2倍。

（2）加载与卸载方法

加载方法可分为慢速维持荷载法与快速维持荷载法两种。为设计提供依据的竖向抗压静载试验应采用慢速维持荷载法；施工后的工程桩验收检测也宜采用慢速维持荷载法，当有足够的地区经验时，可采用快速维持荷载法，但建议在最大试验荷载时，应根据桩顶沉降收敛情况决定是否延长维持荷载的时间。

1）慢速维持荷载法。加载时，每级加载后的第一个小时内，按第5、15、30、45、60分钟测读试桩桩顶沉降值（锚桩上拔量、桩端沉降值、桩身应力值）各一次，以后每隔半小时测读一次。当桩顶沉降速率小于0.1mm/h，并连续出现两次（由1.5h内连续三次观测值计算）时，进行下一级加载。每级卸载维持一小时，按第15、30、60分钟测读桩顶沉降值（锚桩上拔量、桩端沉降值、桩身应力值）各一次，全部卸载后，间隔三小时测读最后一次，得出试桩的残余沉降值（锚桩残余上拔量、桩端残余沉降值、桩身残余应力值）。

2）快速维持荷载法。加载时，每级加载维持一个小时，按第5、15、30、45、60分钟测读试桩桩顶沉降值（锚桩上拔量、桩端沉降值、桩身应力值）各一次，然后加下一级荷载；卸载时，每级卸载维持半小时，按第5、15、30分钟测读桩顶沉降值（锚桩残余上拔量、桩端残余沉降值、桩身残余应力值），全部卸载后，间隔一小时测读最后一次，得出桩的残余沉降值。

3）循环加载卸载试验法。考虑到某些工程桩的荷载特征，可采用多循环加、卸荷载法，每级荷载达到相对稳定标准后卸载到零，可测得各循环荷载下的弹性变形与残余变形。

（3）终止加载条件

不同的规范，规定有所不同。《建筑基桩检测技术规范》（JGJ 106-2003）规定，当出现下列情况之一时，可终止加载：

1）在某级荷载作用下，桩顶沉降量大于前一级荷载作用下沉降量的5倍。当桩顶沉降相对稳定且总沉降量小于40mm时，宜加载至桩顶总沉降量超过40mm。

2）在某级荷载作用下，桩顶沉降量大于前一级荷载作用下沉降量的2倍，且经过24小时尚未达到相对稳定标准。

3）已达到设计要求的最大加载量。

4）当工程桩作锚桩时，锚桩上拔量已达到允许值。

5）当荷载－沉降曲线呈缓变型时，可加载至桩顶总沉降量达到60～80mm。在特殊情况下，可根据具体要求加载至桩顶累计沉降量超过80mm。

4.试验资料

1）试桩概况的收集与整理

根据第2章的要求进行资料收集，为了实际应用和统计，将收集到的资料按记录表3-14整理、按表3-15汇总。

（2）试验结果的记录与整理

荷载与沉降变形测试结果，按表3-16形式进行记录，并按表3-17形式进行汇总整理。

（3）绘制有关试验曲线

由于确定单桩极限承载力的需要，一般应绘制 Q-s、s-lgt 曲线以及其它辅助分析所需的曲线。当进行桩身应力、应变和桩底反力测定时，应整理有关数据、记录表，绘制桩身轴力分布图、侧摩阻力分布图及桩端阻力－荷载、桩端阻力－沉降关系曲线等。

（4）单桩竖向抗压极限承载力的确定

不同的规范，规定有所不同。《建筑基桩检测技术规范》（JGJ 106-2003)规定单桩竖向抗压极限承载力可按下列方法综合分析确定：

1）根据沉降随荷载的变化的特征确定。对陡降型 Q-s 曲线，取其发生明显陡降的起始点对应的荷载值。

2）根据沉降随时间变化的特征确定。取 s-lgt 曲线尾部出现明显向下弯曲的前一级荷载值。

3）出现在某级荷载作用下桩顶沉降量大于前一级荷载作用下沉降量的 2 倍，且24h 尚未达到相对稳定标准情况时，取前一级荷载值。

4）对缓变型 Q-s 曲线可根据沉降量确定，宜取 $s = 40mm$ 对应的荷载值。当桩长大于40m 时，宜考虑桩身弹性压缩量；对直径大于或等于 800mm 的桩，可取 $s = 0.05D$（D 为桩端直径）对应的荷载值。

5）当按上述四款判定桩的竖向抗压承载力未达到极限时，桩的竖向抗压极限承载力应取最大试验荷载值。

（5）单桩竖向抗压极限承载力统计值的确定

1）参加统计的试桩结果，当满足其极差不超过平均值的 30% 时，取其平均值为单桩竖向极限承载力。

2）当极差超过平均值的 30% 时，应分析极差过大的原因，结合工程具体情况综合确定，必要时可增大试桩数量。

3）对桩数为 3 根或 3 根以下的柱下承台，或工程桩抽检数量少于 3 根时，应取低值。

（6）单位工程在同一条件下的单桩竖向抗压承载力特征值的确定

应按单桩竖向抗压极限承载力统计值的一半取值。

5.报告的编制

根据静载试验有关记录、汇总、整理的图表，编写成果报告。单桩抗压、抗拔、水平静载报告一般按下述目录与顺序编写。

（1）工程概况

1）工程名称、地点，建设、设计、施工、检测单位。

2）工程规模、建筑结构类型，建筑桩基施工工艺、建筑桩基总桩数、抽检桩数、建筑桩基安全等级等。

（2）工程地质概况

1）试桩平面图。

2）试桩桩身剖面与地质剖面的综合柱状图。

3）土的物理力学性质指标。

（3）检测概况

1）检测桩的设计参数及有关施工检查资料、成桩的日期、检测时间、间歇时间等。

2）加载装置类型。

3）测试仪表类型、精度、量程、检定与率定情况、安装方法等。

4）试验采用规范。

5）加载与卸载方法。

（4）试验结果

1）荷载－沉降变形时间汇总表。

2）Q–s、s–lgt 曲线及其它辅助曲线。

（5）结果评价

1）单桩竖向极限承载力判定标准；

2）单桩竖向极限承载力；

3）单桩竖向极限承载力特征值；

4）必要时，对被检测桩基进行质量评定。

3.2 单桩抗拔静载试验

1.试桩及支座桩要求

试桩的成桩工艺和质量要求应和工程桩相同。应根据试桩最大上拔力设计值配置通长钢筋，预制桩应保证接桩部分的抗拉强度。试桩、支座桩和基准桩之间的最小中心距应符合表 3–1 的规定。

2.试验开始时间

在确定桩身强度达到要求的前提下，建议对于砂类土不应少于 10 天；对于粉土和粘性土，不应少于 15 天；对于淤泥或淤泥质土，不应少于 25 天。

3.试验设备

（1）反力系统

试验反力系统一般采用支座桩（或工程桩）提供支座反力，也可根据现场情况采用天然地基提供反力，但一般不超过地基土承载力特征值的 1.5 倍。反力装置能提供的反力应达到预估最大试验荷载的 1.2～1.5 倍，图 3–3 所示的是两种形式的反力装置。

(a)利用反力桩提供反力　　　　　　　(b)利用地基提供反力

图3-3　单桩竖向抗拔静载试验反力装置图

（2）上拔力测量系统

上拔力测量系统一般由千斤顶、油泵、压力传感器（或油表、油压传感器等）、高压油管、多通、逆止阀等组成。千斤顶的合力要通过试桩中心。上拔力测量系统的精度要求与单桩竖向抗压静载试验相同。

（3）上拔变形测量系统

上拔变形测量系统主要是上拔变形的量测仪表，精度要求与单桩竖向抗压静载试验要求相同。

（4）埋设元件

在有桩身应力测试时，需埋设钢筋应力计等测量元件，所有测量定元件的精度要求与单桩竖向抗压静载试验相同。

4.试验方法

（1）加载和卸载方法：

1）加载分级：每级加载值约为预估单桩竖向抗拔极限承载力的$1/10 \sim 1/15$，每级加载等值，但第一级加载值可取其它级加载值的两倍。

2）卸载分级：卸载亦应分级等量进行，每级卸载值一般取加载值的两倍。

3）需要时，试桩的加载和卸载可采取多次循环方法。

（2）上拔变形观测方法

加载时，每级加载后的第一个小时内，按第5、15、30、45、60分钟测读试桩桩顶上拔变形值(桩身应力值)各一次，以后每隔半小时测读一次。当每小时内的变形值不超过0.1mm，并连续出现两次（由1.5h内连续三次观测计算）时，认为已达到相对稳定，可加下一级荷载。

每级卸载维持一个小时，按5、15、30、60分钟测读桩顶变形值（桩身应力值）各一次。全部卸载后，间隔三小时测读最后一次，得出试桩的残余变形值（桩身残余应力值）。

（3）终止加载条件

1）桩顶荷载为桩受拉钢筋总极限承载力的0.9倍；

2）在某级荷载作用下，桩顶变形量为前一级荷载作用下的5倍；

32

3）累计上拔量超过 100mm；

4）对于验收抽样检测的工程桩，达到设计要求的最大上拔荷载值。

5.试验资料及检测报告

（1）试桩概况的收集与整理

与单桩竖向抗压静载试验相同，也按表 3-14 形式进行记录、按表 3-15 形式进行汇总。

（2）试验结果的记录与整理

上拔荷载 U 与上拔变形 $\bar{\delta}$ 测试结果，按表 3-16 表格形式进行记录与汇总。

（3）绘制有关试验曲线

由于确定单桩极限承载力的需要，一般应绘制 U-$\bar{\delta}$、$\bar{\delta}$-lgt 曲线以及其它辅助分析所需的曲线。当进行桩身应力、应变测定时，应整理有关数据记录表和绘制桩身轴力图。

（4）单桩竖向抗拔极限承载力的判定

1）根据上拔量随荷载变化的特征确定。对于陡变形 U-$\bar{\delta}$ 曲线，取陡升起始点对应的荷载。

2）根据上拔量随时间变化的特征确定。取 $\bar{\delta}$-lgt 曲线斜率明显变陡或曲线尾部明显弯曲的前一级荷载值。

3）当在某级荷载下抗拔钢筋断裂时，取其前一级荷载值。

（5）单桩竖向抗拔极限承载力统计值的确定，也应符合单桩竖向抗压静载相应条文规定。

（6）单位工程在同一条件下的单桩竖向抗拔承载力特征值的取值

1）按单桩竖向抗拔极限承载力统计值的一半取值。

2）当工程桩不允许带缝工作时，取桩身开裂的前一级荷载作为单桩竖向抗拔承载力特征值，并与按极限荷载一半取值确定的承载力特征值相比，取小值。

（7）检测报告

编制形式见第 3-1 节。相应的图表名称改为：

1）单桩竖向抗拔静载试验变形汇总表；

2）单桩竖向抗拔静载试验荷载-变形（U-$\bar{\delta}$）曲线图；

3）单桩竖向抗拔静载试验变形-时间（$\bar{\delta}$-lgt）曲线图；

4）当进行桩身应力、应变测试时，应整理出有关数据的记录表，绘制桩身应力变化图、桩侧摩阻力分布图与荷载-变形等关系曲线。

3.3 单桩水平向抗压静载试验

1.试桩、反力桩及试验开始时间要求

试桩的成桩工艺和质量要求应和工程桩相同。试桩与反力桩之间的最小中心距应 $\leqslant 3d$（d 为桩的最大边长或直径）。试验开始时间与单桩竖向抗压静载要求相同。

2.试验设备

(1) 反力系统

反力系统一般采用反力桩、横梁反力架装置,该装置能提供的反力不应小于预估最大试验荷载的1.2倍。

常见反力装置见图3-4。

图3-4 单桩水平向抗压静载试验装置

(2) 压力系统

压力系统一般由千斤顶、油泵、压力表、压力传感器、高压油管、多通、逆止阀等组成。采用千斤顶施加水平力,水平力作用线应通过地面标高处(地面标高应与实际工程桩基础承台底面标高一致)。在千斤顶与试桩接触处宜安置球形铰座,以保证千斤顶作用力能水平通过桩身轴线;千斤顶与试桩的接触处宜适当补强。

(3) 水平位移测量系统

水平位移测量系统主要包括水平位移的测量仪表、百分表夹具、基准桩(墩)和基准梁。基准桩应设在与作用力方向垂直且与位移方向反向的试桩侧面,与试桩的净距不少于1d。在试桩的力的作用水平面上对称安装两只百分表。当需要测定桩顶转角时,尚应在力的作用平面以上50cm左右对称安装两只百分表,下表测量桩身在地面处的水平位移,上表测量桩顶水平位移,根据两表位移差与两表距离的比值求得地面以上桩身的转角。

(4) 埋设元件

测量桩身应力或应变时,各测试断面的测量传感器应沿受力方向布置在远离中性轴的受拉和受压主筋上,埋设传感器的纵剖面与最终实际受荷方向之间的夹角不大于$10°$,一般控制在$\pm 5°$。在地面以下10d的主要受力部分应加密测试断面,断面间距不宜超过1d,超过此深度,测试断面间距可适当加大。传感器精度与单桩竖向抗压静载试验相同。

3.试验方法

(1) 荷载分级

取预估水平极限承载力的$1/10 \sim 1/15$作为每级荷载的加载增量。根据桩径大小并适当考虑土层软硬,对于直径300~1000mm的桩,可根据当地经验,每级荷载增量取2.5~20kN。

(2)加载方法及水平位移观测方法

1）单向多循环加载法：每级荷载施加后,恒载4min后可测读水平位移,然后卸荷至零,2min后测读残余水平位移,至此完成一个加卸载循环。如此循环5次,完成一级荷载的位移观测。加载时间应尽量缩短,测量位移的间隔时间应严格准确,试验不得中途停歇。

2）慢速维持荷载法。荷载分级、试验方法及稳定标准与单桩竖向静载试验相同。

量测桩身应力或应变时,测试数据的测读宜与水平位移测量同步。

(3)终止加载条件

1）当桩身折断或水平位移超过30~40mm（软土取40mm）时,可终止试验。

2）水平位移达到设计要求的水平位移允许值。

4.单桩水平临界荷载的确定

(1)取采用单向多循环加载法时的 H_0-t-x_0（水平力－时间－位移）曲线或采用慢速维持荷载法时的 H_0-x_0（水平力－位移）曲线,出现拐点（相同荷载增量的条件下,出现比前一级明显增大的位移增量）的前一级水平荷载值。

(2)取 H_0-$\Delta x_0 / \Delta H_0$（水平力－位移梯度）曲线第一直线段的终点或 $\lg H_0$-$\lg x_0$（水平力－位移双对数）曲线拐点所对应的水平荷载值。

(3)当有钢筋应力测试数据时,取 H_0-σ_g（水平力－最大弯矩截面钢筋应力）第一突变点对应的水平荷载值。

5.单桩水平极限荷载的确定

(1)取采用单向多循环加载法时的 H_0-t-x_0（水平力－时间－位移）曲线明显陡降的前一级或采用慢速维持荷载法时的 H_0-x_0（水平力－位移）曲线发生明显陡降的起始点对应的水平荷载值。

(2)取采用慢速维持荷载法时的 x_0-$\lg t$（位移－时间对数）曲线尾部出现明显弯曲的前一级水平荷载值。

(3)取 H_0-$\Delta x_0 / \Delta H_0$（水平力－位移梯度）曲线或 $\lg H_0$-$\lg x_0$（水平力－位移双对数）曲线上第二直线段的终点对应的水平荷载值。

(4)取桩身折断或钢筋应力达到屈服时的前一级水平荷载值。

6.地基土水平抗力系数的比例系数的确定

地基土水平抗力系数的比例系数 m 可根据试验结果按下列公式确定：

$$m = \frac{(\frac{H_{cr}}{x_{cr}} v_x)^{5/3}}{b_0 (EI)^{2/3}} \tag{3-4}$$

$$\alpha = (\frac{m b_0}{EI})^{1/5} \tag{3-5}$$

式中　　m——地基土水平抗力系数的比例系数（MN/m⁴），该数值为地面以下 2 $(d+1)$
　　　　　　m 深度内各土层的综合值；

　　　　α——桩的水平变形系数（m⁻¹）；

　　　　v_x——桩顶水平位移系数，由式（3-5）试算 α，当 $\alpha h \geqslant 4.0$ 时（h 为桩
　　　　　　的入土深度），取 $v_x=2.441$；

　　　　H_{cr}——单桩水平临界荷载（kN）；

　　　　x_{cr}——单桩水平临界荷载对应的位移；

　　　　b_0——桩身计算宽度（m）。对于圆形桩：当桩径 $D \leqslant 1m$ 时，$b_0=0.9$ $(1.5D+0.5)$；
　　　　　　当桩径 $D>1m$ 时，$b_0=0.9$ $(D+1)$。对于矩形桩：当边宽 $b \leqslant 1m$ 时，
　　　　　　$b_0=1.5b+0.5$，当边宽 $b>1m$ 时，$b_0=b+1$。

7．成果

（1）单桩水平临界荷载、单桩水平极限荷载及其对应的水平位移

（2）各级荷载作用下的水平汇总表

（3）水平力-时间-位移（H_0-t-x_0）、水平力-位移梯度（$H_0-\Delta x_0 / \Delta H_0$）或水平力-位移双对数（$lgH_0$-$lgx_0$）曲线

（4）当测量桩身应力时，尚应绘制应力沿桩身分布图和水平力-最大弯矩截面钢筋应力（$H_0-\sigma_g$）曲线

3.4 静载试验方案的编写

一般单桩竖向静载试验在试验实施前，检测单位应根据委托方提供的检测要求及技术资料，结合自身的资源及能力设计和编写试验实施方案。试验实施方案一方面是检测单位配备资源和实施检测的依据，另一方面也是对委托方技术要求、工期要求及检测质量要求的具体体现，可作为检测合同的补充。检测方案一般包括以下内容：

1．工程概况

2．工程地质概况

3．试验桩概况

4．试验内容、目的及依据

5．试验设备

（1）反力装置配备计划、安装方法

（2）荷载与位移测量装置、精度

6．静载试验过程

（1）荷载分级计划

（2）荷载测读与位移测读

（3）试验终止条件

（4）卸载及回弹

7.桩身应力测试

（1）原理及方法

（2）传感器测点布设原则布设计划

（3）测试设备配备及精度

（4）测读方法

8.检测报告

9.现场检测组织计划

（1）现场临时设施、水电、进退场路线等

（2）人员、设备、工期安排

（3）试验成果提交日期

（4）其他辅助要求

3.5 静载试验值得注意与研究的问题

1.基准桩与基准梁的设置

基准桩埋设应满足以下几个条件：基准桩桩身不变动；没有被接触或破坏的危险；附近没有热源；不受直射阳光与风雨等干扰；不受锚桩上拔、试桩下沉、堆载地面沉降影响。上述情况中，根据经验看，锚桩、试桩、堆载对基准桩产生的影响尤为普遍与严重，故基准桩与锚桩、试桩、堆载支墩应保持一定的距离，条件可能时应尽量采用相邻工程桩作为基准桩。

基准梁一般采用型钢，高跨比不宜小于1/40，其优点是有磁性、刚度大，缺点是温度膨胀系数大。对于长度较大的基准桩，可采用钢管制作桁架，既能保证基桩梁的长度要求又能保证其刚度要求（见图3-5）。为保证测试精度可采取下述措施：将基准梁的一端固定，另一端必须自由支承；防止日光直射与其他热源，必要时采用隔热材料包裹。

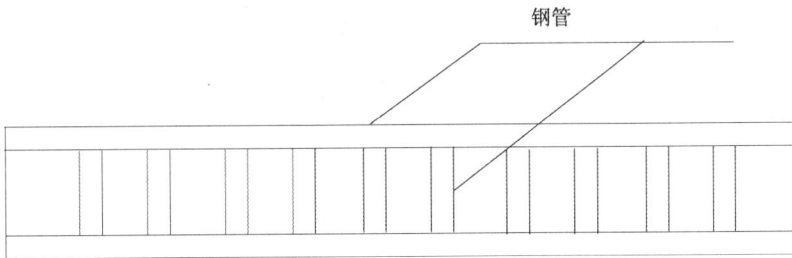

图3-5　桁架式基准梁

2.快速与慢速加载法

大量试桩资料表明了快速与慢速加载法的区别：对同类桩，快速加载法比慢速加载法确定的极限承载力高，一般经验认为要高半级～一级的加载增量，而沉降偏小10%～20%，相差程度与土层性质、施工工艺、桩型等因素有关。为设计提供依据的竖向抗压静载试验应采用慢速维持荷载法，施工后的工程桩验收检测宜采用慢速维持荷载法，对于基础沉降要求不很严格、且有一定工程经验的工程桩的检验性试验，可采用快速维持荷载法。快速法每级荷载维持时间至少1h，但还应根据实际测试中桩顶沉降收敛情况确定，一般采用下列方法：

（1）每级荷载施加维持1h，按第5、15、30min测读桩顶沉降量，以后每隔15min测读一次。

（2）测读时间累计为1h时，若最后15min时间间隔的桩顶沉降增量与相邻15min时间间隔的桩顶沉降增量相比未明显收剑时，应延长维持荷载时间，直到最后15min的沉降增量小于相邻15min的沉降增量为止。

3．时间效应

时间效应是指粘土土层中摩擦桩、摩擦端承桩、端承摩擦桩承载力随时间而增长，初期很快，以后逐渐减缓，最后至某个极限值的现象。对于预制桩，这是由于打桩瞬间粘土结构完全被破坏，土在受挤压过程中又造成孔隙水压力急速上升，有效应力减小；对于钻孔或挖孔桩，成孔时桩周土应力松弛，在混凝土灌注完成后逐渐恢复。所以试桩间歇时间一定要综合考虑土层、桩型、桩设计参数、施工工艺等因素确定，极限承载力的判定也应考虑到时间效应这一因素。

4．终止加荷条件与极限承载力判定标准

不同规范的试验终止条件不同，综合目前的规范，终止条件一般有：

（1）试桩在某级荷载作用下的沉降大于前一级荷载作用下沉降的5倍，总沉降值已超过40～50mm；

（2）试桩在某级荷载作用下的沉降大于前一级荷载作用下沉降的2倍，且经24小时尚未达到相对稳定；

（3）试桩桩顶的总沉降值已超过80～100 mm；桩端支承在坚硬基岩（土）层上，桩的总沉降值很小，但总加载值已不小于设计值的2倍；

（4）锚桩桩顶上拔值已达到15 mm或设计规定的数值，或已达到压重平台的最大重量。

单桩竖向极限承载力的确定，很大程度上取决于采用什么样的判定标准，各种规范在确定极限承载力时，往往各自作出假定性的或经验性的规定，没有统一的解释，这种情况说明，由于各种方法评价极限荷载的标准不同，"极限状态"的含义也就不同，所得到的不同"极限承载力"实际上反映了桩在达到真正破坏之前的不同工作状态。

端承桩与纯摩擦桩，Q-s曲线存在有明显转折点，各判断标准一般较为一致。摩擦端承桩的极限承载力指桩侧摩阻力和端阻力都达到最大状态，此时无限小的荷载增量将引起无限大的下沉量，但常见的摩擦端承桩的Q-s曲线，其斜率是相当缓和的。由于荷载装置、试桩费用、工程施工进度以及试验终止条件等制约，实际试桩往往不能进入到上述的破坏状态，而且即使试桩达到该状态，那时相应的下沉量很大，对实际工程的实用价值不大。目前对于这类桩一般采用的判定标准主要有六大类：（1）根据荷载－沉降变形（Q-s）曲线转折点确定；（2）根据 Q-s 曲线下沉增量与荷载增量的比值（$\Delta Si/ \Delta Qi$）确定；（3）根据桩顶累计沉降量确定；（4）根据桩顶沉降随时间的发展规律（s-lgt 曲线）确定；（5）循环加载法根据桩顶残余变形值和弹性变形量进行确定；（6）其它。

3.6 单桩竖向抗压静载试验检测方案实例

1. 工程概况

宁波市通途路庆丰桥由宁波市市政工程前期办公室筹建，同济大学建筑设计研究院设计。该桥位于宁波市江北区与江东区之间的甬江上，为单跨锚式悬索桥，全桥结构长度 790.3m，分跨自北往东为 4×34.2m+(38.5+46.5+38.5)m+280m+(38.5+46.5+49.5+38.5)m+2×38.5m。主桥为简支单跨 280 m 双塔双主缆锚式钢箱梁悬索桥，引桥为多跨预应力混凝土连续箱梁，其中江北岸 7 跨引桥全部落在半径 600m 的弯道上。

桥梁设计标准：

（1）设计荷载：汽车荷载：城－A 级；人群荷载：3.5kN/m²

（2）设计行车速度：60km/h

（3）行车道数：双向 8 车道

桥梁主塔及引桥基础采用钻孔灌注桩，要求相邻基础的相对沉降差为 2cm，地基基础设计等级为甲级。

2. 设计试桩概况

为确保大桥桩基础工程的安全性，设计单位要求进行 2 根设计试桩，桩型采用 ϕ1200、ϕ1500 钻孔灌注桩，设计试桩布设位置在甬江东岸、离开主桥桩基 10.0m 左右。设计试桩的主要设计参数见表 3-2。

设计试桩的主要设计参数 　　　　　　　　　　　　　　　表 3-2

设计试桩桩号	试桩1	试桩2
桩断面尺寸(mm)	ϕ1500	ϕ1200
桩顶标高(m)	2.35	2.35
桩底标高(m)	−68.0	−68.0
有效桩长(m)	71.0	71.0
配筋	主筋：20ϕ25，通长 加劲筋：ϕ22@2000，通长布置 箍筋：ϕ10@150	主筋：20ϕ22，通长 加劲筋：ϕ22@2000，通长布置 箍筋：ϕ10@150

表 3-2（续）

设计试桩桩号	试桩1	试桩2
混凝土等级	C30	C30
设计单桩极限承载力（kN）	13000	10400
混凝土充盈系数	1.12	1.09
桩头处理	桩顶设置3层100×100钢筋网，层间距80，C40混凝土重新浇筑	桩顶设置3层100×100钢筋网，层间距80，C40混凝土重新浇筑
施工日期	2004年1月3日	2004年12月28日

3．工程地质概况

根据宁波工程勘察院2003年9月提供的"宁波市通途路庆丰桥岩土工程勘察中间资料"，在勘察孔深度范围内，地基土特性及物理力学性质指标见表3-3，地基土承载力参数建议值见表3-4，现地面平均标高2.35m左右。

地基土物理力学性质指标 表 3-3

层号	岩土名称	含水量	天然重度	土粒比重	饱和度	孔隙比	液限	塑限	塑性指数	液性指数	压缩系数	压缩模量	固快	固快
		%	kN/m		%		%	%	%		MPa	MPa	kPa	o
1	粉质粘土	27.0	19.5	2.73	94.7	0.778	35.3	20.7	14.6	0.43	0.32	5.57	30.0	17.7
2	淤泥质粘土	50.2	17.1	2.74	97.5	1.412	40.3	21.6	18.7	1.53	1.25	1.95	14.0	7.5
2	淤泥质粉质粘土	40.8	17.9	2.73	97.4	1.141	34.7	20.8	13.9	1.45	0.72	3.11	16.0	9.7
3a	粉质粘土	32.0	19.0	2.72	97.2	0.895	29.4	18.3	11.0	1.24	0.55	3.48	18.8	10.4
3b	砂质粉土	27.3	19.4	2.70	96.0	0.764	27.7	21.4	6.3	1.03	0.24	7.74	7.0	28.4
3c	粉质粘土	32.8	18.7	2.72	95.9	0.932	31.0	19.4	11.6	1.16	0.52	4.36	17.5	13.4
4	粘土	43.2	17.8	2.75	97.9	1.217	44.9	23.1	21.8	0.92	0.76	3.03	21.5	9.7
5b	粘土													
5c	粉质粘土	32.2	18.9	2.73	97.0	0.907	36.2	21.1	15.1	0.73	0.36	5.41	29.7	15.3
6	粉质粘土	32.9	18.8	2.73	96.5	0.932	35.6	20.9	14.7	0.81	0.40	4.96	27.9	14.4
7	粉质粘土	23.7	20.1	2.72	95.5	0.675	31.5	19.4	12.0	0.36	0.23	7.65	42.1	18.6
8a	粉砂	22.2	20.2	2.69	94.6	0.630					0.14	12.45	7.0	31.6
8a	粉质粘土	25.9	19.8	2.72	96.3	0.732	31.9	20.1	11.8	0.49	0.25	7.03	35.0	20.7
8b	中砂	22.2	20.1	2.67	94.0	0.630					0.15	11.91	6.8	31.3
8b	粉质粘土	29.0	19.4	2.73	97.1	0.815	35.9	20.8	15.1	0.55	0.27	8.06	43.2	17.5
8b	中砂	22.2	20.1	2.67	94.0	0.630					0.15	11.91	6.8	31.3
9a	粉质粘土	27.3	19.6	2.73	95.9	0.776	36.7	21.2	15.5	0.39	0.23	8.23	45.0	19.4
9b	中砂	24.9	19.8	2.67	95.8	0.696					0.23	7.72	3.5	30.7
9c	粉质粘土	25.5	19.9	2.72	96.7	0.729	34.5	21.0	13.5	0.33	0.17	11.44	58.3	24.0
10	圆砾			2.65										

40

地基土承载力参数建议值
表3-4

层号	岩土名称	地基土容许承载力 σ_0 (kPa)	钻孔灌注桩桩周土极限摩阻力 τ_i (kPa)	桩端土极限承载力建议值 σ_R (kPa)
2	淤泥质粉质粘土	60	15	
3a	粉质粘土	90	18	
3b	砂质粉土	130	30	
3c	粉质粘土	90	20	
4	粘土	80	18	
5b	粘土	200	55	
5c	粉质粘土	150	45	
6	粉质粘土	120	35	
7	粉质粘土	220	60	
8a	粉砂	240	60	
8a'	粉质粘土	200	50	900
8b	中砂	350	70	1800
8b'	粘土	190	50	900
9a	粉质粘土	210	62	1000
9b	中砂	400	75	2000
9c	粉质粘土	250	65	1000
10	圆砾	450	90	2500
11	泥质粉砂质	350	70	1800

注：表中的承载力参数未考虑厚度因素。

持力层评价：两根设计试桩持力层为第8层，层顶标高 -40.31～-47.88m，层底标高 -68.45～-76.55m，两试桩桩长 70.0m，进入第8层15.0m左右。8层可细分为8a层（砂）和8b层（中砂），中等偏低压缩性，厚度大，土质好，该组合层层顶埋深42.4～50.1米，层顶板标高 -40.31～-47.88m，层底标高 -68.45～-76.55m，组合层厚一般在20m以上。该组合层埋深适中，厚度大，是场地内良好的桩基础持力层。但是，在该组合层中，夹有性质相对稍差的8a'层和8b'层粘土。

4.试验内容及目的

（1）试验内容：采用平台堆载反力法进行单桩竖向抗压静载试验、基桩桩身应力测试。

（2）试验目的：

1）确定单桩竖向抗压极限承载力；

2）验证《庆丰桥岩土工程勘察报告》中提供的各土层力学性能指标；

3）给出桩侧摩阻力和桩端支撑力占单桩极限承载力的比例；

4）检验设计试桩桩身质量；

5）设计单位根据试桩结果优化设计，节省桥梁投资。

5.试验方案设计依据及现场试验依据

（1）同济大学建筑设计研究院桥梁工程设计分院提供的"宁波市通途路庆丰桥单桩竖向抗压静载试验要求"。

（2）《建筑桩基技术规范》（JGJ 94—94）：用于方案设计；

《建筑地基基础设计规范》（GBJ 50007—2002）：用于现场检测参考；

《建筑基桩检测技术规范》（JGJ 106—2003）：用于现场检测及报告编写。

6.桩身应力测量的设计

（1）桩身应力测量元件

为直接测定桩周各土层的极限侧摩阻力和桩的极限端阻力，在桩身埋设振弦式钢筋应力计。在桩顶荷载作用下，直接焊接在桩身钢筋中的钢筋应力计代替这一段钢筋的工作，钢弦会产生微量变形，从而改变了钢弦的原有应力状态及自振频率，钢筋应力计在室内预先标定，不同的钢筋应力值得出不同的自振频率，从而得到应力与频率关系的标定曲线。在现场测得钢筋应力计频率的变化后，就可按标定曲线得出桩身钢筋所承受的轴向力。

（2）侧摩阻力与桩身轴力计算

试桩1、试桩2将根据2003年9月宁波工程勘察院提供的"宁波市通途路庆丰桥岩土工程勘察中间资料"的4-4'地质剖面图、桩基承载力参数，对试桩1、试桩2分别进行了单桩侧摩阻力与桩身轴力计算，目的是通过计算确定采用的钢筋应力计的型号及量程，同时也可作为试验过程中对比复核之用。根据上述资料，计算结果分别见表3-5、表3-6。

试桩1（ϕ1500）桩阻计算结果　　　　　　　　　　　　　　　　　　　表3-5

土层	底板埋深（m）	厚度（m）	桩侧摩阻力 q_{si}（kPa）	桩侧摩阻力 $\Sigma q_{si}l_i$（kN）	$\Sigma q_{si}l_i$（kN）	轴力（kN）13000kN
2	11	11	15	777.54		
3a	17	6	18	508.94		
3c	19	2	20	188.50		
4	22	3	18	254.47	1729.45	11270.55
5b	24	2	55	518.36		
5c	36	12	45	2544.70	4792.50	8207.50
6	41	5	35	824.67		

土层	底板埋深(m)	厚度(m)	桩侧摩阻力 q_{si} (kPa)	桩侧摩阻力 $\Sigma q_{si}l_i$ (kN)	$\Sigma q_{si}l_i$ (kN)	轴力(kN) 13000kN
7	48	7	60	1979.20	7596.37	5403.63
8a	57	9	60	2544.70	10141.07	2858.93
8b	67	10	70	3298.67	13439.74	0
8b'	70	3	50	706.86	14146.50	0
8b'		L=70.0		Q_{su}=14146.5kN		
q_p			900	Q_{pu}=1590.43kN		
				Q_u= 15737.02kN		

试桩 2（ϕ1200）桩阻计算结果　　　　　　　　　　表 3-6

土层	底板埋深(m)	厚度(m)	桩侧摩阻力 q_{si} (kPa)	桩侧摩阻力 $\Sigma q_{si}l_i$ (kN)	$\Sigma q_{si}l_i$ (kN)	轴力(kN) 13000kN
2	11	11	15	622.04		
3a	17	6	18	407.15		
3c	19	2	20	150.80		
4	22	3	18	203.58	1383.56	9016.44
5b	24	2	55	414.69		
5c	36	12	45	2035.75	3834.00	6566.00
6	41	5	35	659.73		
7	48	7	60	1583.36	6077.10	4322.90
8a	57	9	60	2035.75	8112.85	2287.15
8b	67	10	70	2638.94	10751.78	0
8b'	70	3	50	565.49	11317.27	0
8b'		L=70.0		Q_{su}=11317.27kN		
q_p			900	Q_{pu}=1017.88kN		
				Q_u= 12335.15kN		

（3）钢筋应力计的参数及埋设截面

埋设截面：根据本工程土层的特点，设置6个埋设截面，分别是桩顶下1.0 m 、5层顶面、5层底面、8a 层顶面、8b 及 8b'层顶面、桩底以上1.0 m 处。试桩1、2 钢筋应力计埋置深度分别见表 3-7、3-8。

钢筋应力计参数：每个截面按正交方向布置4只钢筋应力计，每桩6个截面共计24只钢筋应力计。钢筋应力计的直径与原主筋相同，即试桩1的钢筋应力计采用 ϕ25，试桩2采用 ϕ22。钢筋应力计的量程范围、导线长度见表 3-7、3-8。

试桩1（φ1500）钢筋应力计参数 表3-7

埋设截面	埋设深度（m）	导线长度（m）	量程范围(kN)
桩顶下1.0 m	1.0	5.0	13000
5层顶面	23.0	29.0	11500
5层底面	36.0	42.0	8500
8a层顶面	48.0	56.0	5500
8b、8b'层顶面	57.0	66.0	2500
桩底以上1.0 m	68.0	78.0	1000

试桩2（φ1200）钢筋应力计参数 表3-8

埋设截面	埋设深度（m）	导线长度（m）	量程范围(kN)
桩顶下1.0 m	1.0	5.0	10400
5层顶面	23.0	29.0	9200
5层底面	36.0	42.0	7000
8a层顶面	48.0	56.0	4500
8b、8b'层顶面	57.0	66.0	2500
桩底以上1.0 m	68.0	78.0	1000

（4）钢筋应力计的埋设

按设计埋设深度，分别在钢筋笼正交方向对称焊接4只室内预先标定好的钢筋应力计，仔细将导线捆绑在主筋上。混凝土浇注过程中要注意对导线的保护。导线接到地面时要仔细测定其初值。

7. 单桩竖向静力载荷试验方案

（1）试桩制作要求：试桩的成桩工艺和质量控制标准应和工程桩一致，除按设计要求桩头设置钢筋网片外，建议桩头混凝土强度等级不低于C40，并掺早强剂。

（2）休止期：根据宁波地区经验，建议大于25d。在试桩间歇期内，在试桩附近应停止振动、开挖等对桩周土孔隙水压力产生影响的活动。

（3）试验设备

荷重设备：伞形反力平台，平台直径16m，采用砂袋作压重反力，桩周地面需密实回填塘渣50～100cm，并用C10混凝土10～20cm厚抹平，根据经验，加固后的地面承载力特征值不会低于100 kN/m²。该次试验采用枕木支墩，引起地面最大超载预估为80～120 kN/m²，小于地基土承载力特征值的1.5倍，不会对试验精度造成影响。

荷载测试仪表与沉降观测仪表：荷重施加由3只630t千斤顶与一套高压油路组成，千斤顶上安装一只油压传感器，油泵上安装一只高精度油表，桩顶受荷大小由油压传感器与油压表两套荷重测试系统同时测读，实行双控。沉降变形由4只量程50mm的位移传感器与4只量程50mm的大量程百分表按正交直径方向对称安装在桩顶下500mm处，两套位移测量系统同时测读，实行双控。油压传感器、位移传感器由JQC-503静载测试仪自动测读，高精度油表、大量程百分表由人工测读，充分确保该次基桩检测的质量。

基准梁：采用由钢管制作的桁架式基准梁，一端固定，另一端自由支承，并采取防止日光直射与其他热源的遮挡措施。

（4）现场试验

试验方法：慢速维持荷载法。

荷载分级：按设计要求分12级，试桩1、试桩2每级分别为1080kN与867kN，第一级按2160kN与1734kN施加，以后各级按1080kN与867kNN施加。

沉降测读：每级加载后，第5、10、15min时各测读一次桩顶沉降量及桩身应力值，以后每隔15min读一次，累计一小时后每隔半小时读一次。在每级荷载作用下，桩的沉降量连续两次在每小时内小于0.1mm时可视为稳定，即可加下一级荷载。

终止试验条件：

1）荷载－沉降曲线上有可判定极限承载力的陡降段，且桩顶总沉降量超过40 mm；

2）沉降量大于100mm；

3）$\Delta S_{n+1} / \Delta S_n \geq 2$ 且24小时未达到稳定；

4）尽管桩未达极限状态但 $\phi 1500$ 桩的总荷载达到13000kN，$\phi 1200$ 桩的总荷载达到10400kN。

卸载观测：每级卸载值为加载值的两倍。卸载后隔15min测读一次，读两次后，隔半小时再读一次，即可卸下一级荷载。全部卸载后，隔4小时再测读一次。

极限承载力判断标准与上述终止试验条件对应：

1）取陡降段起点对应的荷载；

2）沉降60mm对应的荷载；

3）第n级荷载；

4）$\phi 1500$ 桩取13000kN、$\phi 1200$ 桩取10400kN。

单桩竖向承载力特征值 R_a 的确定：由于统计数少于3根，建议设计单位根据试验结果选用。

8.试验资料整理

绘制有关试验曲线。由于确定单桩极限承载力的需要，一般绘制 Q-s、s-lgt 曲线及其它辅助分析所需的曲线。进行桩身应力测定，应整理有关数据记录表和绘制桩身轴力分布图、侧摩阻力分布图、桩端阻力－荷载关系曲线等。

9.报告的编制

根据静载试验有关记录表、汇总表、整理的图表，编写成果报告。静载报告一般按下述目录编写。

（1）工程概况

1）工程名称、地点，建设、设计、施工、检测单位。

2）工程规模、建筑结构类型，建筑桩基施工工艺、建筑桩基总桩数、抽检桩数、建筑桩基安全等级等。

（2）场地工程地质概况

1）试桩平面图。

2）试桩桩身剖面与地质剖面的综合柱状图。

3）土的物理力学性质指标。

（3）检测概况

1）检测桩设计参数及有关施工检查资料，检测桩成桩的日期、检测时间、间歇时间等。

2）加载装置类型。

3）测试仪表类型、精度、量程、检定与率定情况、安装方法等。

4）试验采用规范。

5）加载与卸载方法。

（4）试验结果

1）荷载－沉降变形时间汇总表。

2）Q－s、s－lgt、Q－Qs－t、Q－Ni－t 等曲线及其它辅助曲线。

（5）结果评价

1）单桩竖向极限承载力判定标准；

2）单桩竖向极限承载力；

3）单桩竖向承载力特征值；

4）必要时，对被检测桩基进行质量评定。

5）桩身桩身轴力分布图、侧阻力分布图及桩端阻力荷载关系曲线的说明与评价。

3.7 单桩竖向抗压静载试验报告实例

1.工程概况

2.试桩概况

3.工程地质概况

4.试验设备概况

以上 1～4 均同第 3-6 节，略。

5.加载卸载、试验终止条件及单桩竖向极限承载力判定标准

同第 3-1 节，略。

6.试验结果

试验的荷载－沉降值汇总表见表3-12、3-13，试验结果绘成Q-s曲线及s-lgt曲线见图3-6、3-7、3-8、3-9。

桩身内力试验，试桩1共计埋设24只钢筋计，其中2只在混凝土浇注过程中损坏，2只测读时发现数据不合理，钢筋计成活率83%。试桩2共计埋设24只钢筋计，其中3只在混凝土浇注过程中损坏，1只测读时发现数据不合理，钢筋计成活率83%。在数据处理时严格删除不合理数据，将桩身各断面轴力及计算出的桩周侧摩阻力汇成表3-10、3-11，并绘制轴力分布图3-10、3-11。

7.结果评价

（1）基桩竖向抗压极限承载力评价

基桩竖向抗压极限承载力结果评价　表3-9

实际桩号	最后一级沉降（mm）	累计沉降（mm）	回弹后残余变形（mm）	回弹率（%）	最大试验荷载（kN）	极限承载力（kN）
试桩1	1.45	15.76	11.92	24.4	13000	13000
试桩2	1.12	22.61	17.69	21.8	10400	10400

（2）基桩内力试验结果评价

从试桩1、2的竖向抗压静力载荷试验结果看，在达到设计单位要求的最大试验荷载时，两桩累计沉降均较小，桩侧摩阻力和桩端阻力均未达到极限值。

将最大试验荷载时桩侧摩阻力和桩端阻力与《庆丰桥岩土工程勘察报告》所提供的各土层的力学指标汇总成表3-10、3-11。从表中可以看出，实际桩周侧摩阻力大于工程地质报告中的建议值。

试桩 1（φ1500）桩身截面轴力、摩阻力测试结果

表 3-10

荷载 (kN)	0.0~2.0m L=2.0m 轴力 (kN)	轴力差 (kN)	摩阻力 (kPa)	2.0m~22.0m L=20.0m 轴力 (kN)	轴力差 (kN)	摩阻力 (kPa)	22.0m~36.0m L=14.0m 轴力 (kN)	轴力差 (kN)	摩阻力 (kPa)	36.0m~45.0m L=9.0m 轴力 (kN)	轴力差 (kN)	摩阻力 (kPa)	45.0m~60.0m L=15.0m 轴力 (kN)	轴力差 (kN)	摩阻力 (kPa)	60.0m~68.0m L=8.0m 轴力 (kN)	轴力差 (kN)	摩阻力 (kPa)
2200	2093	107	11.3	764	1329	14.1	0	764	11.58	0	0	0	0	0	0	0	0	0
3300	3167	133	14.1	1640	1527	16.2							0	0	0	0	0	0
4400	4252	148	15.7	2490	1762	18.7	26	2464	37.4	0	26	0.6	0	0	0	0	0	0
5500	5362	138	14.6	3543	1819	19.3	548	2995	45.4	0	548	12.9	0	0	0	0	0	0
6600	6461	139	14.8	4529	1932	20.5	841	3688	55.9	9	832	19.6	0	9	0.1	0	0	0
7700	7572	128	13.6	5715	1857	19.7	1678	4037	61.2	245	1433	33.8	0	245	3.5	0	0	0
8800	8677	123	13.1	6802	1875	19.9	2976	3826	58.0	839	2137	50.4	8	831	11.8	0	8	4.1
9900	9777	123	13.0	7949	1828	19.4	4047	3912	59.3	1293	2744	64.7	2	1291	18.3	0	2	0.1
11000	10886	114	12.1	9039	1847	19.6	5345	3694	56.0	2785	2560	61.3	0	2785	39.4	0	0	0
12000	11906	94	10.0	10115	1791	19.0	6375	3740	56.7	3833	2642	62.3	0	3833	54.2	0	0	0
13000	12904	96	10.2	11047	1857	19.7	7346	3701	56.1	4759	2587	61.0	455	4304	60.9	42	413	11.0

试桩 2（φ1200）桩身截面轴力、摩阻力测试结果

表 3-11

荷载 (kN)	0.0m~2.0m L=2.0m 轴力 (kN)	轴力差 (kN)	摩阻力 (kPa)	2.0m~22.0m L=20.0m 轴力 (kN)	轴力差 (kN)	摩阻力 (kPa)	22.0m~36.0m L=14.0m 轴力 (kN)	轴力差 (kN)	摩阻力 (kPa)	36.0m~45.0m L=9.0m 轴力 (kN)	轴力差 (kN)	摩阻力 (kPa)	45.0m~60.0m L=15.0m 轴力 (kN)	轴力差 (kN)	摩阻力 (kPa)	60.0m~68.0m L=8.0m 轴力 (kN)	轴力差 (kN)	摩阻力 (kPa)
1734	1657	77	10.2	624	1033	13.7	0	624	11.8	0	0	0	0	0	0	0	0	0
2601	2489	112	14.8	1102	1387	18.4	0	1102	20.9	0	0	0	0	0	0	0	0	0
3468	3337	121	16.0	1965	1372	18.2	15	1905	36.1	0	15	0.4	0	0	0	0	0	0
4335	4227	108	14.3	2757	1470	19.5	408	2349	44.5	22	386	11.4	0	22	0.4	0	0	0
5202	5091	111	14.7	3417	1674	22.2	504	2913	55.2	0	504	14.9	0	0	0	0	0	0
6069	5954	115	15.2	4378	1576	20.9	1074	3304	62.6	41	1033	30.4	0	41	0.7	0	0	0
6936	6817	119	15.8	5226	1591	21.11	1574	3652	69.2	30	1544	45.5	0	30	0.5	0	0	0
7803	7697	106	14.0	6174	1523	20.2	2685	3489	66.1	843	1842	54.3	81	762	13.5	8	73	2.4
8670	8575	95	12.6	7233	1342	17.8	4045	3188	60.4	1967	2078	61.3	350	1617	28.6	59	291	9.6
9537	9451	83	11.4	8207	1244	16.5	4951	3256	61.7	2936	2015	59.4	663	2273	40.2	112	551	18.3
10400	10328	72	9.5	9032	1297	17.2	5817	3214	60.9	3707	2110	62.2	733	2974	52.6	196	537	17.8

荷载－沉降汇总（试桩1） 表3-12

序号	荷载(kN)	历时（min）		沉降（mm）	
		本级	累计	本级	累计
1	2200	120	120	0.40	0.40
2	3300	120	240	0.31	0.71
3	4400	120	360	0.16	0.87
4	5500	120	480	0.11	0.98
5	6600	120	600	0.15	1.13
6	7700	120	720	0.63	1.76
7	8800	150	870	1.20	2.96
8	9900	180	1050	6.08	9.04
9	11000	210	1260	3.50	12.54
10	12000	210	1470	1.77	14.31
11	13000	180	1650	1.45	15.76
12	11000	60	1710	-0.22	15.54
13	8800	60	1770	-0.35	15.19
14	6600	60	1830	-0.57	14.62
15	4400	60	1890	-0.76	13.86
16	2200	60	1950	-1.08	12.78
17	0	180	2130	-0.86	11.92

荷载－沉降汇总（试桩2） 表3-13

序号	荷载(kN)	历时（min）		沉降（mm）	
		本级	累计	本级	累计
1	1734	120	120	5.72	5.72
2	2601	120	240	1.10	6.82
3	3468	150	390	1.79	8.61
4	4335	150	540	0.89	9.50
5	5202	150	690	1.42	10.92
6	6069	150	840	1.71	12.63
7	6936	150	990	1.57	14.20
8	7803	150	1140	2.31	16.51
9	8670	150	1290	3.32	19.83
10	9537	150	1440	1.66	21.49
11	10400	150	1590	1.12	22.61

荷载－沉降汇总（试桩2）　　　　　　　　　表3-13（续）

序号	荷载(kN)	历时（min）		沉降（mm）	
		本级	累计	本级	累计
12	8670	60	1650	-0.16	22.45
13	6936	60	1710	-0.49	21.96
14	5202	60	1770	-1.18	20.78
15	3468	60	1830	-1.08	19.7
16	1734	60	1890	-0.71	18.99
17	0	180	2070	-1.30	17.69

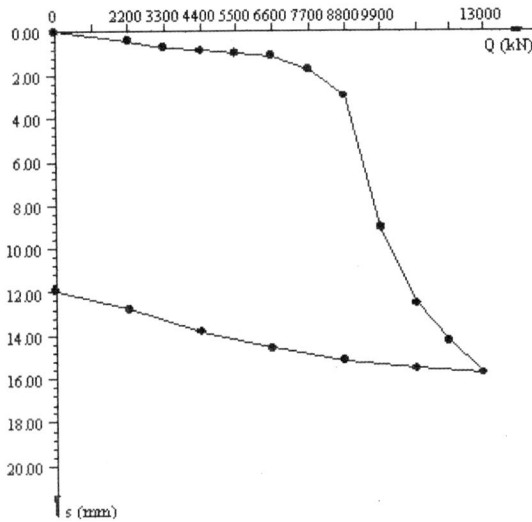

图3-6　荷载－沉降变形曲线（试桩1）

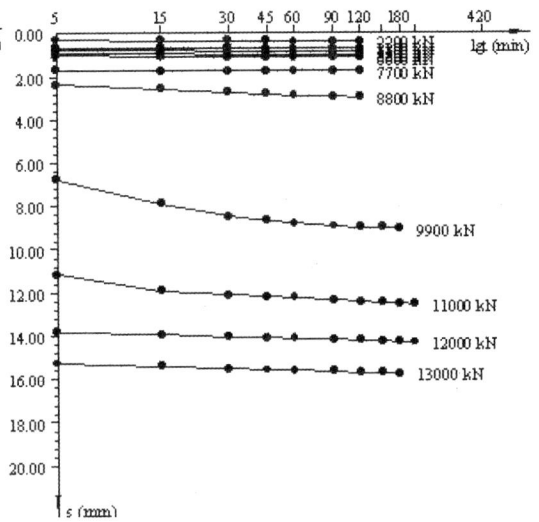

图3-7　s-lgt曲线（试桩1）

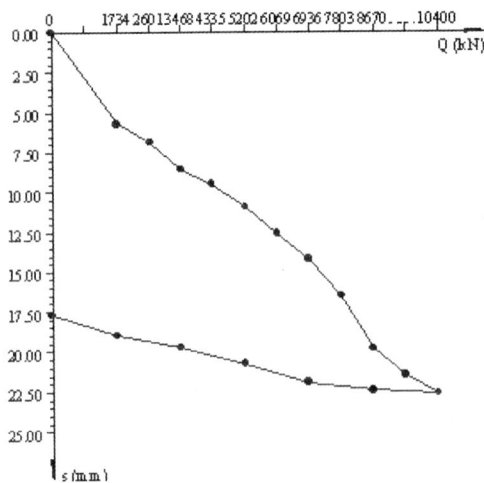

图3-8　荷载－沉降变形曲线（试桩2）

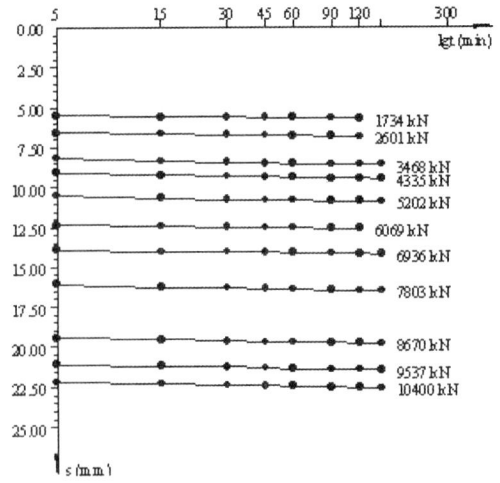

图3-9　s-lgt曲线（试桩2）

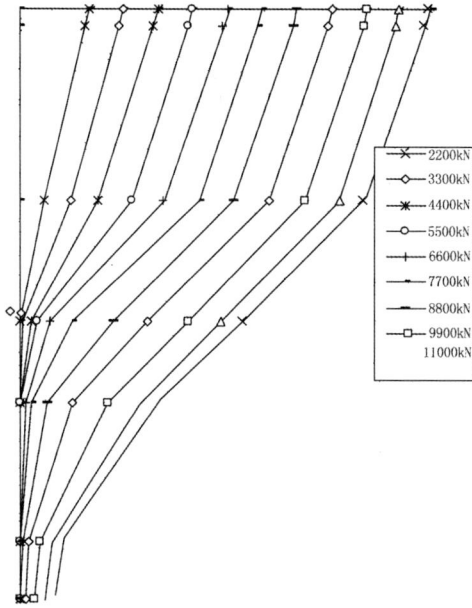

图 3-10　试桩 1 桩身截面轴力分布

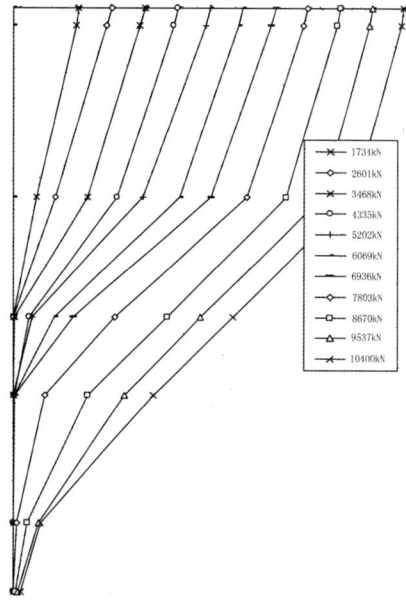

图 3-11　试桩 2 桩身截面轴力分布

3.8 静载试验现场检测表格汇总

单桩竖向抗压（抗拔）静载记录

表 3-16

工程名称			桩号		检测日期		
荷载 （kN）	观测时间 月日时分	间隔时间 （min）	位移计（百分表）读数				沉降（mm）		备注
			1号	2号	3号	4号	5号	本次	累计	
检测单位：			记录：				校核：			

单桩竖向抗压（抗拔）静载试验结果汇总表

表 3-17

桩号			检测日期		
序号	荷载（kN）	历时（min）		沉降（mm）	
		本级	累计	本级	累计
检测单位：		记录：		校核：	

51

静载试验试桩概况野外记录表 表 3-14

工程名称			地　　点		建设单位	
设计单位			施工单位		检测单位	
建筑物	规　　模		建筑桩基安全等级		抽检桩数	
	结构模型				总桩数	
试桩编号						
实际桩号						
成桩工艺						
断面尺寸						
桩顶标高						
桩底标高						
施工完成日期						
试验开始时间						
试验终止时间						
灌注桩	沉渣厚度					
	混凝土	设计标号				
		实际标号				
		充盈系数				
	钢筋笼	规格				
		长度				
		配筋率				
预制桩	混凝土标号					
	停锤标准					
	垂直度					
成桩中异常现象说明						

检测单位：　　　　　　　　　　　　　　　　　　资料整理：

校核：

工程名称		地　点			
试桩编号		桩　型			
成桩工艺		桩断面尺寸			
混凝土标号	设计	灌注桩沉渣厚度		配筋	规格	配筋率
	实际	灌注桩充盈系数			长度	

综合柱状图						试桩平面示意图
层次	土层名称	描述	地质符号	相对标高	桩身剖面	

土的物理力学指标												
层次	深度 (m)	γ (kN/m³)	ω (%)	e	s_r	ω_p (%)	I_p	I_L	a_{1-2} (Mpa⁻¹)	E_p (MPa)	ϕ (°)	f_k (kPa)

检测单位：　　　　　　　　　资料整理：　　　　　　　　　校核：

单桩水平静载试验记录表　　　　　　　　表 3-18

工程名称					桩号		日期			上下表距	
油压 (MPa)	荷载 (kN)	观测时间	循环数	加载		卸载		水平位移(mm)		加载上下表读数差	转角	备注
				上表	下表	上表	下表	加载	卸载			

检测单位：　　　　　　　　　记录：　　　　　　　　　校核：

基桩检测过程记录表

表 3-19

项目		责任单位	责任人	时间	记录内容
下达检测任务					
检测方法确认					
设备	配备情况				
	出库检查				
	运行检查				
	使用情况				
	入库检查				
现场检测情况					
检测报告					
记录归档					
备注					

检测单位：　　　　　　　　　　　　　　　　　　　归档负责人：

基桩检测现场环境监测记录

表 3-20

桩号	记录时间			气温	天气	场地环境影响因素			
	年	月	日	（℃）	（晴、阴、雨、风力）	振动	地下水	电磁波	电源

检测单位：　　　　　　　　　记录：　　　　　　　　　校核：

第4章 应力波理论分析

基桩动力检测的物理数学基础是一维波动方程的波动解或振动解，因此掌握应力波理论的主要基础知识，是掌握基桩低应变与高应变动力检测方法的前提。

4.1 直杆一维波动方程

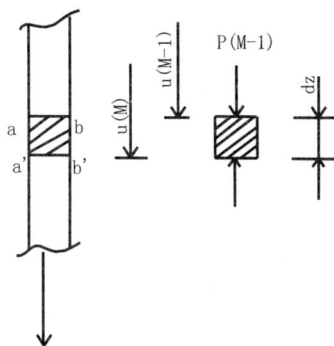

图 4-1 一维弹性杆

假设桩为等截面细长杆（直杆），四周无侧摩阻力作用（自由），顶端受到激振后杆截面在变形后仍保持平面时不变，则微单位的应变为：

$$\varepsilon = \frac{\partial u}{\partial z} \tag{4-1}$$

式中，u 为沿 z 方向的位移，ε 在不同位置和不同时间均在变化。

z 深度处一截面 ab 的轴向力：

$$P(z) = A \cdot \sigma = A \cdot E\varepsilon = AE\frac{\partial u}{\partial z} \tag{4-2}$$

则 $z+\mathrm{d}z$ 深度截面 $a'b'$ 的轴向力为：

$$P(z+\mathrm{d}z) = AE\frac{\partial u}{\partial z} - AE\frac{\partial}{\partial z}(\frac{\partial u}{\partial z})\mathrm{d}z = AE\frac{\partial u}{\partial z} - AE\frac{\partial^2 u}{\partial z^2} \cdot \mathrm{d}z \tag{4-3}$$

微单元受力为：

$$P(z) - P(z+\mathrm{d}z) = AE\frac{\partial^2 u}{\partial z^2} \cdot \mathrm{d}z \tag{4-4}$$

由微单元满足力平衡条件得：

$$AE \frac{\partial^2 u}{\partial z^2} dz = m \frac{\partial^2 u}{\partial t^2} \qquad (4-5)$$

式（4-5）右边项为惯性力，m 为微单元的质量。

微单元质量密度 $\rho = \dfrac{m}{A dz}$ ，应力波沿杆身传播速度 $c = \sqrt{\dfrac{E}{\rho}}$ ，代入式（4-5）得：

$$\frac{\partial^2 u}{\partial t^2} = c^2 \frac{\partial^2 u}{\partial z^2} \qquad (4-6)$$

式（4-6）为一维波动方程。

4.2 直杆一维波动方程的波动解

1. 直杆一维波动方程的波动解

一维波动方程为二阶偏微分方程，其波动解为两个反向行波的叠加：

$$u(z,t) = f(z-ct) + g(z+ct) \qquad (4-7)$$

假设激振波仅沿一个方向传播，即只有下行波 f，则 $u(z,t)=f(z-ct)$。

位置 z1，t1 时刻：

$$u(z_1,t_1) = f(z_1 - ct_1) \qquad (4-8)$$

位置 $z_2 = z_1 + c\Delta t, t_2 = t_1 + \Delta t$ 时刻：

$$u(z_2,t_2) = u(z_1 + c\Delta t, t_1 + \Delta t) = f[(z_1 + c\Delta t) - c(t_1 + \Delta t)] = f(z_1 - ct_1) \qquad (4-9)$$

从式（4-8）、式（4-9）可以看出，下行波 f 在 $\triangle t$ 时间中前进了距离 $c\triangle t$，但形状并未改变，波速也未改变。对上行波 g，沿 z 的负方向也有同样的过程。

所以 f 波与 g 波均以不变的波速沿 z 轴传播，但传播方向相反，f 波沿 z 轴正向传播，为下行波，g 波沿 z 轴反向传播，为上行波。

2. 波的应力特性

根据波的位移特性，由 $\sigma = E\varepsilon = E\dfrac{\partial u}{\partial z}$ 可推导出波的应力特性。

$$\sigma(z,t) = E \frac{\partial u}{\partial z} = E \frac{\partial f(z-ct)}{\partial z} + E \frac{\partial g(z+ct)}{\partial z} \qquad (4-10)$$

用 F 和 G 表示应力波 $E\dfrac{\partial f}{\partial z}$ 和 $E\dfrac{\partial g}{\partial z}$ ，则式（4-10）可变为：

$$\sigma(z,t) = F(z-ct) + G(z+ct) \qquad (4-11)$$

显然应力波也是以速度 c 传播并保持形状不变。

4.3 直杆中波的传播

1.上行波和下行波

研究一维波动方程的通解 $u=f(z-ct)+g(z+ct)$，如果单独研究下行波（见图4-2），下行波的质点运动速度记作 $v\downarrow$，其值为：

$$v\downarrow= \frac{\partial f(z-ct)}{\partial t} = f'(z-ct)\cdot(-c) = -cf' \quad (4-12)$$

这里应注意：是表示质点运行的速度而 c 是波的传播速度，两者是完全不同的概念。

下行波产生的应变为：

$$\varepsilon\downarrow= \frac{\partial f(z-ct)}{\partial z} = f'(z-ct)\cdot 1 = -f' \quad (4-13)$$

式中的符号表示以压缩变形的压力为正。

下行波产生的力为：

$$P\downarrow= \varepsilon\downarrow \cdot AE = -AE \cdot f' \quad (4-14)$$

将式（4-13）代入式(4-14)得：

$$P\downarrow= \frac{AE}{c}v\downarrow=z\cdot v\downarrow \quad (4-15)$$

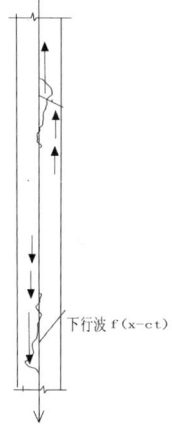

图4-2 上行波和下行波

式中，$Z=\dfrac{AE}{c}$ 为杆件的声阻抗。

可见下行波的质点运动速度和截面积的力之间存在着一个恒定的关系式：

$$P\downarrow=Z\cdot v\downarrow \quad (4-16)$$

同样，对于上行波可以得到：

$$P\uparrow= -Z\cdot v\uparrow \quad (4-17)$$

在一般情况下,桩身上任一截面上测到的质点运行速度或力都是上行波与下行波叠加的结果。

$$v=v\downarrow+v\uparrow \quad (4-18)$$

$$P=P\downarrow+P\uparrow$$

如果将实测的质点运动速度和力记作 v_m 和 p_m。由公式 （4-16）、(4-17)、(4-18) 很容易将各时刻这一截面上的质点速度与力的上行分量和下行分量分离开来。

$$v\downarrow= \frac{1}{2}(v_m + \frac{P_m}{Z}) \quad (4-19)$$

$$v \uparrow = \frac{1}{2} (v_m - \frac{P_m}{Z}) \qquad (4-20)$$

$$P \downarrow = \frac{1}{2} (P_m + Zv_m) \qquad (4-21)$$

$$P \uparrow = \frac{1}{2} (P_m - Zv_m) \qquad (4-22)$$

（1）当杆端为自由端时，边界条件 $P = P \downarrow + P \uparrow = 0$，则：

$$P \uparrow = -P \downarrow \qquad (4-23)$$

将式（4-16）、（4-17）代入上式可得杆端质量速度：

$$v \uparrow = v \downarrow, \qquad v = v \downarrow + v \uparrow = 2v \qquad (4-24)$$

公式（4-23）和（4-24）表示应力到达自由端后，将产生一个符号相反、幅值相同的反射波，即压力波产生拉力反射波，在杆端处叠加，使杆端力为0，从而杆端质点运动速度增加一倍。

（2）当杆端为固定端时，边界条件 $v = v \downarrow + v \uparrow = 0$，则：

$$v \uparrow = -v \downarrow \qquad (4-25)$$

将式(4-16)、(4-17)代入上式得：

$$P \uparrow = -P \downarrow, \qquad P = P \uparrow + P \downarrow = 2P \downarrow \qquad (4-26)$$

式(4-25)、(4-26)表示应力波到达固定端后，产生一个与入射波相同的反射波，即入射的压力波产生压力反射波，在杆端处由于波的叠加使杆端反力增加一倍,杆端速度为0。

2．例题

已知一根预应力管桩的实测力和速度波形（见图4-3），$E = 3840 \text{kN/cm}^2$，$A = 2083 \text{cm}^2$，$c = 4000 \text{m/s}$。计算在 t_1 和 t_2 时刻的上、下行波。

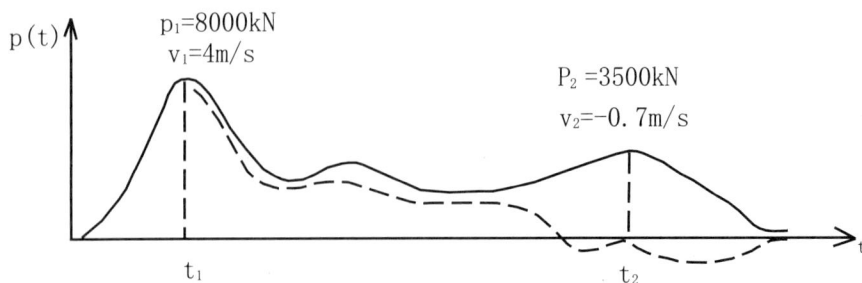

图 4-3 实测波形

在 t_1 时刻力和速度峰值相等,说明 t_1 时刻只有下行波,则:

$$P=ZV$$

$$Z=p/V=8000/4=2000(kN \cdot s/m)$$

由上、下行波计算公式计算如下:

t_1 时刻,下行波:

$$P\downarrow=(P_{t1}+ZV_{t1})/2=(8000+2000 \times 4)/2=8000(kN)$$

上行波:

$$P\uparrow=(P_{t1}-ZV_{t1})/2=(8000-2000 \times 4)/2=8000(kN)$$

t_2 时刻,下行波:

$$P\downarrow=(P_{t2}+ZV_{t2})/2=[3500+2000(-0.7)]=1050(kN)$$

上行波:

$$P\uparrow=(P_{t2}-ZV_{t2})/2=[3500-2000(-0.7)]/2=2450(kN)$$

4.4 杆件截面的变化

当杆件截面发生突然变化时(见图4-4),声阻抗由 $Z_1=\dfrac{A_1E_1}{c_1}$ 变为 $Z_2=\dfrac{A_2E_2}{c_2}$, 变截面

处的平衡条件与连续条件为:

$$P_1\downarrow+P_1\uparrow=P_2\downarrow+P_2\uparrow \tag{4-27a}$$

$$v_1\downarrow+v_1\uparrow=v_2\downarrow+v_2\uparrow \tag{4-27b}$$

将式(4-16)、(4-17)代入式(4-27)中,整理后得:

$$\left.\begin{array}{l}P_1\uparrow=\dfrac{Z_2-Z_1}{Z_2+Z_1}P_1\downarrow+\dfrac{2Z_1}{Z_2+Z_1}P_2\uparrow\\P_2\downarrow=\dfrac{2Z_2}{Z_2+Z_1}P1\downarrow+\dfrac{Z_1-Z_2}{Z_1+Z_2}P_2\uparrow\end{array}\right\} \tag{4-28}$$

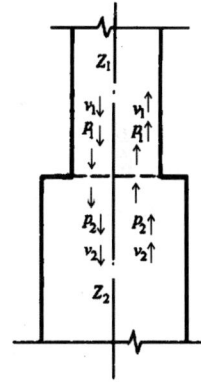

图 4-4 桩截面变化情况

当只有下行波 $P_1\downarrow$ 通过变截面时,式(4-28)变为:

$$P_1\uparrow=\dfrac{Z_2-Z_1}{Z_2+Z_1}P_1\downarrow \quad (反射波) \tag{4-29a}$$

$$P_2\downarrow=\dfrac{Z_1-Z_2}{Z_2+Z_1}P_2\uparrow \quad (透射波) \tag{4-29b}$$

同样,只有上行波 $P_2\uparrow$ 传来时,式(4-28)变为:

$$P_1\uparrow=\dfrac{2Z_2}{Z_2+Z_1}P_2\uparrow \quad (透射波) \tag{4-30a}$$

59

$$P_2 \downarrow = \frac{Z_1 - Z_2}{Z_2 + Z_1} P_2 \uparrow \quad (\text{反射波}) \tag{4-30b}$$

式（4-29）、(4-30)表示，当原有的下行波及上行波通过变截面时，都会分成透射波和反射波两部分。透射波的性质保持与入射波一致，幅值为原入射波的$2Z_2/$（Z_1+Z_2）倍。反射波的幅值为原入射波的（Z_2-Z_1）/（Z_2+Z_1）倍，并根据(Z_2-Z_1)项的正负号，决定反射小的性质是否变化。当入射波由阻抗较大的杆件Z_1段进入阻抗较小的杆件Z_2段时，透射波的幅值比原来入射波的幅值小，(Z_2-Z_1)为负值，反射波改变符号，即如果入射波是压力波时，反射拉力波；入射是拉力波时反射压力波。当入射波由阻抗较小的杆件段进入阻抗较大的杆件段时，透射波的幅值比原来入射波的大，(Z_2-Z_1)为正值，反射波不改变符号，即入射是什么性质的波，反射仍是什么性质的波。

4.5 杆件侧摩阻力作用

在杆件截面i处有一摩阻力R（i）作用时（见图4-5），截面两侧的力和速度分别为：

上侧：

$$\begin{aligned} P_1 &= P_1 \downarrow + P_1 \uparrow \\ v_1 &= v_1 \downarrow + v_1 \uparrow \end{aligned} \tag{4-31}$$

下侧：

$$\begin{aligned} P_2 &= P_2 \downarrow + P_2 \uparrow \\ v_2 &= v_2 \downarrow + v_2 \uparrow \end{aligned} \tag{4-32}$$

i截面的平衡条件和连续条件为：

$$P_1 - P_2 = R(i)$$

$$v_1 = v_2 \tag{4-33}$$

联解式(4-16)、(4-17)、（4-31）及（4-33）得：

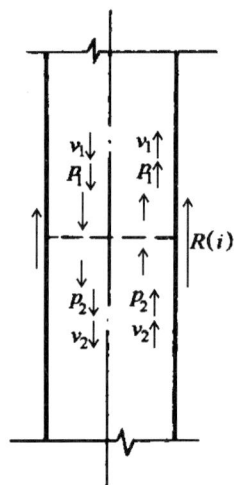

图4-5 桩侧摩阻力R（i）的作用

$$\begin{cases} P_1 \uparrow = P_2 \uparrow + \dfrac{1}{2} R(i) \\ P_2 \downarrow = P_1 \downarrow - \dfrac{1}{2} R(i) \end{cases} \tag{4-34}$$

式（4-34）表示上行波或下行波在通过摩阻力$R(i)$作用的截面时，其幅值各增减$R(i)/2$。式(4-34)也可理解为当应力波通过i截面时，由于力$R(i)$的作用，从i截面开始产生一个向上的压力波和一个向下的拉力波，叠加于原来的行波中。它们的幅值都等于$R(i)/2$。

第5章 基桩反射波检测

基桩低应变动测是通过对桩顶施加激振能量,引起桩身及周围土体的微幅振动,用仪表记录桩顶的速度与加速度,利用波动理论对记录结果加以分析,目的是判断桩身完整性、预估基桩承载力,具有快速、经济等特点。反射波法是目前应用最普通、最常用的一种方法。

5.1 反射波法测定桩身质量的基本原理

1.原理分析

根据第4章中一维波在直杆中的传播规律,桩顶受一瞬时锤击力,压力波以波速 c 向桩底传播,如果遇到桩身阻抗发生变化,波的传播规律类似波在变截面杆中的传播规律。如图 5-1 所示,下标 i、r、t 分别表示入射、反射与透射,根据第4章中的式(4-29)、(4-30),反射波系数 R_r、透射波系数 R_t 为:

$$R_r = \frac{P_1 \uparrow}{P_1 \downarrow} = \frac{z_1 - z_2}{z_1 + z_2} = \frac{n-1}{n+1} \qquad (5-1a)$$

$$R_t = \frac{P_2 \downarrow}{P_1 \downarrow} = \frac{2z_2}{z_1 + z_2} = \frac{2}{n+1} \qquad (5-1b)$$

$$z = A \rho c \qquad (5-1c)$$

$$n = z_1 / z_2 = A_1 \rho_1 c_1 / A_2 \rho_2 c_2 \qquad (5-1d)$$

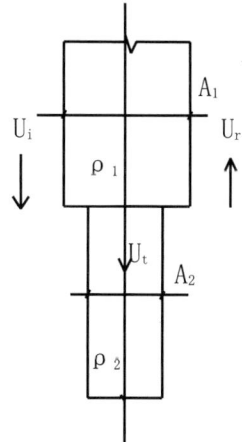

图 5-1 应力波在界面中的传播

式中,z 为阻抗,n 为阻抗比, 、A 分别为桩的密度与截面积,c 为波速。

由式(5-1)可知:

(1)当 $n=1$ 时,$R_r=0$。说明界面不存在阻抗不同或截面不同的材料,无反射波存在。

(2)当 $n>1$ 时,$Z_1 > Z_2$,$R_r>0$,反射波和入射波同号。说明界面是由高阻抗硬材料进入低阻抗软材料或大截面进入小截面。

(3)当 $n<1$ 时,$Z_1 < Z_2$,$R_r<0$,反射波和入射波反号。说明界面是由低阻抗软材料进入高阻抗硬材料或小截面进入大截面。

以上三种情况的讨论表明,根据反射波的相位与入射波相位的关系,可以判别界面波阻抗的性质,这是反射波动测法判别桩身质量的依据。

2. 基桩的典型时域曲线

(1) 桩身质量和完整性均无变化(即桩身波阻抗 $Z_1=Z_2$，$n=1$)

将 $Z_1=Z_2$，$n=1$ 代入式 (5-1)，得 $R_r=0$，$R_t=1$。说明全部应力波均通过桩身到达桩底，见图 5-2。

桩底土阻抗>桩身阻抗（摩擦与摩擦端承桩）：$z_1>z_2$，$R_r>0$，波至桩底后同相反射。

桩底土阻抗<桩身阻抗（端承与端承摩擦桩）：即 $z_2<z_1$，$R_r<0$，波至桩底后反相反射。

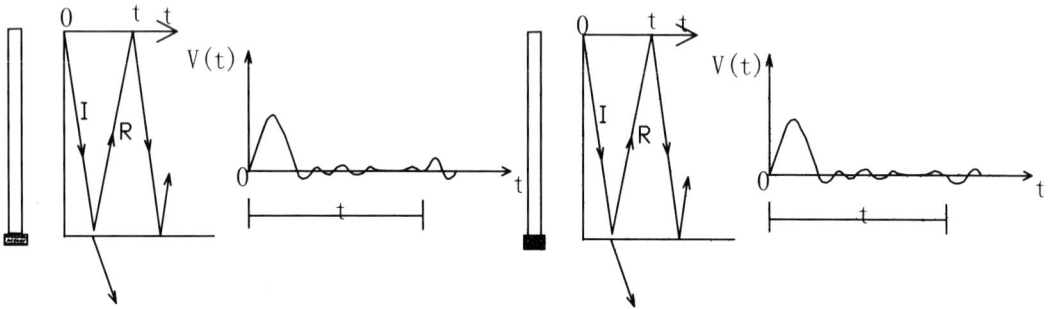

图 5-2　完整桩时域曲线

(2)变截面桩

上大下小时：桩身波阻抗 $z_1>z_2$，$n>1$，则 $R_r>0$。说明反射波在变截面处发生同相反射，见图 5-3(a)。

上小下大时：桩身波阻抗 $z_1<z_2$，$n<1$，则 $R_r<0$。说明反射波在变截面处发生反相反射，见图 5-3(b)。

大小大变化时(缩径桩)：桩身波阻抗 $z_1>z_2$，$z_2<z_3$，缩径的上界面表现为反射波相位与初始入射波同向，缩径的下界面表现为后续反射波相位与初始入射波相反。由于缩径引起的反射波的界面波阻抗差异大，故反射波形清晰、完整而直观，如严重缩径者可见到多次反射波，见图 5-3(c)。

小大小变化时(扩径桩)：桩身波阻抗 $z_1<z_2$，$z_2>z_3$，扩径的上界面表现为反射波相位与初始入射波反向，扩径的下界面表现为后续反射波的相位与初始入射波同反。但由于扩径的形态不同，其反射波的表现也有差异，界面波阻抗差异大，在严重扩径时，也会见到多次反射，而往往下界面的同向反射波表现得更清晰一些，见图 5-3(d)。

(3)断桩与半断桩

断桩：$A_2=0$，$Z_2=0$，则 $R_r=1$，$R_t=0$。说明波在断面处全部同相反射，见图 5-4(a)。

半断桩：$A_2<A_1$，$n>1$，则 $R_r>0$。说明波在断面处部分同相反射，见图 5-4(b)。

反射子波的振幅大小与截面尺寸相关，半断桩与断桩时域曲线的明显区别是，断桩反射子波的振幅大于半断桩。

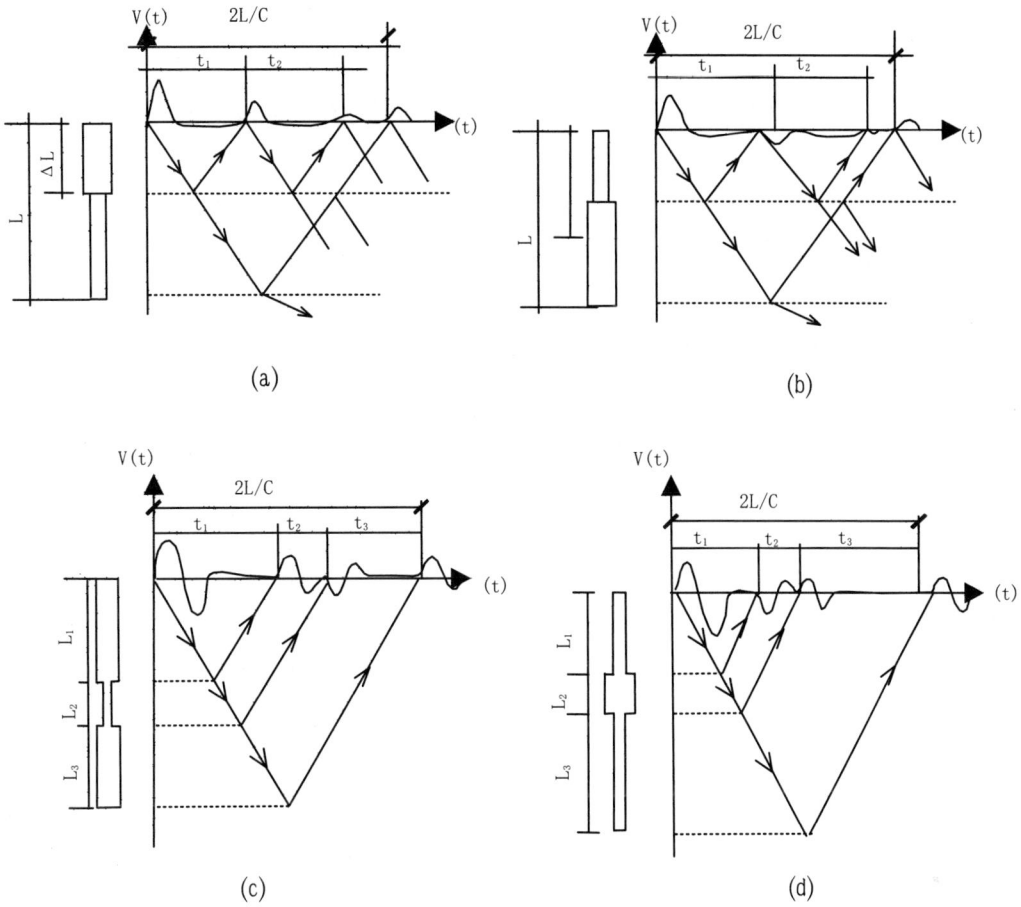

(a)

(b)

(c)

(d)

图 5-3 桩身截面积变化时反射波特征

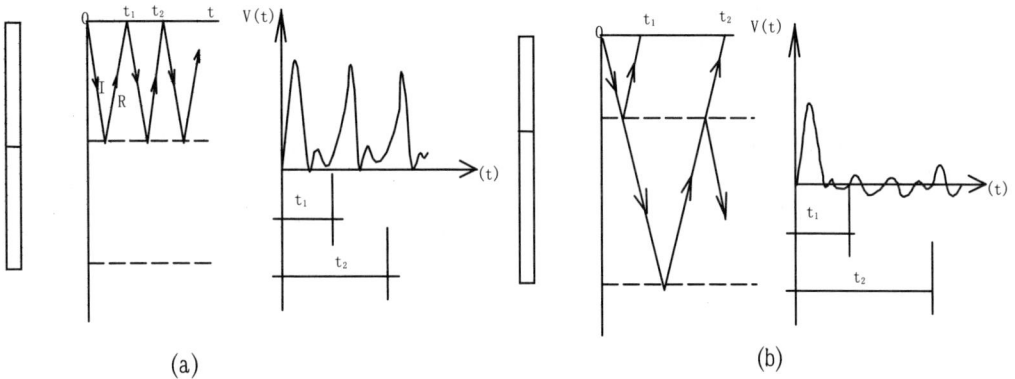

(a)

(b)

图 5-4 断桩与半断桩域曲线

实际检测过程中断裂桩常反映出以下三种情况：

1) 深部断裂，近似于摩擦桩的沉渣桩桩底反射，有高幅值的桩间反射，反射波相位与初始入射波相同，往往可见到 2~3 次，根据常规公式 $2L/\triangle t$ 计算，以平均波速算得到的桩长远比设计桩长短，以设计桩长算得到的波速远比一般桩的波速大，这时就应该考虑到可

63

能是基桩未施工到设计的深度，或者是桩在深部有断桩现象，见图5-5(a)。

2)桩中部断裂,表现在反射波曲线的多次等周期衰减,由于反射波、反射子波的第一子波是由高阻抗材料传向低阻抗的水、空气或充泥材料,故其相位与桩的初始入射波同相位,而后续波由于从低阻抗的软材料进入高阻抗的硬材料,故其相位表现为与初始入射波相反。我们可以从各反射波波峰的等距△f值来计算断裂处的深度,见图5-5(b)。

3)桩浅部断裂,是指桩的断裂部位在2~3m内,它的反射波曲线表现形式与桩中间断裂相似,但波峰很密,△f更小,有时往往叠加在一个低频包络线上,这是由于受桩身下部的振动或工地50Hz低频影响,此类波形的衰减也很慢,见图5-5(c)。

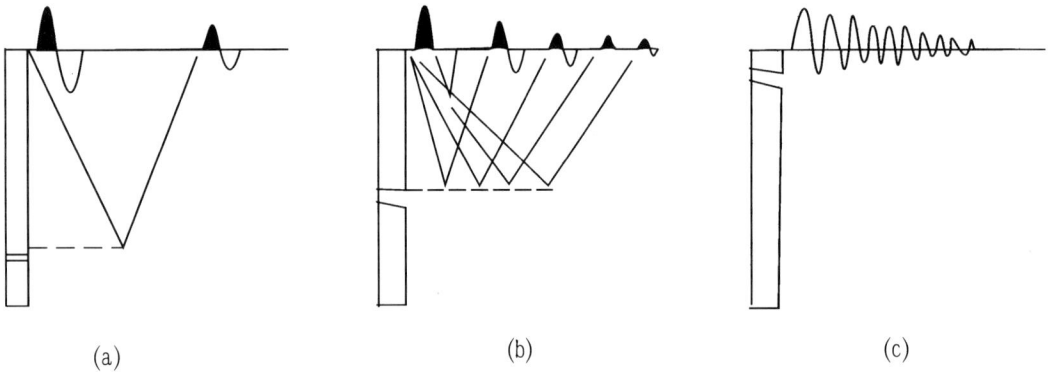

(a)   (b)   (c)

图5-5 断桩反射波特征

(4)离析和夹泥等缺陷桩

这类桩缺陷处的密度ρ、截面积A、波速V,其中一项、几项或全部减小,导致缺陷处波阻抗z_2变小,$z_1>z_2$，$n>1$,则$R_r>0$,离析和夹泥缺陷桩的时域曲线第一反射子波与入射波同相位,幅值与缺陷程度相关,但频率明显降低,见图5-6,这是与断桩的主要区别。

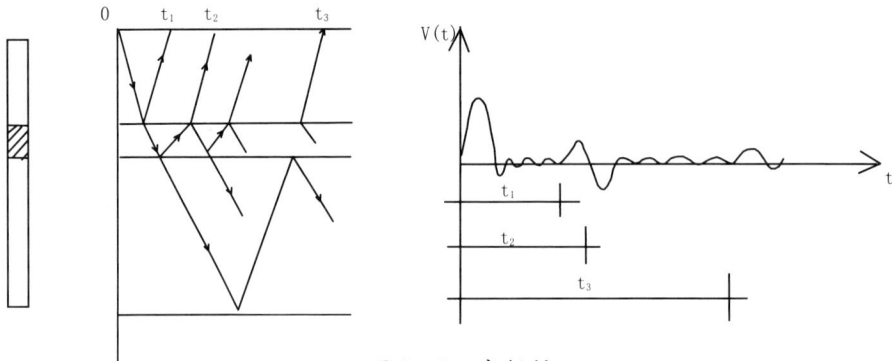

图5-6 离析桩

3.应力波反射特征曲线

应力波在桩身中的传播,由于桩身和桩底的波阻抗的存在,使其产生反射的特征各有不同,其基本类型和表现的特征曲线见表5-1。

缺陷	典型曲线	曲 线 特 征
完整		1. 短桩：桩底反射 R 与入射波频率相近，振幅略小。 2. 长桩：桩底反射振幅小，频率低。 3. 摩擦桩的桩底反射与入射波同相位，端承桩的桩底反射与入射波反相位。
扩径		1. 曲线不规则，可见桩间反射，扩径第一反射子波与入射波反相位；后续反射子波与入射波同相位，反射子波的振幅与扩径尺寸正相关。 2. 可见桩底反射。
缩径		1. 曲线不规则，可见桩间反射，缩径第一反射子波与入射波同相位；后续反射子波与入射波反向位。反射子波的振幅大小与缩径尺寸正相关。 2. 一般可见桩底反射。
离析		1. 曲线不规则，一般见不到桩底反射。 2. 离析的第一反射子波与入射波同相位，幅值视离析程度呈正相关，但频率明显降低。 3. 中、浅部严重离析，可见到多次反射子波。
断裂		1. 浅部断裂（<2m）由于受钢筋和下部桩影响反映为锯齿状子波叠加在低频背景上的脉冲子波，峰-峰为 Δf。 2. 中浅部断裂为一多次反射子波等距出现，振幅和频率逐次下降。 3. 深部断裂似桩底反射曲线，但所计算的波速远大于正常波速。 4. 一般见不到桩底反射。
夹泥 空洞 微裂		1. 曲线不规则，一般可见到桩底反射。 2. 缺陷的第一反射子波与入射波同相位，后续反射子波与入射波反相位。 3. 子波的幅值与缺陷的程度呈正相关。
桩底 沉渣		桩底存在沉渣，桩底反射与入射波同相位，其幅值大小与沉渣的程度呈正相关。

4.桩缺陷位置的计算

$$x = \frac{1}{2000} \cdot \Delta t_x \cdot c \tag{5-2a}$$

$$x = \frac{1}{2} \cdot \frac{c}{\Delta f} \tag{5-2b}$$

式中　　x——桩身缺陷至传感器安装点的距离（m）；

Δt_x——速度波第一峰与缺陷反射波峰的时间差（ms）；

c——受检桩的桩身波速（m/s），无法确定时用c_m值替代；

$\Delta f'$——频谱信号曲线上缺陷相邻谐振峰间的频差（Hz）。

5.桩身完整性程度分析

当桩出现缺陷后，桩间产生不同程度的反射，从而造成缺陷子波在反射波曲线中的叠加，使得桩的时域波形复杂化，但如果桩底的反射能较清楚的分辨，便可采用欠阻尼检波器来采集应力波反射信号，再根据波的衰减峰－峰值的比较和桩底幅值以及初始幅值的对比来估算缺陷的范围和大小。桩身质量及波形特征对照见表5-2。

应该指出的是，桩身完整性的影响因素众多、桩身缺陷多种多样，表中列举的一些典型缺陷类型及缺陷的波谱表现，实测时要复杂得多，因此在具体工作中，要结合工地的工程地质条件、施工等情况，对所测得的曲线认真分析研究，合理解释缺陷的性质及程度。

桩身质量及波形特征　　　　　　　　　　表5-2

类别	桩质量评价	时域和频谱曲线特征
I	桩身完整、混凝土密实，桩径均匀	波形规整，正负幅值对称，呈指数有阻尼衰减，持续振动时间短，能见到桩底反射，平均波速V_p在3000m/s以上，频谱曲线只有一个单峰，左右对称（曲线光滑）。峰所对应的是桩的基频。
II	桩身基本完整，桩径有局部的扩缩径或离析（胶结不良）、夹泥等缺陷	波形欠规整，上下幅值基本对称，但可见到局部子波的叠加，近于阻尼振动衰减，振动频率较高，一般能见到桩底反射。频谱曲线呈多峰但主峰值都较高，其他峰值都较主峰低得多。
III	桩身完整性差，有缩径、离析、局部断裂和夹泥现象	波形不规则，上下幅值不对称，有明显子波叠加并有多次缺陷的反射，相位、振幅变化无规律。频谱曲线呈双峰，第一个峰值对应于桩的基频。
IV	桩身不完整，有断裂和严重夹泥现象。强度和承载力都无法满足设计要求。	波形极不规则，上下幅值不对称，相位和振幅无规律；或者子波多次无规律反射，但衰减很慢，振动持续时间长，振动频率低；频谱呈多峰形，几个峰值同时存在。

5.2 反射波法测试仪器

基桩动测仪通常由测量和分析两大系统组成。测量系统包括激振设备、传感器、放大器、数据采集器、记录指示器组成；分析系统由动态信号分析仪或微机和根据各动力试桩方法原理所编制的计算分析软件包组成。目前许多厂家把放大器、数据采集器、记录存储器、数字计算分析软件融为一体，称之为信号采集分析仪。反射波现场测试仪器布置如图5-7所示。

1.激振设备

通常用手锤或力棒，重量可以变更，锤头或棒头的材料可以更换。

2.传感器

可采用速度与加速度传感器,若用后者则需在放大器、采集系统或传感器本身中另加积分线路。传感器主要技术指标有:

频带宽度:越宽越好,速度传感器 10～1000Hz,加速度传感器至少 2000Hz。

灵敏度:低应变传感器灵敏度是指输出电压与感受的振量(速度、加速度)之比,即稳态时系统的输出和输入的比值。速度型传感器灵敏度应大于 300mv/(cm·s),加速度应大于 100mv/g。

量示程:加速度传感器的量程应大于 20g。

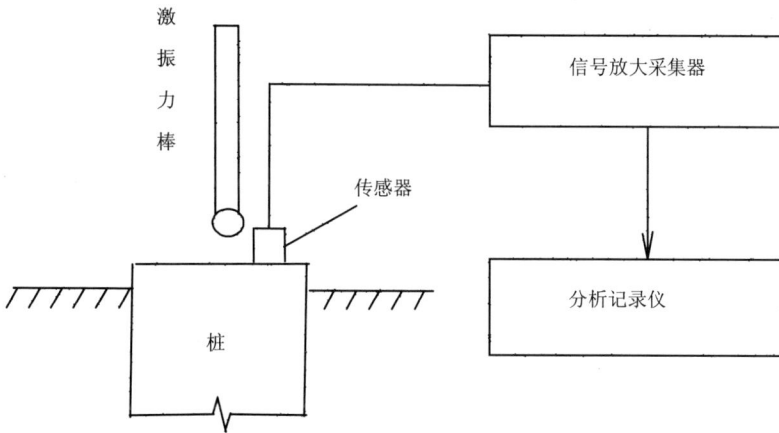

图 5-7 反射波现场测试仪器布置

3.放大器

要求放大器的增益高、噪声低、频带宽。对速度传感器用电压放大器;对加速度传感器则采用电荷放大器。放大器的增益应人于 60dB,折合到输入端的噪声则应低于 3 dB,频带宽 10～5000Hz,滤波频率应可调。

4.多道信号采集分析仪

要求仪器体积小、重量轻、性能稳定,便于野外使用,同时具备数据采集、记录贮存、数字计算和信号分析的功能。模／数转换器(A/D)的位数不得低于 12bit;采样间隔宜为 10～500 μs 之间,且分档可调;采样长度每个通道不小于 1024 个采样点;各通道的性能应具有良好的一致性,其振幅偏差应小于 3%,相位偏差小于 0.05ms;应具有实时时域显示及信号分析功能。

5.3 现场测试

1.准备工作

(1) 按第 2 章要求收集有关资料,了解场地地质条件、桩型、桩设计参数、成桩工艺成桩质量检验等资料。

(2) 桩头处理:清除桩顶浮浆及未胶结好的混凝土,使桩头露出坚硬的混凝土表面,并使桩面水平，必要时使用砂轮机磨平，不应采用水泥砂浆打平层，以免砂浆结合不好造成误判。上述工作都应以不损坏桩头整体性为原则，因为一旦桩头受损势必在测试时带来较多的子波干扰，造成信号的复杂化，给正确判别桩身质量带来一定难度。

（3）仪器配备：测试系统各部分应匹配良好。

2.传感器的选择与安装

（1）传感器选择

测振传感器是反射波动测中最基本的重要测试元件之一，它直接与被测桩相连接，将机械振动参量换成电信号，它的性能参数的好坏，直接影响到转换电信号的数据是否真实地反映桩本身的反射信息，因此它必须满足以下条件：

1）要有很宽的动态范围

2）要有宽的频率响应范围

3）要有少的失真度

4）要有稳定的传感器性能

5）要有较小的受非振动环境影响

常见的传感器有加速度型、速度型和位移型传感器，在量值上三者可以通过积分和微分互相转换，即加速度一次积分为速度量、二次积分为位移量。在反射波动测中，人们广泛应用的是速度型和加速度型传感器。

传感器的频率响应特性应能满足不同测试对象、不同测试目的的需要。当检测长桩的桩端反射信息或深部缺陷时，应选择低频性能好的传感器；当检测短桩或桩的浅部缺陷时，应选择加速度器或宽频带的速度传感器。

（2）传感器安装

传感器安装应用化学粘结剂或石膏等粘结，粘结层尽量薄，不应采用手扶式；必要时可采用冲击钻打孔安装方式，但传感器应与桩顶面紧密接触。安装时必须保证传感器与桩顶面垂直。

3.激振

（1）激振点：宜选择在桩顶中心部位。

（2）激振方式：应通过现场敲击试验，选择合适重量的激振力锤和锤垫，宜用宽脉冲获取桩底或桩下部缺陷反射信号，宜用窄脉冲获取桩身上部缺陷反射信号。

（3）激振点与传感器应远离钢筋笼的主筋，减少外露钢筋对测试信号产生干扰信号。

4.仪器参数设置

（1）仪器参数设置包括采样间隔、采样点数、增益、模拟滤波、触发方式等。

（2）每通道的采样点数 N 应满足下式的要求，且不小于1024点。

$$N \geqslant \frac{3L}{c \triangle t} \qquad (5-3)$$

式中 N——采样点数；

C——波的传播速度。

（3）采样频率 f_s：是对信号离散采样时，每秒钟的采样点数，为使信号不混淆，采样频率应满足采样定理：

$$f_s \geqslant 3f_m \tag{5-4}$$

式中 f_s——采样频率；

f_m——信号频率上限。

采样间隔 $\triangle t$：是对信号离散采样时，每采一点所需的时间，它与采样频率对应（式5-4），在满足采样定理的前提下，还应与被测桩和桩长相适应，一般可按式（5-6）取：

$$\Delta t = \frac{1}{f_s} \tag{5-5}$$

$$\Delta t = \frac{(3 \sim 5)L}{N \cdot c} \tag{5-6}$$

当采集信号用于频域分析时，还必须保证频域分析的精度。

式中 Δt——采样间隔（μs）；

L——桩长（m）。

（4）采样时间 T：又称采样长度，是一次采样 N 个点数据所需要的时间。

$$T = N\Delta t \tag{5-7}$$

频率分辨率：是在频域里相邻两个数据的频率间隔。

$$\Delta f = \frac{1}{T} = \frac{1}{N\Delta t} \tag{5-8}$$

（5）放大器增益：是指整机放大器的输出相对输入的放大能力，一般应该根据激振方式通过现场对比试验确定，在正常情况下以信号足够大而又不使其溢出限幅为原则（浮点式除外），而对于没有指数放大动能的仪器，为了方便计算平均波速而突出桩底反射，除了加大激振力外，可提高增益，以便桩底反射信号得到放大。

（6）滤波：是指仪器在接收信号过程中，对不同频率信号的响应程度和范围，目前所使用的仪器频率响应范围一般均能达到动测桩的动态要求（20～2000Hz），有的仪器可以做到5～5000Hz。实际测试时，将频响范围置于0～2kHz，已完全能满足要求。对不同的测试要求可以现场改变频响范围，如为了测试桩底反射应该将频率范围降低到0～500Hz之间或0～800Hz之间，如要测试3m或5m内的缺陷，可将频率范围提高到800～1000Hz或1000～2000Hz之间，但是对于一个完整桩的桩动态激振信号，就应该将频率范围放至全通，以便带回室内进行频谱分析。

5.信号采集

（1）根据桩径大小，围绕桩心沿桩身对称布置2～4个检测点，每个检测点记录的有效信号数不宜少于3个，以便通过叠加平均提高信噪比。

（2）试验曲线的可靠性

应力波反射法所采集的较好波形应该是：

1）多次锤击的波形重复性好；

2）波形真实反映桩的实际情况，完好桩桩底反射明显；

3）波形光滑，不应含毛刺或振荡波形；

4）波形最终回归基线。

（3）不同检测点及多次实测时域信号一致性较差时，应分析原因，增加测点；信号失真或产生零漂或信号幅值超过测量系统的量程时，应重新测试。

5.4 室内资料处理

要科学地判别桩的质量，不仅要有好的仪器和完善的信号采集程序，还应有一整套室内资料处理技术。

1.工程地质资料、施工资料、桩基础设计资料的分析

为更好地对桩的质量进行分析和判断，首先必须对测试工地的有关资料进行全面地收集和了解，其中包括收集工地的地质资料，查阅岩土的物理力学指标，弄清土层的分布和走向，特别要了解在基桩长度范围各地层的含水量、孔隙比、压缩模量、容重、内摩擦角、地基承载力以及侧摩阻力和端阻力的建议值。

第二，应查阅本工程桩的施工资料，详细了解桩的施工顺序，核准桩机型号、锤重、落距和贯入度。

第三，应了解混凝土的配合比，钢材的规格，钢筋笼的长度，水泥、骨料规格以及试块的抗压强度，并参阅测试桩的充盈系数、塌落度和龄期等。

第四，应查阅基桩施工记录，特别应了解工地内基桩施工过程中曾出现的事故及事故处理过程。

第五，应收集工地在施工过程中进行井径和沉渣测试的资料，以便分析桩的扩径和缩颈与地层和施工的关系。

2.时域分析

现场测得的时域波形图尽管存在着不同程度的干扰信号，但它是原始的未经任何加工的真实曲线，因此在室内资料处理时，首先应对其实测时域波形进行分析和判断。

对于工地的测试资料，首先应根据有代表性的部分桩底反射来统计桩的平均波速。在判别缺陷时，应特别注意对缺陷子波的相位分解，确认其与入射波同相或反相。在认别桩底反射

波和缺陷子波的过程中，一般习惯根据相位的峰值—峰值来确定 Δt (时间间隔)，但在许多情况下，桩底反射波形存在不锐性(定性)，很难精确找到其极大值点，因此确定初至起跳点要比前者更具有代表性。

3.频域分析

尽管现场动测的时域信息具有较优越的真实性，但许多曲线不可避免地夹杂着许多干扰信号，这给人们的分析带来一些困难，因此对测试信号进行频域分析是很必要的。

根据测量原理，对于应力波反射法动测桩时所得到的信号，在频域中可以用下式来表示系统各频率因素的总和：

$$V(\omega)=P(\omega)\cdot B(\omega)\cdot F(\omega)\cdot A(\omega)\cdot R(\omega) \qquad (5-9)$$

式中，$V(\omega)$ 和 $P(\omega)$ 为对应的富立叶变换；$P(\omega)$ 为桩身完整性响应函数；$B(\omega)$ 为传感器安装后的频响特性；$A(\omega)$ 为采集和分析时所用带宽与放大器综合函数；$R(\omega)$ 为外来干扰因素；$\omega=2\pi f$,为频率自变量。

可以证明，对于自由桩而言，上式 $P(\omega)$ 共振峰频率与桩底和缺陷的位置有关，其系统固有频率的表达式为：

$$f_b^L=[n+\frac{arctg\lambda_L}{\pi}]\frac{c}{2L} \qquad n=1,2,\cdots\cdots \qquad (5-10a)$$

$$f_n^b=[n+\frac{arctg\lambda_b}{\pi}]\frac{c}{2b} \qquad n=1,2,\cdots\cdots \qquad (5-10b)$$

式中，λ_L、λ_b 分别为桩底和缺陷有关的函数。当在自由端时，$\lambda_L\rightarrow0$，而在支承端时，$\lambda_L\rightarrow\infty$。一般情况下 λ_L 介于二者之间，由此可导出完整桩的波速。

$$c=2L\cdot\triangle f \qquad (5-10c)$$

式中　L——桩长(m)；

　　　$\triangle f$——频谱分析中的频差峰－峰值(1/S)。

而缺陷桩所形成的相邻共振峰频差和缺陷位置的关系为：

$$L'=c/(2\cdot\triangle f) \qquad (5-11)$$

式中，L' 为缺陷部位的深度(m)。

4.时域频域互为验证与补充

考虑到时域和频域的各自优缺点，根据实践经验认为，室内分析可按下列步骤进行：

(1) 分析原始时域信号，初步判断桩身完整性。

(2) 进行频域分析，判断桩身完整性和信号频率成分，为进一步的时域分析作准备。

(3) 深入的时域分析，对信号进行数字滤波（平滑）、指数放大等处理，以便去掉无关信号，将桩身完整性的各种反映充分展现出来，便于准确分析。

为了方便起见，这里归纳时域、频域互为补充的要点如下：

(1) 多数情况同一信号的时域、频域分析结果能够很好地统一和相互验证，但必须注意到缺陷位置的计算公式所存在的误差和时域频域分辨率的矛盾，缺陷位置和桩长以时域计算为准。

（2）当时域信号中非桩土系统引起的干扰振荡较严重时，时域局限性较大，当以频域分析为主体。

（3）桩身存在多个等间距缺陷时，时域难以区分深部缺陷反射与浅部缺陷的多次反射，分析频域的基频和频差可对其加以甄别。

（4）有时桩底反射信号不明显，经过快速富立叶变换，幅值谱反而存在明显的整桩基频和频差。

（5）激振锤和传感器选用不当时，也有浅部缺陷时域不明而频域清晰的情况。

（6）柔性桩（搅拌桩、粉喷桩）桩底反射平缓，时域很难定位，频域则更显合理。

（7）涉及到离析、缩颈、裂隙等缺陷性状的区分时，时域频域的相互印证有时特别重要，离析处的谐振峰多见低缓形式，而裂隙的谐振峰较尖锐。

5.各类缺陷（或桩底）的波形特征

灌注桩、预制桩常见的几种缺陷和不同支承条件下桩底的反射波相位及波形特征见表5-3～5-5。由于激振条件、接收条件、桩身材料的不均匀性以及桩身存在多处缺陷等因素，实际的波形更复杂。分析判断必须在基本理论的基础上，综合场地地质条件、桩型、施工记录和波形特征，反复对比求证。详见第5-6节工程检测实例的分析。

各类缺陷和桩底产生的反射波，究其原因是由于桩身截面积和材质的差异引起的，但桩周土阻力对速度波形的影响也不容忽视。

桩底不同支承条件反射波波形特征　　　　　　　　　　表5-3

桩身缺陷及桩底支承情况	波阻抗变化	反射波相位特征	反射波波形特征	备 注
摩擦桩	$\rho_1 > \rho_2$, $c_1 > c_2$, $A_1 = A_2$	同相	在有效测试深度内桩底信号一般较清晰	
嵌岩桩	$\rho_1 \leq \rho_2$, $c_1 \leq c_2$, $A_1 = A_2$	见右	会出现3种情形：桩底反射不清晰；先反相后同相；尾部反射波形较复杂	反相反射有时是基岩面
桩底沉渣过厚	$\rho_1 > \rho_2$, $c_1 > c_2$, $A_1 = A_2$	同相	一般较清晰，注意与场地的其它桩比较	适用于端承桩

预制桩缺陷反射波波形特征表　　　　　　　　　　表5-4

桩身缺陷及桩底支承情况	波阻抗变化	反射波相位特征	反射波波形特征	备 注
裂缝、裂隙、碎裂	$\rho_1 > \rho_2$, $c_1 > c_2$, $A_1 = A_2$	同相	一次或多次反射，能否看到桩底信号视缺陷严重程度而定	细小的不贯穿裂缝会漏判
脱焊、虚焊等不良焊接	$\rho_1 > \rho_2$, $c_1 > c_2$, $A_1 = A_2$	同相	在接头处出现同相反射波，严重时难见以下部位较大缺陷及桩底信号	适用于焊接接桩

灌注桩缺陷反射波波形特征表　　　　　　表5-5

桩身缺陷	波阻抗变化	反射波相位特征	反射波波形特征
断裂（夹层）	$\rho_1 > \rho_2$, $c_1 > c_2$, $A_1 = A_2$	同相	多次反射，间隔时间相等；第一反射脉冲幅值较高，前沿比较陡峭；难见以下部位较大缺陷及桩底信号
缩颈	$\rho_1 = \rho_2$, $c_1 > c_2$, $A_1 > A_2$	同相	反射波形比较规则；可能有多次反射，一般可见桩底信号
离析	$\rho_1 > \rho_2$, $c_1 > c_2$, $A_1 = A_2$	同相	反射波形不规则；后续信号杂乱；波速偏小；一般可见以下部位较大缺陷及桩底信号
扩径	$\rho_1 = \rho_2$, $c_1 = c_2$, $A_1 > A_2$	反相	反射波形不规则；可能有多次反射，一般可见桩底信号

5.5 常见问题

1.基桩动测仪的标定

（1）基本概念

振动测试系统一般均由测振传感器、测力传感器和有关测量仪器组成。为了确保测量精度和试验的可靠性，在试验之前，必须准确地掌握传感器的参数及测量系统的性能，为此，需进行必要的传感器标定、振动测试系统标定工作。

传感器标定：就传感器自身性能参数、物理参数、环境条件等进行的标定，一般由厂家进行。

振动测试系统标定：振动测试系统往往以传感元件为始端，连接着多个测量仪器后以数据输出设备为末端，组成一个测量链，也可称为通道。每台仪器与传感器均是测量链中的一环。若已知各环的标定值，照例可综合得到整个测量链的输出量与输入量之间的转换关系。但是，在精度要求高的情况下，既要尽可能将各测量仪器调整在最佳的标定位置，又要重视各环之间连接电缆线介入的影响。实际的做法是对整个通道的始端直至末端输出量之间全系统作标定，以确定测量链的转换关系，称为振动测量系统标定。

一般来讲，传感器被看作检测用耗材，根据计量认证要求，耗材由厂家提供标定证书，正常使用不需进行再次标定。振动测量系统被看作是测量仪器，根据计量认证要求，测量仪器必须按以下要求进行周期检定：

1）传感器和测量仪器在出厂前或经过修理后，必须按国家计量总局批准的有关规程，对其技术指标作全面的严格标定。

2）经过一定时间(一般以一年为周期)使用后,需重新进行标定。此时,可以选择主要的性能参数作标定。如灵敏度与频率响应特性。

3）在做重要或大型试验前，或在某特殊试验前，需作现场标定，并按特殊要求进行某些特性的标定。如当振动量级变化大时，要校准动态线性范围等。

（2）传感器标定内容

振动传感器的标定主要分为三大类，每一类中包含几个具体的项目。

第一类为工作特性：灵敏度、频率响应、谐振频率、幅值线性、横向灵敏度、温度响应和电阻（电容量和绝缘电阻）。

第二类为环境特性：密封试验、极限加速度、极限温度以及特殊环境（磁灵敏度、变温度效应、应变灵敏度、声灵敏度及电缆效应）。

第三类为物理参数：尺寸与重量。

其中，传感器的灵敏度、频率响应及幅值线性是最主要的，是每次检定都要进行的基本校准项目。

国际及各国标准化组织对传感器的检定，提出了明确的标准标定方法及检定规程，作为各级检定的依据。根据我国颁发的《压电加速度计检定规程》(JJG 233-81)，新生产和使用中的一般压电加速度计的检定主要技术要求为：

1）参考灵敏度的校准误差≤3%；

2）灵敏度的年稳定度≤3%；

3）横向灵敏度比分为5%、10%两档；

4）频率响应（不包括校准仪器误差）：在五分之一谐振频率以下，频响与参考灵敏度偏差≤1dB；

5）幅值线性度的测量，用于振动测量时，幅值线性度≤5%；用于冲击测量时，幅值线性度≤10%；

6）应给出加速度计的绝缘电阻、电容、配套用电缆的电容、加速度计安装谐振频率和极性，以及能承受的极限加速度等；

7）应给出加速度计环境性能的指标。

对新购置的传感器应根据以上要求，对其出厂标定证书进行检查方可投入使用。

（3）振动测量系统标定内容

振动测量系统的主要技术性能指标应符合现行行业标准《基桩动测仪》(JG/T 3055)的有关规定，主要标定内容有：

1）灵敏度

振动测量系统灵敏度是指输出电压量和输入机械量之比：

$$S_v = U_m / V_{m\omega} \qquad (5-12)$$

式中　S_v ——灵敏度；

$V_{m\omega}$ ——为测点振动速度 $v = V_m \mathrm{Sin}\, \omega t$ 的幅值；

U_m ——为仪器输出电压信号 $u = U_m \mathrm{Sin}\, \omega t$ 的幅值。

确定传感器或测试系统的输出电压量与所受到的机械振动量（或激振力）之间的比例关系，即灵敏度标定。

2）频率响应与幅值线性检定

线性度(或称幅值线性度)是指当仪器的灵敏度在一定限度内波动而越过时，就把这一限度称为该仪器的线性度。线性度实际上就是在正常情况下灵敏度的误差范围。

频率范围一般是指在仪器灵敏度的变化不超过某一规定百分比的条件下，仪器的使用频率范围。

确定灵敏度在所要求的频率范围及幅度范围内的变化规律，即频率响应与幅值线性检定。

3）工作范围检定

工作范围：频率范围加上线性度范围就可以确定一台仪器的工作范围。

4）分辨率检定

分辨率：能够引起输出量发生可以分辨的最小的输入量的大小。一台拾振器可以有其本身的分辨率，整个测量系统则有其总体的分辨率。如果一台仪器的输出量由电表上直接读出，那么该表的最小的可读出增量便是这台仪器的分辨率。

分辨率往往受系统的噪声电平所限制。只有当信号电平高于噪声电平一定倍数，才不致于被噪声所湮没。

5）通过环境试验，确定可能遇到的环境条件对灵敏度影响的情况，即环境特性试验。

2.传感器的安装

（1）传感器的粘接

传感器的安装技术对测试信号的可靠性关系很大，从理论上讲，传感器与被测桩之间，应该刚性接触为一体，这样传递特性最佳，测试的信号也越接近桩体表面的质点运动。然而在实际操作中，真正要达到上述要求是极为困难的，传感器在安装后，一般都存在谐振频率接近甚至位于动测桩的频率范围内的问题。试验证明，用手按住传感器接触于混凝土桩表面，采用铁锤激发信号，其谐振频率一般在850Hz左右，这显然极大影响桩本身的被测有用信号。因此，安装传感器的技巧和粘合剂的选择对取得好的测试信号极为重要，一般不宜采用稠度低的黄油、油性橡皮泥、粘性低的口香糖等，而较为适当的是采用高强度快干石膏和电钻打孔安装速度传感器的方式。

（2）传感器安装点

建议按图5-8布置。原因是：相对于桩顶横截面而言，激振点处为集中力作用，在桩顶部位可能出现与桩的横向振型相应的高频干扰，当锤击脉冲变窄或桩径变大时，这种三维尺寸效应引起的干扰加剧，传感器安装点不同，受干扰的程度不同，经验表明按图5-8所受干扰较少。另外，当预制桩桩顶面高于地面很多时，灌注桩桩顶部分截面很不规则，或桩顶与承台等其他结构相连而不具备传感器安装条件时，可将两只传感器对称安装在桩顶以下的桩侧表面，宜远离桩顶。

(3) 对于直径在600mm以上的钻孔（人工挖孔）灌注桩，应放置2～3个传感器，有条件时应在同一根桩上分别放置高阻尼加速度计和速度传感器，以对比采集信号的可靠性。

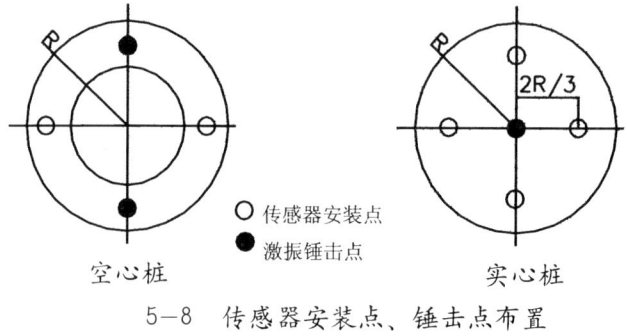

○ 传感器安装点
● 激振锤击点

空心桩　　　　　实心桩

5-8　传感器安装点、锤击点布置

3.桩身固有频率、激振力频谱、系统响应

桩身固有频率：与桩长、缺陷深度及程度、桩底情况等有关。一般长桩固有频率低、短桩高，摩擦桩固有频率低、端承桩高。

激振频谱：在桩头上采用不同材料的锤或棒冲击桩头，使桩头的质点产生振动，从而形成应力波向桩身传播，振源力的大小、材料的性质决定了激振频谱。

系统响应：与输入频谱（激振频谱）与桩身结构频谱（桩纵向振动的固有频率）有关。激振频谱必须覆盖一维杆件桩的前几级共振频率，充分激发桩的纵向振动，桩身的有效波信噪比才可以得到提高。激振频谱与桩身结构频谱特性匹配，是获得好的应力波信号的前提。

4.桩身纵波波速、波长、波频

波速 c、波频 f、波长 λ 三者关系为：

$$\lambda = c/f \tag{5-13}$$

应力波在桩身传播时满足一维杆理论的条件：

(1) 当桩长 L 远大于桩径 D，并且波长 $\lambda \geqslant (5～10) D$；

(2) 应力波沿桩身传播的过程中，轴力沿截面均布，即假设在瞬间力作用下，桩身仅有纵向变形，横向变形被忽略，也就是说桩截面在变形过程中始终保持为平面，忽略桩身横截面上不同质点间运动的差异。

只有当波长 λ 小于缺陷深度或桩长时，才能检测到缺陷位置和桩长，当波长 λ 大于缺陷深度或桩长时，不体现为杆的波动，而视为杆的刚性运动。

波长 λ 与桩头激振有关。

5.激振源

(1) 激振锤

在桩头上采用不同材料的冲击锤（棒）冲击桩头，使桩头的质点产生振动，从而形成应力波向桩身传播，振源力的大小和材料的性质对测试桩土体系各参数的有效性起着重要的作用。国外有一种说法，即可探测的缺陷长度为1/4脉冲长度，脉冲长度 L 为脉冲时间 t 与波速 c 的乘积，即与激振的频率有关。

表5-6 列举了30多种反射波法动测中常用的锤敲击预制桩桩头，由安装在锤头上的力传感器和安装在桩头上的测量传感器所记录的信号，由此可分析出不同材质的激振桩头的

不同效果，在检测中可作参考。

激振锤激发效果一览表 　　　　　表 5-6

编号	锤型	材质	质量m（kg）	脉宽t（ms）	主频（kHz）	力值F（kN）
1	小钢管	钢	0.09	0.6	3.28	0.14
2	小钢杆	钢	0.13	0.7	2.56	0.27
3	小钢杆	钢	0.27	0.9	2.02	0.41
4	小板斧	铁	0.22	1.1	1.75	0.33
5	小钢锤	钢	0.22	0.8	2.27	0.38
6	铁锤	钢	1.23	0.8	2.50	1.89
7	装修锤	塑料	0.33	1.2	1.88	0.53
8	木锤	杂木	0.39	1.0	1.92	0.59
9	橡胶锤	生胶	0.19	1.5	1.21	0.23
10	橡胶锤	生胶	0.30	2.0	0.86	0.43
11	橡胶锤	生胶	0.70	2.4	0.75	0.50
12	橡胶锤	熟胶	0.66	2.7	0.77	0.81
13	YE力锤	钢头	0.9	0.9	2.13	1.34
14	YE力锤	铝头	0.88	1.0	1.88	1.09
15	YE力锤	尼龙	0.89	1.9	1.20	1.03
16	SV力锤	钢头	2.39	1.5	1.28	1.75
17	SV力锤	铝头	2.09	1.0	1.92	3.16
18	SV力锤	尼龙	2.03	1.6	1.24	3.43
19	SV力锤	橡胶	2.02	4.8	0.43	2.38
20	RS手锤	尼龙	0.94	1.0	1.90	1.42
21	RS手锤	聚丙烯	0.94	1.2	1.61	1.39
22	RS手锤	聚乙烯	0.94	2.0	0.96	1.30
23	RS力棒	尼龙	2.97	1.5	1.38	4.49
24	RS力棒	尼龙	3.95	1.7	1.11	5.97
25	RS力棒	尼龙	7.35	2.2	0.89	11.86
26	RS力棒	铁	2.95	1.2	1.55	4.46
27	RS力棒	铁	6.13	1.3	1.48	8.63
28	RS力棒	铁	9.72	1.5	1.25	14.68
29	RS力棒	聚乙烯	3.78	3.0	0.64	5.20
30	RS力棒	聚乙烯	7.18	3.58	0.59	7.51

（2）激振力力谱成份对检测桩身缺陷的影响

桩身材料有一定阻尼以及桩周土存在侧摩阻力，应力波沿桩身传播过程将产生衰减。衰减快慢除和桩、土阻尼有关外，还和应力波频率成份密切相关，频率高衰减快，频率低衰减慢。振动振幅随距离的增大，一般是按指数衰减规律变化的，即：

$$A = A_{m}e^{-\alpha x} \tag{5-14}$$

式中　　A_m——振幅；

　　　　x——与振源距离；

　　　　α——衰减系数。

衰减系数 α 和频率 f 的关系为：

$$\alpha = n_1 f + n_2 f^2 + n_3 f^4 \tag{5-15}$$

式中 n_1, n_2, n_3——均由材料特性所决定的系数。

式(5-15)说明，频率越高，衰减越快。所以，当检测桩身深层缺陷时，脉冲力持续时间要长些，这样力谱的低频成份丰富，频率低，传播深度深，才能看到缺陷位置的反射波，例如用大质量的尼龙锤头敲击。当要检测桩身浅层缺陷时，脉冲力持续时间要短，力谱高频成份丰富，这样波长小，判断缺陷位置精度高，例如对于离桩顶数十厘米位置的缺陷，可用修钟表的小榔头等小质量锤头敲击，产生高频激振力，可以较好地激发出浅层缺陷信号。

另一方面，激振主频与桩的固有频率相接近，桩身的有效波信噪比就可以得到提高，波形清晰真实。由于桩的固有频率与桩的长度成反比，因此，对于长桩和为突出桩底反射信号或测试深部缺陷时，宜采用重锤、大锤；对于浅部缺陷桩和短桩，宜选用小锤、点锤。

（3）影响桩基检测信号的振源因素

1）锤头材料：材料过硬，将激发出高频脉冲波，高频波可提高缺陷处的分辨率，对探测桩身浅部缺陷有利，但高频波易衰减，不易获取长桩的桩底反射；材料过软，激发出的初始脉冲太宽，低频波有利于检测桩底反射，但会降低桩身上部缺陷的分辨率。

2）冲击能量：锤重及落锤速度的大小决定了能量的大小。敲击时能量应适中，能量小，则应力波会很快衰减，从而看不见桩下部缺陷和桩底反射。因此，检测大直径长桩时应选择较重的锤并加大锤击速度，大幅度提高敲击力度，但锤过重又将造成微小缺陷被掩盖。锤重的选择应以能产生明显的桩底反射为原则。

3）接触面积：对于大直径灌注桩，除应选择重锤加大能量冲击外，相应地要加大锤的直径使得锤与桩头的接触面积增大。若使用小锤检测大直径灌注桩，需要多点激振、多点接收，以便了解桩身横向的不均匀性，而使用大锤，选择合适的接收点，可获得桩的整体响应，有利于判断桩身局部缺陷。

4）脉冲宽度：脉冲宽度大，有利于长桩及深部缺陷检测，但相应的波长增大，由于波具有绕射能力，若入射波波长比桩身中缺陷的特征尺寸大得多时，波大部分可以绕射过去，反射波强度降低，识别桩内小缺陷的能力就差，也就是分辨率低。若脉冲宽度减小、波长减小，不能满足将桩视作一维弹性杆的要求，会出现速度及波形的畸变。因此应依据桩的特点，激发合适脉冲宽度的入射波。有时在同一根桩上，按照不同的检测目的，需要产生不同的脉冲宽度。

6.应力波在传播过程中的衰减原因

应力波在混凝土介质内传播的过程中，其峰值不断衰减。引起应力波峰值衰减的原因很多，主要有：

(1) 几何扩散：波阵面在混凝土中不论以什么形式（球面波、柱面波或平面波）传播，均将随距离增加而逐渐扩大，单位面积上的能量则愈来愈小。若不考虑波在介质中的能量损耗，由波动理论可知：在距振源的近区内，球面波位移、速度与 $1/R^2$ 成正比变化，而应变、径向应力则与 $1/R^3$ 成正比；柱面波位移、速度与 $1/R$ 成正比，而应变、径向应力则与 $1/R^2$ 成正比。在远区$(r>(3\sim4)R)$时，球面波波阵面处径向应力、质点速度与 $1/R$ 成正比，而柱面波的相应量随 $1/\sqrt{R}$ 而衰减。

(2) 吸收衰减：由于固体材料的粘滞性、颗粒之间的摩擦以及弥散效应等，振动的能量转化为其它能量，导致应力波能量衰减。桩身材料与桩周土性质决定了吸收衰减的程度。

(3) 桩的完整性影响：由于桩身含有程度不等和大小不一的缺陷，造成不连续性、不均一性，导致波的能量更大的衰减。

7.最大检测桩长

应力波在桩身传播过程中逐渐衰减，所以能否测得桩底反射，取决于应力波的衰减程度，这就是常说的最大检测桩长。根据对应力波衰减原因的分析可知，对于完整桩，吸收衰减是决定最大检测长度的主要因素，具体来说决定完整桩最大检测长度的因素有：

(1) 桩周土的力学性质

应力波衰减快慢和桩周土好坏有关，根据桩土模量比 E_p/E_s 分析如下：

当 $E_p/E_s \to \infty$ 时，桩无侧摩阻力，相当一根杆件，桩身材料阻尼又很小，对于 L/d 很大的桩都能看到桩端部多次反射。

当 $E_p/E_s \to 1$ 时，即土和桩刚度接近。例如，水泥土桩、旋喷桩等难于用动力法进行检测，即使不大的 L/d，也不易看到桩底反射。

对于桩周土质很好的桩，E_p/E_s 小，能量衰减快，对 L/d 较大的桩，难于看到桩底反射。

(2) 桩底土的力学性质

桩底土的等效阻抗与桩身波阻抗接近时，大部分能量在桩底向土中辐射，即使 L/d 较小的桩，也很难测得桩底反射。所以桩底土与桩身材料性质差异越大，最大检测长度越长。

(3) 桩长径比（L/d）

相同土层，桩长径比(L/d)越大，最大检测桩长越小。如在宁波地区，持力层选用粉质粘土层,桩长一般在30m左右，ϕ377沉管灌注桩（$L/d \approx 80$）就很难测得其桩底反射，而ϕ600钻孔灌注桩（$L/d \approx 50$）桩底反射很明显，高应变检测显示的这种差别比低应变还要明显。

8. 土质对桩顶时域曲线的影响

图5-9（a）为一PHC-600(100)预制管桩桩端自由时，在空气中的反射波时域曲线。如果将该桩埋入土中，其实测曲线见图5-9（b）。通过空气中的反射波曲线可以看到多次桩底反射信号，而当桩进入土中以后，由于桩周土阻力的影响，使能看到的桩底反射次数明显减少，而且使桩底反射大大减弱，说明桩在土中时域曲线的变化不仅反映桩身情况，还反映了受到的土质影响情况，这就增加了判别桩身质量的难度，因此，桩在土中的实测曲线必须扣除土及其他影响后，才能正确判断桩本身的质量与完整性。

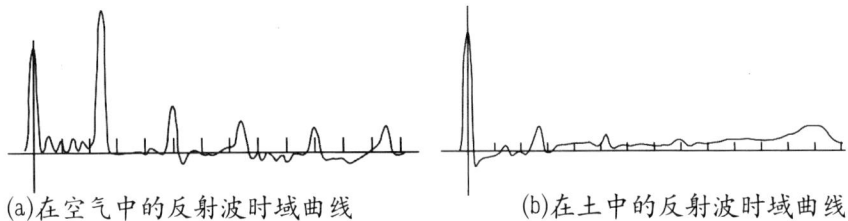

(a)在空气中的反射波时域曲线 (b)在土中的反射波时域曲线

图 5-9　PHC-600(100)预制管反射波时域曲线

桩周土阻力对波形曲线的影响主要表现在以下三个方面：

1) 导致应力波迅速衰减，使有效测试深度减小；

2) 影响缺陷反射幅值，造成利用幅值进行缺陷定量分析的误差增大；

3) 在软硬土层交界附近产生土阻力波，干扰桩身反射信号。例如，若桩周土某一段为软弱土层，而上、下层土质均较硬，则会产生类似缩颈的假缺陷，该位置桩身恰恰也容易出现质量问题，土阻力反射波与桩身缺陷反射波容易混淆，造成误判，也是桩身缺陷很难定量分析的原因。与桩阻抗变化引起的突变信号相比，土阻力引起的反射信号一般是渐变的，可通过对同一场地、同一桩型的检测结果的综合比较，并认真分析各项资料来区分。

9. 应力波法检测大直径钻孔灌注桩

（1）大直径桩缺陷的方向性

桩身缺陷有时并非在桩身某个截面均匀分布，如缩颈现象，这种缺陷方向性现象在大直径钻孔灌注桩上表现尤为明显。

桩动力检测技术是建立在一维应力波理论基础上的，并作了平面假定，即假设在瞬间力作用下，桩身仅有纵向变形，横向变形被忽略，也就是说桩截面在变形过程中始终保持为平面。实际情况是：应力波反射法采用锤（或棒）敲击，桩顶面近似点振源，在桩顶下一定深度范围内桩身截面并不能保持为平面，该段应力波场较为复杂。一般来说，桩如果在这一深度范围内存在不均匀分布的缺陷，将传感器安装在桩顶不同位置，在同一位置激振，测得的该深度范围内的反射波信号会有明显区别。

（2）高频干扰

大直径桩在反射波法检测中，常出现与测量系统特性无关的高频干扰，如图5-10所示。这种高频干扰对缺陷反射、桩底反射都有较强的干扰。

对大直径桩，在较窄的激振脉冲作用桩顶时，除会产生下行压缩波外，还会产生沿桩顶面的面波，即桩顶产生的应力波可分为压缩波（P）、剪切波（S）及瑞利波（R），其中P波占据大部分能量且衰减慢，其次是S波，R波能量衰减最快。在实际检测中所见到的高频干扰是由S波与R波在桩顶面来回反射形成的两种高频波的偶合，两者频差不大，在频域中只体现为介于两者之间的一个高频峰。

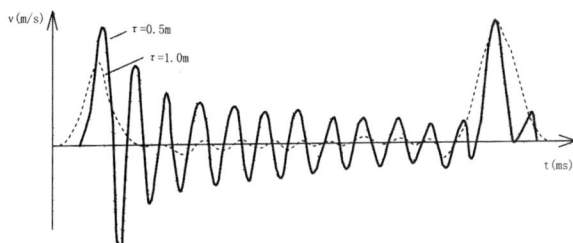

图5-10　不同敲击力脉冲宽度的高频干扰

10.渐变形桩的时域曲线

相同的缺损率，但缺损的形状不同，也会得到不同的桩顶速度时域曲线。图5-10所示的三根桩的缺损率是一样的，但缩颈的形状不同，有的是突变的，有的是渐变的，其中以突变的（S=0）反射波最明显，而渐变缓慢的（S=3m）反射波基本上就看不出来。这一点在现场测试中应该注意。

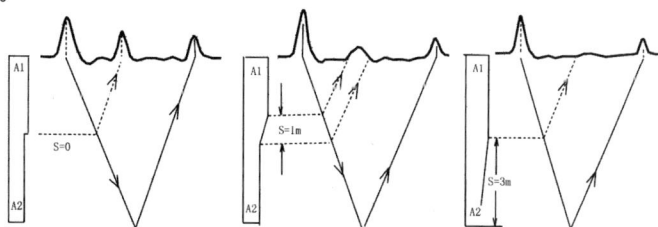

图5-11　缺损形状对桩顶速度曲线的影响

11.应力波反射法对浅层缺陷桩的特性

对于桩身浅层缺陷，当敲击脉冲力较宽，使波长 $\lambda \geqslant L$（L 为缺陷深度）时，应力波传播不满足波动理论，而是质-弹体系的刚体振动，其自振频率比应力反射波频率低得多，所以浅层缺陷的反射波频率很低、振幅大、周期长，常出现主频达 $100 \sim 200$Hz 的信号，或者出现高、低频信号混叠的波形，同时看不到桩底反射，图5-12为浅层缺陷实测波形的例子。

波形（a）为桩径 0.6m 钻孔桩，0.5m 处夹泥。

波形（b）为桩径 0.5m 钻孔桩，0.6m 处混凝土离析。

波形（c）为桩径 0.4m 沉管灌注桩，1.0m 左右严重缩颈。

波形（d）为桩径 0.4m 沉管灌注桩，0.5m 左右混凝土松散。

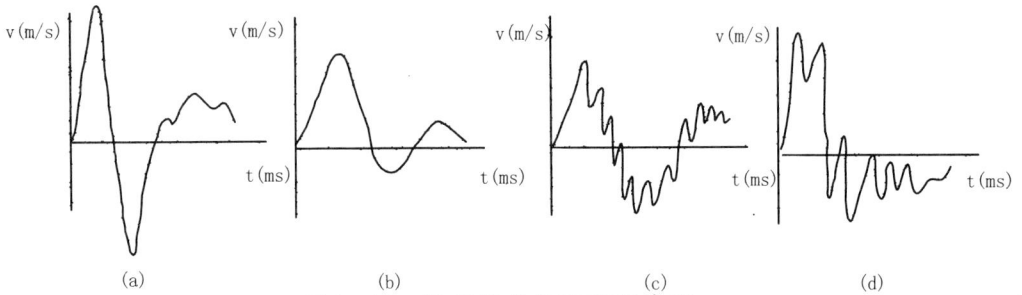

图 5-12　桩的浅层缺陷实测波形

12.多次缺陷桩的时域曲线

当桩身存在多处缺陷时，将记录到多个相互干涉的反射波组，形成复杂波列，此时应结合场地地质资料、桩基施工检查资料等综合分析，有条件时可使用多种检测方法综合判断。

13.缺陷程度及缺陷性质判定

（1）缺陷程度

采用波峰比值定量分析缺陷程度的前提是假定桩的质量密度和波速是一个定值，截面的变化导致波阻抗变化。而事实上，桩身完整性的影响因素众多、桩身缺陷多种多样，加之工程地质条件、施工因素的影响，该法从理论上讲就不合理。所以有人提出拟合法进行定量分析，但事实证明当前尚不可行。没有定量的参考标准，对缺陷程度的判定显然是带有极大的人为性，所以对检测人员的理论水平、实践经验甚至道德品德，要求很高。

目前判定缺陷程度的主要根据有：

1）入射波与反射波波幅比较，是否出现二次或多次反射；

2）缺陷位置；

3）预估承载能力与耐久性。从桩基工程设计角度来说，基桩质量合格标准是其水平承载力、竖向承载力、桩身耐久性达到要求，故桩基工程的类型、等级、承载力等因素也是判断缺陷程度的依据。

（2）缺陷性质

断裂、缩颈、离析、夹泥、空洞等是常见的缺陷，一般表现为反射波与入射波同相，但从时域曲线上严格区分这些缺陷有一定的难度，建议结合频域曲线、工程地质条件、施工情况进行判断。实际工作中如果无法准确判定缺陷性质，只要指出缺陷深度与程度提醒委托方注意即可，比轻易下结论更好。

14.反射波法估计桩身混凝土的抗压强度

（1）纵波速度与桩身混凝土强度的关系

桩在一定条件下可视为一维杆件，桩顶端受到激振后，桩的振动方程为：

$$\frac{\partial^2 u}{\partial x^2} - \frac{1}{c^2}\frac{\partial^2 u}{\partial t^2} = 0 \tag{5-16a}$$

式中，c 为波沿桩身传播时的速度，值为：

$$c = \sqrt{\frac{E}{\rho}} \tag{5-16b}$$

式中 E——桩身弹性模量（N/m²）；

   ρ——桩身质量密度(kg/m³)。

从（5-16）式可知，桩身纵波速度与桩身的弹性模量 E 和质量密度 ρ 有关。在质量密度大致一定的情况下，桩的弹性模量越大，说明桩刚度越大，桩身质量越好，所测得的纵波速度 c 越大。因此从理论上讲，应用反射波法测得的纵波速度定性甚至近似定量来评定桩身质量和混凝土强度是可行的。

（2）由波速评价桩身混凝土质量

图5-13是桩长、桩径、养护龄期都相同的两试桩，在激发、检波以及桩头条件较一致的前提下测得的反射波时程曲线。图5-13(a)的波峰－峰时间间隔小、桩底反射时间短、纵波速度 $c=2L/\triangle t$ 大，而图5-13(b)的波峰－峰时间间隔大、桩底反射时间长、纵波速度小，这种波速差异、频率差异，只能用桩的混凝土质量优劣来解释。试验资料表明，好的预制桩，其纵波速度一般在3800 m/s以上，而质量较好的灌注桩混凝土波速在3400～3900m/s之间，而强度低的有质量问题的混凝土桩，其波速一般要低于3000m/s。

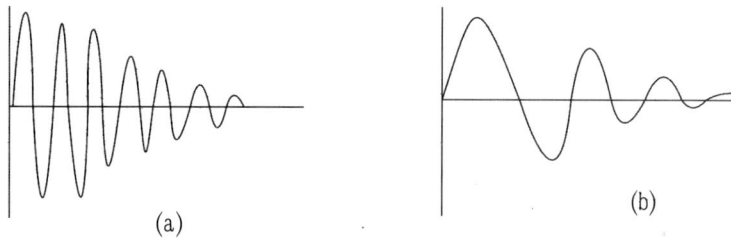

图5-13   低应变检测时程曲线

总的来讲，混凝土的质量、强度与波速的关系是存在的，混凝土强度高，质量好，其波速也高，反之波速低。但这只是一种定性关系，因为影响波速（或声波速）的因素很多，如混凝土的性质、骨料种类、粒径大小、养护条件、龄期、钢筋含量及位置等都有关。现将Tijou1984年通过试验得出混凝土强度和声速的关系见表5-7。

试验室内混凝土强度和声速的关系   表5-7

声速（m/s）	3750～4000	3500～3750	3250～3500	3000～3250
抗压强度（MPa）	35	30	25	20

中国科学院武汉岩土力学研究所根据大量现场测试资料，提出了一套地区性的纵波速度 c 和混凝土质量及桩分类的关系见表5-8。

波速与混凝土质量的关系   表5-8

波速（m/s）	>4000	3500～4000	3000～3500	2000～3000	<2000
混凝土质量	优	好	中等	差	极差
等级	I	II	III	IV	V

（3）结论

在知道桩的准确长度的前提下，如果反射波时域曲线能准确确定桩底情况，则可以计算桩的平均波速，从而由平均波速来判断混凝土质量。如果事先对混凝土试件的波速与抗压强度进行过对比试验，可以根据实测波速推算混凝土强度，否则要慎重。

15.反射波法产生振荡波形的原因及消除方法

应力波反射法测桩产生的振荡波形有传感器本身特性、电源(50Hz)干扰、敲击振源、传感器安装和桩身浅部缺陷等原因产生。

（1）有的传感器频响窄。可换用高阻尼、短余振传感器加以解决。

（2）电源(50Hz)干扰有可能从电源输入端或信号输入端感应进去。前者可将电源插头反向安装或电源插头输入端引一地线得到解决；后者可以将测桩仪接地，不使信号线与潮湿地面接触或改用直流电源得到解决。

（3）传感器安装离敲击点太近也容易产生振荡波形，安装传感器的粘接剂弹性太好、太厚或安装不牢靠，都易产生寄生振荡。

（4）加速度传感器高频响应特性好，在不加滤波情况下脉冲力宽度又较窄时，都可能有振荡信号存在。当把加速度积分成速度信号，再加上滤波，可以得到不振荡的较好波形。但这样做有可能将小缺陷漏判。

（5）假如排除以上原因后，波形还有振荡，就有可能是桩身浅部缺陷的多次反射。

5.6 工程实例

1.桩底不同支承条件时低应变反射波法检测工程实例

桩基础类型	基桩参数	工程地点	完整性评价
钻孔灌注桩	Φ1200mm, C30, 嵌岩桩 3#: L=45.7m　24#: L=32.0m	3#: 杭宁高速公路某标段 24#: 杭宁高速公路某标段	3#: III（沉渣） 24#: I（完整）
			1）3#曲线规则，桩身完整，桩底同享反射明显，有沉渣。波速3600m/s。
			2）24#曲线规则，桩身完整，15m以前地层较好，曲线下降，桩底反向反射清晰，嵌岩良好，无沉渣。波速3300m/s。

2.灌注桩低应变反射波法检测工程实例

（1）完整灌注桩实例

桩基础类型	基桩参数	工程地点	完整性评价
钻孔灌注桩	Φ800mm，L=30m，C30	上海金京路芦九沟桥	I 完整桩

L=30.00m
c=3700m/s

1）曲线规则，桩身完整，桩底反射明显，波速3700m/s。

2）8m 前曲线下降，属粉砂土地层的反应。

桩基础类型	基桩参数	工程地点	评价
钻孔灌注桩	Φ1200mm，L=51.3m，C30	杭宁高速公路 k91+350	I 完整桩

L=51.50m
c=3850m/s

1）曲线规则，桩身完整，桩底同相反射明显，反映为小量沉渣，波速3850m/s。

2）12~15m 处曲线下降，属粉砂土地层的扩径反应。

桩基础类型	基桩参数	工程地点	评价
钻孔灌注桩	Φ1200mm，L=38.5m，C30	杭宁高速公路 k91+350	I 完整桩

L=38.50m
c=3750m/s

桩尖进入微风化泥质岩2m，测试波形完整，桩身完整，桩底反向反射，说明无沉渣，为完整嵌岩桩，波速 3600~3700m/s。

桩基础类型	基桩参数	工程地点	评价
钻孔灌注桩	Φ1500mm，L=32.8m，C25	杭宁高速公路某段	II 完整桩（微有沉渣）

L=32.80m
c=3300m/s

1）曲线规则，桩身完整，波速3300m/s。

2）28m 进入中风化基岩，曲线呈反向反射，说明进入中风化基岩，土阻尼增大，但桩底微有沉渣。

桩基础类型	基桩参数	工程地点	评价
钻孔灌注桩	Φ1400mm，L=13.8m，C30	杭宁高速公路 Mp64-R4	I 完整桩
			1）曲线规则，桩身完整，波速约3500m/s。 2）2.5m 处局部扩径，5m 处局部扩径。 3）桩底反射明显，呈同相。

桩基础类型	基桩参数	工程地点	评价
夯扩灌注桩	Φ377mm，L=5.2m，C25	杭宁高速公路 Mp64-R4	I 完整桩
			1）曲线规则，桩身完整，波速约3300m/s。 2）在 3.5m 开始夯扩，反射子波与入射波反相，呈扩径反映。桩底反射明显，呈同相。

（2）灌注桩桩头缺陷实例

桩基础类型	基桩参数	工程地点	评价
钻孔灌注桩	Φ800mm, L=33.0m, C25, 钢筋通长	杭州市下沙高教某学院实验楼	初测：III（浅部缺陷） 复测：I
			初测时桩头疏松，曲线呈低频型. 明显反映为弹性波慢速传播，经开凿桩头松散。 凿去 1.2m 后 再进行复测桩身完整，曲线正常。

桩基础类型	基桩参数	工程地点	评价
夯扩灌注桩	Φ377mm，L=5.2m，C25	杭州市某花园某楼	III（浅部局部离析）
			该桩设计 5.2m 夯扩桩。采用尼龙锤激振呈低频振荡，无法分辨浅部缺陷；采用铁锤测得0.6m 处存在同相子波，并呈多次反射，开挖验证为浅部局部离析。

（3）灌注桩桩底缺陷实例

桩基础类型	基桩参数	工程地点	评价
钻孔灌注桩	Φ1000mm，L=26.5m，C25	浙江湖州某交通桥桩	R3-1桩：IV（短桩） R3-2桩：I 完整桩
			R3-1桩：测试发现在 17m 左右严重扩径，约 20m 处有同相反射(似桩底)，见不到桩底反射，经了解，钻孔至 16m 时，因故无法钻进，施工单位把测绳剪去 6m，在验孔深时未发现，定为IV类桩。 R3-2桩：波形好，有桩底反射，为 I 类桩。

桩基础类型	基桩参数	工程地点	评价
钻孔灌注桩	Φ1200mm, L=37.8m, C25, 通长配筋, 嵌岩桩	舟山某大桥0-3号桩	III（深部断桩）

L=37.80m　c=3500m/s

波形在30m反相反射，进入半风化基岩，在33m处有明显同相反射，凝为桩底沉渣反应或桩短，取芯发现32.3~32.9夹泥，下部为完整桩身直至桩底，属深部断桩。

桩基础类型	基桩参数	工程地点	评价
钻孔灌注桩	Φ1500mm, L=45.7m, c30, 嵌岩桩	杭宁高速公路某标段	III（沉渣较厚）

L=45.70m
c=3600m/s

1）曲线规则，桩身完整，波速在3500~3600m/s之间。

2）桩底同向反射明显，说明沉渣较厚。

（4）灌注桩桩身缩径、夹泥、离析、断桩实例

桩基础类型	基桩参数	工程地点	评价
沉管灌注桩	Φ426mm, L=18.0m, C25, 钢筋笼长6m	杭州蒋村某教工宿舍	II（缩径）

L=18.0m
c=3200m/s

6.5~7m处存在缩径或局部离析，其原因为成桩时拔管太快，导致在钢筋笼底部存在缺陷，但桩底基本可见，属II类桩。

桩基础类型	基桩参数	工程地点	评价
钻孔灌注桩	Φ1000mm, L=42.0m, C30	杭州绕城北线某标段	III（缩径，露筋、局部离析）

L=42.00m　c=3650m/s

波形显示4.5m处同相反射明显，并伴有9m、14m等后继多次反射，子波频率偏低，经开挖验证，4.5m左右局部离析、露筋，截面缺陷1/4~1/3。

桩基础类型	基桩参数	工程地点	评价
钻孔灌注桩	Φ700mm，L=17.0m，c25	杭州某中心二期	Ⅲ（严重离析）

波形反应在3m左右有明显的低频同相反射，在6m处的二次反射明显，故判断为3m左右断（离析），经开挖验证，在3.1m处严重离析。

桩基础类型	基桩参数	工程地点	评价
钻孔灌注桩	Φ800mm，L=33.0m，C30，通长配筋	杭州市下沙高教城某学院	处理前：Ⅲ（严重夹泥）
			处理后：Ⅰ完整

波形反应在1.5~2m处严重缩径或夹泥。经开挖证实2m处严重夹泥达一半桩径。经凿除后再进行复测，桩身完整。

桩基础类型	基桩参数	工程地点	评价
冲击成孔灌注桩	Φ1200mm，L=22.0m，C25	杭州某中心二期	Ⅲ（严重离析桩）

波形反应在4m左右扩径、7m后呈低频振荡，无桩底反应。经取芯证实在7.5m~10.4m胶结不良，取芯率7.5~8.5m为30%，8.5~10.4m为53%，其它部位均密实。

桩基础类型	基桩参数	工程地点	评价
人工挖孔桩	Φ500mm，L=22.0m，C30	杭千高速公路某标段	Ⅳ（严重离析桩）

波形在5m前呈反相位，而后发现频率低，根据桩底同相显示，波速仅2580m/s。取芯自5.3m开始为松散离析，其原因是由于地下水流动带走水泥浆，形成下部全部离析，至桩底均无岩样。

桩基础类型	基桩参数	工程地点	评价
钻孔灌注桩	Φ800mm，L=15.2m，C25	杭州某中心二期	Ⅲ（断桩）

波形呈等间距多次同相反射，判断为2m左右断裂，开挖验证为1.8m处断裂。

（5）灌注桩桩身扩径实例

桩基础类型	基桩参数	工程地点	评价
钻孔灌注桩	Φ600mm，L=6.1m，C25	兰溪电厂	Ⅰ扩径桩

桩底反射明显，波速3090m/s，在2.8m处因粉砂层引起塌孔扩径非常明显。

桩基础类型	基桩参数	工程地点	评价
钻孔灌注桩	Φ500mm，L=39.0m，C25	浙江某大桥	Ⅰ扩径桩

该桩护筒800mm，长3m，波形亦显示3m处明显有同相缩径反射，4m处明显反相扩径，6m处缩径二次反射，8m处扩径二次反射，12m处三次反射。

3.预制桩低应变反射波法检测工程实例

（1）预制桩完整工程实例

桩基础类型	基桩参数	工程地点	评价
预应力管桩	Φ1200mm，L=53.0m，C60	杭州湾大桥桩	Ⅰ完整桩

该桩为整桩打入，在9m 和 19m 处的反相子波反应为桩入水处和入土处的反应，整桩完整，波速为 4000m/s。

桩基础类型	基桩参数	工程地点	评价
H型钢桩	450×500×40mm，L=18.0m	上海金磐公寓	Ⅰ完整桩

该钢桩为 H 型，边长 450mm，板厚 40mm，板距 500mm，曲线规则，桩底反射明显，桩身完整，波速为 5000m/s，为 Ⅰ 类桩。

（2）预制桩裂缝、裂隙、碎裂、脱焊、虚焊工程实例

桩基础类型	基桩参数	工程地点	评价
预应力管桩	PHC-AB550(100)，L=12，12，12，12。C80，Ru=1800kN	浙江黄岩某小区	162#：脱焊
			215#：浅部断裂
			227#：裂缝

162# 图：v(cm/s)，横轴 5 10 15 20 25 30 35 40 45 50 (m)，L=34.13m，c=4300m/s

215# 图：v(cm/s)，横轴 5 10 15 20 25 30 35 40 45 50 (m)，L=34.33m，c=4200m/s

227# 图：v(cm/s)，横轴 5 10 15 20 25 30 35 40 45 50 (m)，L=36.23m，c=4200m/s

评价说明：

地层为淤质粘土，持力层在33m后为砾砂，进入持力层1.5m。

162#：桩身完整，在第一节角钢焊接不佳。

215#：基坑开挖3m，由于挖土的挤土效应，造成工程桩2m以内断裂现象。

227#：由于挖土引起桩头偏位0.2m，导致桩身8m左右裂缝。

第6章 基桩高应变动力检测

6.1 概述

1.高应变动力试桩方法

高应变动力检测是用重锤给桩顶一竖向冲击荷载,在桩两侧距桩顶一定距离对称安装力和加速度传感器,量测力和桩、土系统响应信号,从而计算分析桩身结构完整性和单桩承载力。

高应变动力试桩作用的桩顶力接近桩的实际应力水平,桩身应变相当于工程桩应变水平,冲击力的作用使桩、土之间产生相对位移,从而使桩侧摩阻力充分发挥,端阻力也相应被激发,因而测量信号含有承载力信息。

高应变动力试桩作用的桩顶力是瞬间力,荷载作用时间20ms左右,因而使桩体产生显著的加速度和惯性力。动态响应信号不仅反映桩土特性(承载力),而且和动荷载作用强度、频谱成分和持续时间密切相关。

2.高应变检测的目的

(1)监测预制桩打入时的桩身应力和桩锤效率,选择沉桩设备与工艺参数,选择预制桩合理的桩型和桩长;(2)判断桩身完整性;(3)采用CASE法估算基桩承载力;采用曲线拟合法估算桩侧与桩端土阻力分布、模拟静载荷试验的Q-s曲线,估算桩身完整性等。

3.高应变检测的主要方法(见表6-1)

高应变检测的主要方法 表6-1

方法名称	波动方程法		改进的动力打桩公式法	静动法
	CASE法	曲线拟合法(CAPWAP)		
激振方式	自由振动(锤击)		自由振动(锤击)	自由振动(高压气体)
现场实测的物理量	1.桩顶加速度随时间的变化曲线 2.桩顶应力随时间的变化曲线		1.贯入度 2.弹性变形值 3.桩顶冲击能	1.位移、速度、加速度 2.力
主要功能	1.预估竖向极限承载力 2.测定有效锤击能力 3.检验桩身质量、桩身缺陷位置	1.预估竖向极限承载力 2.测定有效锤击能力 3.计算桩底及桩侧摩阻力和有关参数 4.模拟桩的静荷试验曲线 5.检验桩身质量及缺陷程度	估算竖向极限承载力	1.估算垂直极限承载力 2.估算水平极限承载力 3.估算斜桩极限承载力

CASE法与曲线拟合法(CAPWAP)是最常用的高应变检测方法,两者以行波理论为依据,量测桩顶力和加速度时程波形,但对测量信号的分析处理方法有所不同。本章将重点

介绍这两种检测方法。

6.2 CASE 法高应变承载力检测原理

1.CASE 法基桩高应变检测的基本公式

CASE 法是以第 4 章介绍的行波理论为物理数学基础的。CASE 法对桩有严格的规定：假设桩为均质连续直杆，物理参数在测试的时间内无变化。当锤击力刚作用到桩顶的时候，桩身上仅有向下传播的压力波 $v(t)=p(t)/Z$，压力波以波速 c 向桩尖方向传播。如把桩看成是一自由弹性直杆（即暂不考虑土的反力的作用），该应力波到达桩尖后变成一大小、形状相同，仅符号相反的向上传播的拉力波，即 $v(t)=-p(t)/Z$。返回到达桩顶后又变为压力波再向下传播，不断循环反射。

如果在桩顶附近安装一组传感器（图 6-1），传感器距离桩顶 L_G，距离桩尖 L,桩受锤击后产生压力波 $p(t)$(如图 6-1 所示)。当压力波传到传感器位置时，传感器便可测到：

$$\begin{cases} v_m(t) = \dfrac{1}{Z} P(t) \\ P_m(t) = P(t) \end{cases} \qquad (6-1)$$

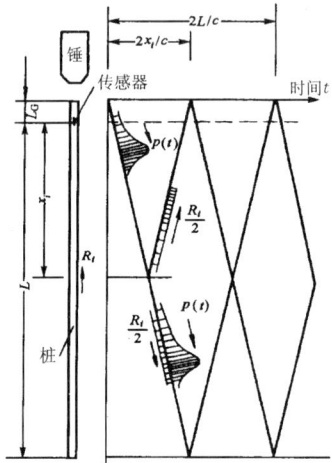

图 6-1　波在桩中的传播

式中,下标 m 表示为传感器实测值。

经过时间 $2L/c$ 以后，传感器可以测到第一次自桩尖返回的波。再经过较小的时间间隔 $2L_G/c$ 以后，又测到自桩顶返回的波。如果不考虑行波在传递过程中的能量耗散，则每隔 $2L_G/c$ 时间间隔以后，传感器将重复测得上述同样的信号。考虑应力波在传播过程中的能量耗散，一般采用最初的 $(3\sim4)L/c$ 时间内的实测波形。在以下分析中约定，桩身受力以受压为正、受拉为负，桩身运动速度以向下为正、向上为负。

在 $0 \leqslant t < 4L/c$ 范围内，一次锤击下在某一时刻 t 传感器接收到的行波为：

$$v_m^{(1)}(t) = \frac{1}{Z}\left[P(t) + P(t - \frac{2L}{c}) + P(t - \frac{2L}{c} - \frac{2L_G}{c}) \right] \qquad (6-2a)$$

$$P_m^{(1)}(t) = P(t) - P(t - \frac{2L}{c}) + P(t - \frac{2L}{c} - \frac{2L_G}{c}) \qquad (6-2b)$$

如果桩身 $X=X_i$ 在处，作用有土的摩阻力 $R(i,t)$ 时，应力波到达处就产生一新的应力波向上和向下传播，由 $R(i,t)$ 产生的上行波为幅值等于 $\frac{1}{2}R(i,t)$ 的压应力波，由 $R(i,t)$ 产生的下行波是幅值为 $\frac{1}{2}R(i,t)$ 的拉力波。如果在不同的位置 $X_1, X_2, X_3, \cdots\cdots, X_n$ 作用有不

同的摩阻力 $R(1,t), R(2,t), R(3,t)\cdots\cdots, R(n,t)$，则会产生一系列的幅值为 $\frac{1}{2}R(i,t)$ 的上行波和下行波。

在 $0 \leqslant t < 4L/c$ 范围内，在某一时刻 t，传感器接收到的幅值为 $\frac{1}{2}R(i,t)$ 的上行波为：

$$v_m^{(2)} = -\frac{1}{2Z}\sum_{i=1}^{n} R(i,t-\frac{2X_i}{c}) - \frac{1}{2Z}\sum_{i=1}^{n} R(i,t-\frac{2X_i}{c}-\frac{2L_G}{c}) \tag{6-3a}$$

$$P_m^{(1)}(t) = P(t) - P(t-\frac{2L}{c}) + P(t-\frac{2L}{c}-\frac{2L_G}{c}) \tag{6-3b}$$

在 $0 \leqslant t < 4L/c$ 范围内，在某一时刻 t，传感器接收到的幅值为 $\frac{1}{2}R(i,t)$ 的下行波为：

$$v_m^{(3)}(t) = \frac{-1}{2Z}\sum_{i=1}^{n} R(i,t-2L/c) - \frac{1}{2Z}\sum_{i=1}^{n} R(i,t-\frac{2L}{c}-\frac{2L_G}{c}) \tag{6-4a}$$

$$P_{(m)}^{(3)}(t) = -\frac{1}{2}\sum_{i=1}^{n} R(i,t-\frac{2L}{c}) - \frac{1}{2}\sum_{i=1}^{n} R(i,t-\frac{2L}{c}-\frac{2L_G}{c}) \tag{6-4b}$$

在 $0 \leqslant t < 4L/c$ 范围内，传感器实际测到的速度和力的值是上述三部分波的叠加结果。

$$\begin{cases} v_m(t) = v_m^{(1)}(t) + v_m^{(2)}(t) + v_m^{(3)}(t) \\ P_m(t) = P_m^{(1)}(t) + P_m^{(2)}(t) + P_m^{(3)}(t) \end{cases} \tag{6-5}$$

假如在 $0 \leqslant t < 4L/c$ 范围内，任取间隔为 $2L/c$ 的两个时刻 $t_1 = t^*, t_2 = t^* + 2L/c$，测得力和速度的实际值，由式(6-2)~(6-5)可知，实测值应等于：

$$v_m(t) = \frac{1}{Z}\left[P(t*) - \frac{1}{2}\sum_{i=1}^{n} R(i,t*-\frac{2X_i}{c}) - \frac{1}{2}\sum_{i=1}^{n} R(i,t*-\frac{2X_i}{c}-\frac{2L_G}{c}) \right] \tag{6-6a}$$

$$\begin{aligned} V_m(t^* + 2L/c) = &\frac{1}{Z}\Big[p(t^* + \frac{2L}{c}) + P(t^*) + P(t^* - \frac{2L_G}{c}) \\ &- \frac{1}{2}\sum_{i=1}^{n} R(i,t^* + \frac{2L}{c} - \frac{2X_i}{c}) \\ &- \frac{1}{2}\sum_{i=1}^{n} R(i,t^* + \frac{2L}{c} + \frac{2X_i}{c} - \frac{2L_G}{c}) \\ &- \frac{1}{2}\sum_{i=1}^{n} R(i,t^* - \frac{2X_i}{c} - \frac{2L_G}{c}) \\ &- \frac{1}{2}\sum_{i=1}^{n} R(i,t^* - \frac{2Xi}{c} - \frac{4L_G}{c}) \\ &- \frac{1}{2}\sum_{i=1}^{n} R(i,t^*) - \frac{1}{2}\sum_{i=1}^{n} R(i,t^* - \frac{2L_G}{c})\Big] \end{aligned} \tag{6-6b}$$

$$P_m(t*) = P(t*) + \frac{1}{2}\sum_{i=1}^{n} R(i,t*-\frac{2X_i}{c}) - \frac{1}{2}\sum_{i=1}^{n} R(i,t-\frac{2X_i}{c}-\frac{2Li}{c}) \tag{6-7a}$$

$$P_m(t^* + 2L/c) = P(t^* + 2L/c) + P(t^*) + P(t^* - \frac{2L_G}{c})$$

$$+ \frac{1}{2}\sum_{i=1}^{n} R(i, t^* + \frac{2L}{c} - \frac{2X_i}{c})$$

$$- \frac{1}{2}\sum_{i=1}^{n} R(i, t^* + \frac{2L}{c} + \frac{2X_i}{c} - \frac{2L_G}{c})$$

$$+ \frac{1}{2}\sum_{i=1}^{n} R(i, t^* - \frac{2X_i}{c} - \frac{2L_G}{c})$$

$$- \frac{1}{2}\sum_{i=1}^{n} R(i, t^* - \frac{2X_i}{c} - \frac{4L_G}{c})$$

$$+ \frac{1}{2}\sum_{i=1}^{n} R(i, t^*) - \frac{1}{2}\sum_{i=1}^{n} R(i, t^* - \frac{2L_G}{c}) \qquad (6-7b)$$

由式（6-6）、（6-7）可得到：

$$P_m(t^*) + P_m(t^* + \frac{2L}{c}) + Z \cdot v_m(t^*) - Z v_m(t^* + \frac{2L}{c})$$

$$= \sum_{i=1}^{n} R(i, t^*) + \sum_{i=1}^{n} R(i, t^* + \frac{2L}{c} - \frac{2X_i}{c}) \qquad (6-8)$$

假设在 $0 < t < 4l/c$ 时间内，各点的摩阻力是一个不变的常量，则有：

$$R(i, t^* + \frac{2L}{c} - \frac{2X_i}{c}) = R(i, t^*) = R(i) \qquad (6-9)$$

则作用在桩身上所有的总土阻力为：

$$RT(t^*) = \sum_{i=1}^{n} R(i, t^*) = \sum_{i=1}^{n} R(i, t^* + \frac{2L}{c} - \frac{2X_i}{c})$$

$$= \frac{1}{2}[P_m(t^*) + P_m(t^* + \frac{2L}{c})] + \frac{Z}{2}[v_m(t^*) - v_m(t^* + \frac{2L}{c})] \qquad (6-10)$$

这是 CASE 法中最基本的计算方式。通过测得时间间隔为的两次桩顶处 P_m 及 V_m 值就可用式（6-10）求出锤击过程中作用在桩身上总的土反力值 RT。

2. CASE 法单桩承载力的分析计算

测定桩的静极限承载力是 CASE 法的主要应用之一。为了计算单桩极限承载力，CASE 法又作了以下假设：

①实测总阻力由静阻力 R_s 和动阻力 R_d 组成，$RT = R_s + R_d$；

②动阻力集中在桩底，无侧动阻力，且动阻力只与桩底质点运动速度成正比；

③忽略应力波在传播过程中的能量损耗，包括桩身内阻尼损耗和向桩周土的热逸散。

（1）基本原理和计算公式

由式（6-10）可知，在一次锤击时，沿桩身各处所受到的实际土反力值的总和为：

$$RT(t) = \frac{1}{2}[P_{\mathrm{m}}(t) + P_{\mathrm{m}}(t + \frac{2L}{c})] + \frac{Z}{2}[v_{\mathrm{m}}(t) - v_{\mathrm{m}}(t + \frac{2L}{c})] \qquad (6-11)$$

从公式的推导可以看到，这一公式之所以会有这样简洁的形式，主要是利用了波在桩内以 $2L/c$ 周期的反复传播、叠加的性质，使公式中的许多项都合并、抵消了。所以使用这一公式时，必须要将 $2L/c$ 的实际值判断准确，否则会带来较大的误差。

土的总阻力值 $RT(t)$ 由土的静阻力 $R_{\mathrm{s}}(t)$ 与土的动阻力 $R_{\mathrm{d}}(t)$ 组成，土的静阻力即桩的静承载能力 $R_{\mathrm{s}}(t)$。

根据 CASE 法的假设，假定动阻力集中在桩底并与桩底质点运动速度成正比，即：

$$R_{\mathrm{d}}(t) = J'_c \cdot v_{\mathrm{toe}}(t) \qquad (6-12)$$

式中　　$v_{\mathrm{toe}}(t)$ ——桩尖质点的运动速度；

　　　　J'_c——桩尖阻尼系数。

锤冲击桩顶所产生的压缩波将和桩身各截面处的桩侧摩阻力所产生的下行波同时到达桩底，到达桩底时，力波的幅值为：

$$P_{\mathrm{toe}} \downarrow = P_{\mathrm{m}}(t) - \frac{1}{2}\sum_{i=1}^{n} R(i,t) = P_{\mathrm{m}}(t) - \frac{1}{2}RT(t) \qquad (6-13)$$

所以得到桩底（自由端）的质点运动速度：

$$V_{\mathrm{toe}}(t) = 2V \downarrow = 2\frac{P_{\mathrm{toe}}\downarrow}{Z} = \frac{2}{Z}[P_{\mathrm{m}}(t) - \frac{1}{2}RT(t)] = \frac{1}{Z}[2P_{\mathrm{m}}(t) - RT(t)] \qquad (6-14)$$

令 $J_c = J'_c / Z$，J_c 称为 CASE 阻尼系数，无量纲。

作用在桩上的总土阻力等于静阻力 $R_{\mathrm{s}}(t)$ 和动阻力 $R_{\mathrm{d}}(t)$ 之和：

$$RT(t) = R_{\mathrm{s}}(t) + R_{\mathrm{d}}(t) \qquad (6-15)$$

将式(6-11)~(6-14)代入式(6-15)，得到桩的静承力公式：

$$R_{\mathrm{s}}(t) = \frac{1}{2}[P_{\mathrm{m}}(t) + P_{\mathrm{m}}(t + \frac{2L}{c})] + \frac{Z}{2}[v_{\mathrm{m}}(t) - v_{\mathrm{m}}(t + \frac{2L}{c})] - J_c[2P_{\mathrm{m}}(t) - RT(t)] \quad (6-16)$$

锤击过程中土的最大静反力，即为桩的静极限承载力：

$$R_{\mathrm{s}} = \max\left\{ \frac{1}{2}[P_{\mathrm{m}}(t) + P_{\mathrm{m}}(t + \frac{2L}{c})] + \frac{Z}{2}[v_{\mathrm{m}}(t) - v_{\mathrm{m}}(t + \frac{2L}{c})] - J_c[2P_{\mathrm{m}}(t) - RT(t)] \right\}$$

$$\left(0 \leqslant t < \frac{2L}{c} \right) \qquad (6-17)$$

式中　　L——桩长；

　　　　c——应力波波速，$c = \sqrt{E/\rho}$；

　　　　Z——桩身材料的声阻抗，$Z = AE/c$。

在 $0 \leqslant t < 4L/c$ 时间内，当 t_1 取力峰值（此时 $t_2 = t_1 + 2L/c$）时 R_{s} 为最大，此时 $R_{\mathrm{s}} = R_{\mathrm{sp}}$。

$$R_{\mathrm{sp}} = \frac{1 - J_c}{2}(P_{\mathrm{m}t_1} + Z \cdot V_{\mathrm{m}t_1}) + \frac{1 + J_c}{2}(P_{\mathrm{m}t_2} - Z \cdot V_{\mathrm{m}t_2}) \qquad (6-18)$$

式中　　R_{sp}——单桩极限承载力（kN）；

t_1, t_2 —— t_1 为力峰值，$t_2=t_1+2L/c$ ，即 t_2 为桩底反射位置；

P_{mt_1}, P_{mt_2} —— 与 t1 和 t2 时刻对应的力值（kN）；

V_{mt_1}, V_{mt_2} —— 与 t1 和 t2 时刻对应的速度值（m/s）；

Z —— 桩身阻抗（kN·s/m）；

J_C —— CASE 阻尼系数（无量纲）。

力波形一般只出现一个峰值，有时也出现两个峰值，当 t_1 时刻选在第一峰值时，得的承载力为 R_{s1}，t_1 选在第二峰值时，得承载力为 R_{s1}，t_1 选在最大峰值时，得承载力为 R_{sm}。一般情况，R_{s1}，R_{s2} 和 R_{sm} 结果相差不大，如果有明显差别，应选用最大的一个。

（2）桩侧摩阻力

当 $t<2L/c$ 时，式（6-17）、（6-18）为：

$$\begin{cases} v_m(t) = \dfrac{1}{Z}[P(t) - \dfrac{1}{2}\sum_{i=1}^{n} R(i, t-\dfrac{2X_i}{c})] \\ P_m(t) = P(t) + \dfrac{1}{2}\sum_{i=1}^{n} R(i, t-\dfrac{2X_i}{c}) \end{cases} \tag{6-19}$$

这段时间内，桩尖的回波还没有传到传感器位置，传感器只收到直接来自桩侧各摩阻力回波。由式（6-19）很容易得到计算桩侧摩阻力的公式：

$$\sum_{i=1}^{n} R(i, t-\frac{2X_i}{c}) = P_m(t) - Z \cdot v_m(t) \tag{6-20}$$

我们感兴趣的是每一锤时测到的最大值：

$$R_{ski} = \max_{0<t<\frac{2L}{c}} \left\{ \sum_{i=1}^{n} R(i, t\frac{2X_i}{c}) \right\} = \max_{0<t<\frac{2L}{c}} \left\{ P_m(t) - Z \cdot v_m(t) \right\} \tag{6-21}$$

这就是 CASE 法中，根据实测波 $P_m(t)$ 和速度 $V_m(t)$ 曲线求最大桩侧摩阻力的公式。

必须指出，在桩尖附近，部分桩侧摩阻力产生的压力回波将和桩尖的拉力回波互相抵消，所以式（6-21）计算求得的桩侧摩阻力可能偏小。

（3）式（6-17）的修正

对于以桩侧摩阻力为主的桩，端典 PID 公司认为，求桩的极限承载力是必须考虑桩侧的阻尼的影响，建议将式（6-17）修正为：

$$R_{s1} = \max_{(0<t\leq\frac{2L}{c})} \left\{ \frac{1}{2}[P(t) + P(t+\frac{2L}{c})] + \frac{Z}{2}[v(t) - v(t+\frac{2L}{c})] - J_1[(2P(t) - RT(t)] \right\}$$

$$- \frac{1}{2} J_2 \cdot R_{ski} \tag{6-22}$$

即：$R_{s1} = R_s - \frac{1}{2} J_2 \cdot R_{ski}$ $\tag{6-23}$

式中 J_2 —— 桩侧土的阻尼系数。

应当指出，对于在软土中以侧摩阻力为主的桩，PID 公司的公式预估的承载力值更接近实际，但是这个公式的理论依据并不充分。

（4）桩摩阻力因卸载的补偿（卸载法(RSU)）

对于长桩或难贯入的桩，桩顶有明显地回跳，这种现象说明打桩时有较强的压力回波。前面已经叙述，压力回波使桩身压力值增大，质点运动速度减小。当质点运动速度减小到等于或小于零时，质点开始反向运动。质点与土的相对位移减小，土的摩阻力开始卸载。较强的压力回波在向桩顶传播过程中，将使桩侧部分区域的土反力明显地卸载。式（6-11）用于估算桩身上实际的动、静摩阻力的总和。如果产生卸载，式（6-11）求出的值是卸载后的实际值，它将小于可能产生的最大总摩阻力值。测试时，我们感兴趣的是后者。为此，必须对式（6-11）求得的值加上补偿值 UN。

CASE 法中，补偿值 UN 是很粗略的。高勃尔等建议按图（6-2）的方法取值：令使式（6-11)取极大值的时刻为 t^*。观察自 t^* 起到 $t^* + \dfrac{2L}{c}$ 为止的一段波形曲线，其中在长为 t_u 的时间区段内，质点运动速度小于或等于零。再自 t^* 时刻起，量取时刻 $t_1 = t^* + t_u$，以这时的 $P(t_1)$ 值和 $Z \cdot v(t_1)$ 值来求补偿值 UN。

$$UN = \frac{1}{2}[P(t_1) - Z \cdot v(t_1)] \tag{6-24}$$

补偿以后的土摩阻力的总和 RT_1 为：

$$RT_1 = \max\{RT(t^*) + UN\} \tag{6-25}$$

将式（6-11）中的 $RT(t)$ 值用补偿以后的值 RT_1 代替，就得到考虑卸载补偿的计算桩静极限承载力的公式：

$$R_{sv1} = R_s + (1+J_1)UN \tag{6-26}$$

对于以桩侧摩阻力为主的情况，假定土摩阻力卸载的现象仅发生于桩侧。根据前述的推导可以得到式（6-22）、（6-23）的修正公式：

$$R_{sv2} = R_{s1} + (1+J_1 - \frac{1}{2}J_2)UN \tag{6-27}$$

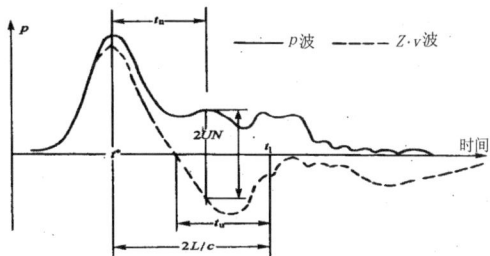

图 6-2　回弹卸载补偿 UN 的计算方法

应该指出，上述修正公式的推导是很不严格的。

（5）延时修正法（最大阻力法(RMX 法)）

工程中有些桩处于饱和土中，有的开口桩具有土塞作用。对于这些桩来说，土的弹性位移大，阻力的发挥要滞后一段时间。另外，有的桩端处在不很密实的砂层，灌注桩有不太厚的沉渣或虚土存在，这时，桩端要产生相当位移后，桩端土才会被压密，端阻力得以发挥，阻力发挥总要滞后一段时间。对以上情况的桩，用式（6-17）计算往往偏小，PDI公司提出简单的修正办法，即延时30ms，在$\Delta t = 300$ ms范围内连续计算R_{SP}，取最大的R_{SP}值即为R_{MX}值。

（6）自动法

为了避免凭经验设定J_c值所带来的误差，PDI公司在近年来开始推荐一种新的算法，这种算法能自动消除土的动阻力而直接求得静阻力，因而被称为自动法。

在CASE法中，桩周土的附加动阻力既然仅仅和桩端的运动速度成正比，那么，在桩端速度为零时，动阻力应该也为零。换句话说，这个时刻的总阻力，就是静阻力。只要利用总阻力公式来计算这个时刻的总阻力，就不再需要设定J_c值而可以直接得到静阻力。因此，即使不知道桩端土层的性质，也可以确定静阻力。

设在t_0时刻动阻力为零，即：

$$V_{toe,t_0} = 0$$

根据波动理论可得：

$$P_{m,t-L_G/c} + Z \cdot V_{m,t-L_G/c} - p_{m,t-L_G/c} + Z \cdot V_{m,t-L_G/c} = 0$$

即：

$$P_{m,t-L_G/c} \downarrow = P_{m,t-L_G/c} \uparrow \qquad (6-28)$$

这个公式说明了如何找到桩端速度为零的时刻（用t_0表示）的方法，表述如下：选择两个时标t和t'，让它们沿着时间轴保持其间距为$2L/c$向前搜索。当时标t所对应的下行波值和时标t'所对应的上行波值相等时，两个时标所以应的时刻的中间值就是t_0，即$t_0 = (t+t')/2$时刻，动阻力为零，总阻力就是桩的总静阻力。

美国PDI公司一共提出了两种居于自动法的算法（P_{Au}法和R_{A2}法），分别用R_{Au}和R_{A2}来表示所获得的总静阻力。根据该公司的资料介绍，R_{AU}法基本不考虑侧摩阻力，主要适用于以端阻力为主的桩，对于存在一定侧摩阻力的桩，其计算结果偏于保守，R_{A2}法在R_{AU}法的基础上，适当考虑了侧摩阻力，适用于具有中等侧摩阻力的桩。在使用美国的PDA打桩分析仪时，快速分析的程序会自动提供R_{AU}和R_{A2}的计算结果，必须指出的是，桩端速度为零的条件确定解决了动阻力的问题，但是，这个条件并不能保证当时的静阻力是最大值。因此，大多数情况下，自动法的结果将介乎阻尼系数和最大阻力之间。R_{AU}法适用于桩侧摩阻力很小的情况，R_{A2}法适用于桩侧摩阻力适中的场合。

4.高应变打桩监测

高应变打桩监测，目的是监测打桩时桩身的最大压应力和最大拉应力。

一般情况下，可认为桩身的最大压应力就是传感器所直接测到的最大压力值除以桩身截面积。最大值的作用范围几乎等于桩的全长。但当桩尖是牢固地支承于坚固岩石上时，最大压应力值大约为传感器实测的最大应力值的2倍。作用位置在桩尖。

（1）桩身的最大拉应力值及作用位置计算

准确计算桩身的最大拉应力值及作用位置是很困难的，一般采用简化的方法计算。图6-3为简化计算的示意图。图6-3设定冲击波峰值通过传感器所在截面的时刻为t_1，间隔$2L/c$以后的时刻为t_2。当桩尖持力于较软弱的土层时，压力波的峰值在桩尖产生幅值为$\phi/2$的拉力回波的峰值。

$$\phi/2 = \frac{1}{2}[Z \cdot v(t_2) - P(t_2) + R_{ski}] \qquad (6-29)$$

拉力回波在向上传播的过程中，将与峰值以后后继的下行压缩波相叠加。从图6-3可以看到，拉力回波在桩尖处首先遇到紧跟在峰值以后的压力波，即桩顶传感器在t_1时刻后收到的波。当拉力波回到传感器位置时，将与这时（$t=t_1$）传感器接收到的下行波叠加。拉力回波自桩尖回到桩顶的过程中，在桩身不同位置将与传感器测到的t_1到t_2段的下行波叠加。如果在图中画一根桩，桩尖在t_1时刻处，桩顶在t_2时刻处，则图中的波形即是拉力回波在传播过程中所遇到后继下行波。在图上画一纵坐标为$\phi/2$的直线，代表拉力波峰值，则图中波形曲线在$\phi/2$直线以下部分就会产生拉力，最大拉应力可由下式求出：

$$\sigma^L{}_{max} = \frac{R_{max}}{A} = \max_{t_1 \leqslant t < t_2} \left\{ \phi/2 - P\downarrow \right\}/A \qquad (6-30)$$

找出了产生最大拉应力的时刻t_T，由图6-3可知，产生最大拉应力处距桩顶的位置x为：

$$x = \frac{c}{2}(t_2 - t_T) \qquad (6-31)$$

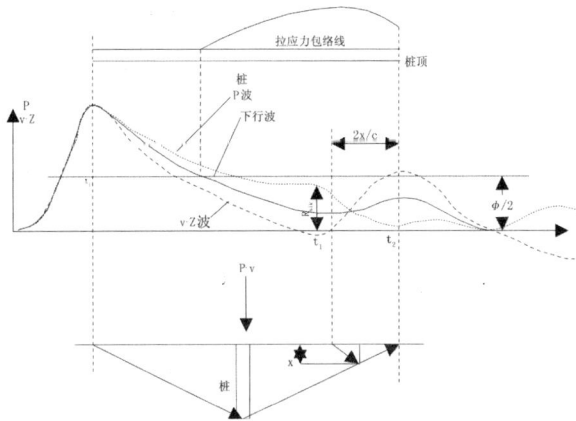

图6-3　桩身锤击拉应力计算方法

（2）桩锤的锤击能量

每一锤传入桩身的能量WE为：

$$WE = \int_A P(t)v(t)\mathrm{d}t \qquad (6-32)$$

其中积分区域A是从承受到冲击力开始到$P(t)$和$v(t)$两者中有一个量首先变成零为止。

5. CASE法例题

（1）一外径1.0m、截面积0.3553m²、桩长45m的预应力管桩，其实测的力和速度波形见图 6-4，已知 $J_c=0.4$，$c=4000\text{m/s}$，$\gamma=25\text{kN/m}^3$。计算：1) t_1、t_2 时刻的上行波、下行波；2) 用 CASE 法计算单桩总阻力和静阻力。

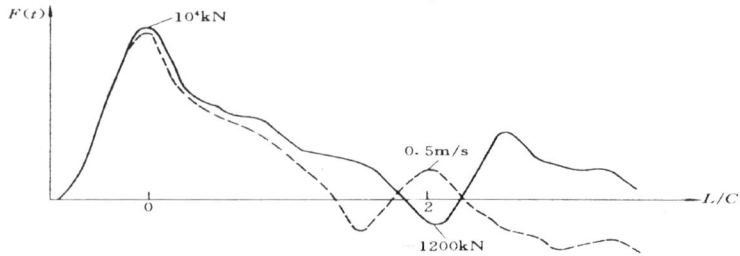

图 6-4 管桩实测波形

解：

桩阻抗：$Z = \rho AC = \dfrac{25}{9.81} \times 0.3553 \times 4000 = 3622\,\text{kN}\cdot\text{s/m}$

t_1 时刻波形显示：力和速度峰值基本重合，即 $F = ZV(t_1)$，$V(t_1) = \dfrac{F}{Z} = \dfrac{10000}{3622} = 2.76\text{m/s}$

t_1 时刻的上行波、下行波：

$$P\downarrow(t_1) = \frac{1}{2}\left[\,Pm(t_1) + Zv(t_1)\,\right] = \frac{1}{2}(10000 + 3622 \times 2.76) = 10000(\text{kN})$$

$$P\uparrow(t_1) = \frac{1}{2}\left[\,Pm(t_1) - Zv(t_1)\,\right] = \frac{1}{2}(10000 - 3622 \times 2.76) = 0(\text{kN})$$

t_2 时刻的上行波、下行波：

$$P\downarrow(t_2) = \frac{1}{2}\left[\,Pm(t_2) + Zv(t_2)\,\right] = \frac{1}{2}(-1200 + 3622 \times 0.5) = 306(\text{kN})$$

$$P\uparrow(t_2) = \frac{1}{2}\left[\,Pm(t_2) - Zv(t_2)\,\right] = \frac{1}{2}(-1200 - 3622 \times 0.5) = -1506(\text{kN})$$

$t_2 = t_1 + 2L/C$，故总阻力：

$$RT(t) = P\downarrow(t_1) + P\uparrow\left(t_1 + \frac{2L}{c}\right) = P\downarrow(t_1) + P\uparrow(t_2)$$

$$= \frac{1}{2}\left[P(t_1) + P\left(t_1 + \frac{2L}{c}\right)\right] + \frac{Z}{2}\left[v(t_1) - v\left(t_1 + \frac{2L}{c}\right)\right]$$

$$= \frac{1}{2}\left[P(t_1) + P(t_2)\right] + \frac{Z}{2}\left[v(t_1) - v(t_2)\right]$$

$$= \frac{1}{2}\left[10000 + (-1200)\right] + \frac{3622}{2}\left[2.76 - 0.5\right] = 8492(\text{kN})$$

静承载力：

$$R_{sp} = \frac{1 - J_C}{2}\left[\,(P(t_1) + Z\cdot V(t_1)\,\right] + \frac{1 + J_C}{2}\left[\,P(t_2) - Z\cdot V(t_2)\,\right]$$

$$= \frac{1 - 0.4}{2}(10000 + 3622 \times 2.76) + \frac{1 + 0.4}{2}(-1200 - 3622 \times 0.5)$$

$$= 3890(\text{kN})$$

(2) 图 6-5 所示是上海某大楼 52m 长钢筋混凝土桩的 CASE 法测试的波形曲线。试桩为50cm × 50cm矩形截面。采用C45混凝土，分三截预制，钢板焊接接头。测试时，桩的实际入土深度约为50.5m。传感器安装在桩顶以下1.0m处。图6-6所示的是现场工程地质剖面图。

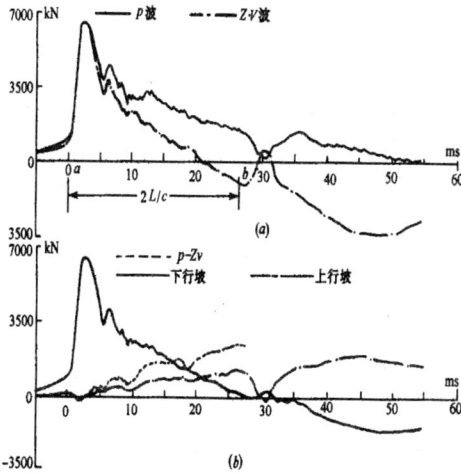

图6-5 工程试桩实测曲线

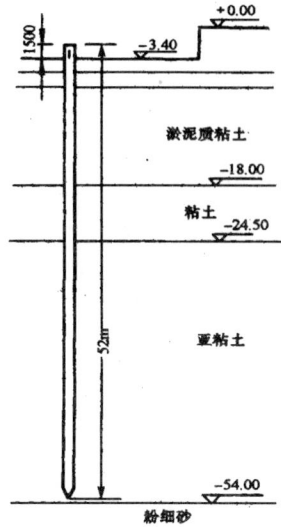

图6-6 工程地质剖面

解：

1）测试结果可靠性的判断

在记录波形的初始阶段（一般在峰值以前），P波和Zv波重合较好，所以测试记录基本可靠。

冲击波起点为图中 a 点处。在 b 点处速度突然增加，力值减少，故 b 点是开始感到桩尖回波的时刻。实测 $2L/c = 27.8$ms，$c = 2L/27.8 = 2 \times 51/27.8 = 3700$m/s。

桩阻抗理论值：$Z = \rho A C = \dfrac{25}{9.8} \times 0.5 \times 0.5 \times 3700 = 2360$kN · s/m

桩阻抗实测值：$z \approx F_{max} / v_{max} = 2860$kN · s/m

理论值与实际比较接近，可进一步确定测试结果的可靠性。

2）分析与计算

图6-5(a)是实测的力波和速度波曲线。图6-5(b)是按第4章中式（4-21）、（4-22）及本章式（6-17）计算得到的力波的上行波分量、下行波分量和桩侧摩阻力分布值。

实测最大冲击力为6532kN。按式(6-30)、（6-31）计算，得最大拉力为1308 kN，作用位置在传感器以下2.43m处。

按公式求得实际的有效锤击能量为81.4kN·m。按公式求出该桩的极限承载力值见表6-2。

从表6-2可以看出，阻尼系数 J 的取值对试验结果有一定的影响。对于本地区常用的各类桩应积累资料，找出本地区阻尼系数的经验规律。对于长桩及动测经验较少的特殊类型桩建议采用CAPWAP法计算。

本实例的速度波曲线表明,桩顶有回跳现象,可求出经卸载修正后的承载力值,计算结果见表6-3。

预估承载力值(kN)　　　　　　　　　　　　　　　　　表6-2

J_1	CASE法 (6-28)	按式(6-34)计算的修正值				
		$J_2=0.30$	$J_2=0.40$	$J_2=0.45$	$J_2=0.50$	$J_2=0.60$
0.05	6135	5756	5630	5567	5503	5377
0.10	5809	5431	5305	5242	5179	5052
0.15	5485	5106	4980	4917	4854	4727
0.20	5160	4781	4655	4592	4529	4403
0.25	4544	4465	4339	4276	4213	4087

预估承载力值(kN)　　　　　　　　　　　　　　　　　6-3

J_1	CASE法 (6-37)	按式(6-38)计算的修正值				
		$J_2=0.30$	$J_2=0.40$	$J_2=0.45$	$J_2=0.50$	$J_2=0.60$
0.05	6951	6455	6290	6208	6125	5960
0.10	6665	6169	6004	5922	5839	5674
0.15	6379	5883	5718	5636	5553	5388
0.20	6093	5597	5432	5350	5267	5102
0.25	5816	5320	5155	5043	4990	4825

6.3 CASE法高应变基桩完整性检测原理

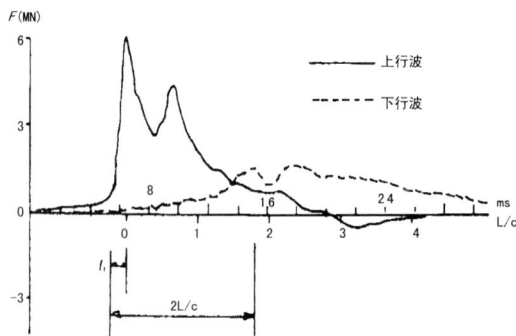

图6-7　桩身波速的确定

1.桩身材料整体质量检查

以应力波在桩身的传播速度可判断桩身混凝土的质量。

$$c = \frac{2L}{\Delta t} \tag{6-33}$$

104

式中 L——传感器到桩底的距离；

Δt——传感器到桩底的距离内波的历时。

当桩长 L 已知时，可根据式（6-33）推算出波速 c，并与经验进行比较。

Δt的确定有以下三种方法：

（1）峰-峰法：在桩端受力不大、桩底反射正常、反射峰较尖锐的情况下，可将速度波的波峰和桩底波峰的时间差 Δt定为应力波来回传播的时间，在已知桩长情况下确定波速。

（2）上升沿-上升沿法：当反射波波峰较宽，用峰-峰法误差较大，可以用上升沿-上升沿法，即速度波的上升沿（速度峰值的10%位置为起点）到速度反射波的上升沿的时间为应力波来回一次传播的时间 Δt，以此确定波速。

（3）上、下行波法：当反射波不够明显时可以用上、下行波法，即下行波的峰值到上行波的谷值间的时间差 Δt为应力波来回反射时间以此确定波速。

2.桩身缺陷的判断

（1）原理

根据式（5-1a）反射系数公式，有：

$$R_r = \frac{P_1 \uparrow}{P_1 \downarrow} = (Z_1 - Z_2)/(Z_2 + Z_1)$$

应力波沿杆体传播过程中，当遇阻抗变小时，$Z_2 < Z_1$，反射系数 R_v 为正，反射波与入射波同相位，即运动速度皆向下，上行波必为拉力波，所以遇阻抗变小。如遇缩颈、断桩、混凝土离析或夹泥，其反射波为拉力波。拉力波到达测点对波形影响，使力值减小，速度值增大，即力波形下移，而速度波形上移。

应力波沿杆件传播过程中，当遇阻抗变大时，$Z_2 > Z_1$，反射系数 R_v 为负，反射波与入射波反相位，即运动速度前者向上，后者向下，所以遇阻抗变大。如扩颈或嵌岩桩，产生的反射波为压力波。压力波到达测点对波形影响，使力值增大，速度值减小，即力波形上移，速度波形下移。

（2）缺陷程度及位置的判定

图6-8是桩身完整性系数计算示意图。t_x 为缺陷反射峰对应的时刻（ms）。

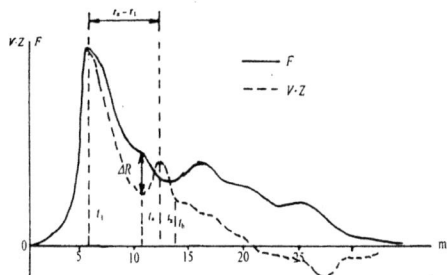

图6-8 桩身完整性系数计算

桩顶下第一个缺陷的缺陷程度，我们用损坏截面的声阻抗值 Z_2 与正常截面的声阻抗 Z_1

比值 β 来描述。β 被称为桩身截面的完整性指标。

$$\beta = \frac{Z_2}{Z_1} \qquad (6-34)$$

由式 (4-29a) 可知,当截面变化时,下行波的入射波与反射波的拉力波之间的比值为:

$$\beta = \frac{P_1 \downarrow + P_1 \uparrow}{P_1 \downarrow - P_1 \uparrow} \qquad (6-35)$$

其中 $P_1 \downarrow$ 为入射压力波。

$$P_1 \downarrow = P(t_1) \downarrow - \frac{\Delta R}{2} \qquad (6-36)$$

式中 ΔR——为缺陷部位以上的侧摩阻力,取值方法见图 6-8。

缺陷部位上行波为 $P_{(tx)} \uparrow = P_1 \downarrow + \frac{R_x}{2}$

则:

$$P_1 \uparrow = P_{(tx)} \uparrow - \frac{R_x}{2} \qquad (6-37)$$

将式(6-34)、(6-35) 代入(6-33)得:

$$\beta = \frac{P_{(t1)} \downarrow - \Delta R + P_{(tx)} \uparrow}{P_{(t1)} \downarrow - P_{(tx)} \uparrow} \qquad (6-38)$$

式中各项可以通过各时刻力实测值 P_m 与速度实测值 $2V_m$ 计算。

$$P_{(t1)} \downarrow = \frac{1}{2}[P_{m(t1)} + z1V_{m(t1)}]$$
$$\qquad (6-39)$$
$$P_{(tx)} \uparrow = \frac{1}{2}[P_{m(tx)} - z1_{Vm(tx)}]$$

将式 (6-39) 代入(6-38)得:

$$\beta = \frac{[P_{m(t1)} + z_1V_{m(t1)}] - 2\Delta R + [P_{m(tx)} - z_1V_{m(tx)}]}{[P_{m(t1)} + z_1V_{m(t1)}] - [P_{m(tx)} - z_1V_{m(tx)}]} \qquad (6-40)$$

桩身缺陷位置至传感器安装点的距离 x 可由下式计算:

$$x = c\frac{t_x - t_1}{2000} \qquad (6-41)$$

6.4 曲线拟合法高应变检测原理

CASE 法计算公式简单,它已形成一套使用方便、采样精度高的现场监测和实时分析的仪器设备和计算方法。但是 CASE 法在应用时有很多限制,其计算公式是在均匀杆件的假定条件下导出的,要事先选定土的阻尼系数值,主要针对以侧摩阻力为主的长桩。CASE 法简单的计算公式可能产生较大的误差,当需要进一步了解桩侧摩阻力的分布规律时就不能满足要求。遇到一些稍稍复杂的场合,CASE 法就不得不放弃其全套理论的演绎而转向静动对比的经验解决办法。另外高应变动力试桩法在实测时,采集了持续时间达到几十甚于上百毫秒的数据，总的离散数据量达到好几千个，利用应力波的分层解析能力，高应变动力试桩法在其数据中本来已经采集到了桩土体系中分层分段的阻力和阻抗的全部信息，但是这些数据在 CASE 法中却只利用了 t_1 和 t_1+2L/c 两个时刻的几个幅值。换句话说，CASE 法的快捷，是以放弃绝大部分宝贵的数据为代价的。于是就产生了这样的想法：将利用 CASE 法在现场实测的波形曲线输入到更精密的波动理论计算程序中。通过计算值和实测值的反复比较，迭代，不断修改原先假定的参数值。这样就得到更精确的分析结果，并使分析过程中的人为因素降到最小。

1. 桩身模型

（1）桩身的假设

CAPWAP 法将桩分成 Np 个杆件单元，每单元长度约 1m 左右，如图 6-9 所示。假设：

1）桩身是连续的时不变一维弹性杆件；

2）单元的截面积与弹性模量与桩的相同；

3）阻抗的变化仅发生在单元的界面处，单元内部无畸变；

4）单元长度可以不等，但应力波通过单元的时间相等；

5）土阻力都作用在单元底部。

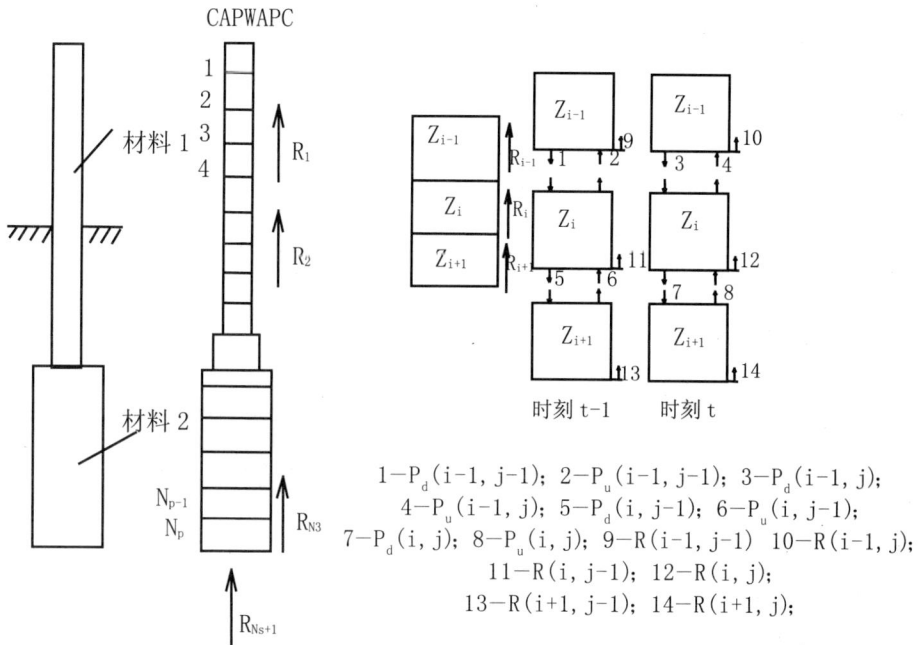

1—$P_d(i-1, j-1)$；2—$P_u(i-1, j-1)$；3—$P_d(i-1, j)$；
4—$P_u(i-1, j)$；5—$P_d(i, j-1)$；6—$P_u(i, j-1)$；
7—$P_d(i, j)$；8—$P_u(i, j)$；9—$R(i-1, j-1)$ 10—$R(i-1, j)$；
11—$R(i, j-1)$；12—$R(i, j)$；
13—$R(i+1, j-1)$；14—$R(i+1, j)$；

（a）CAPWAP 法中桩身单元划分　　　　（b）各单元受力示意

图 6-9　CAPWAP C 程序中桩身模型

(2)波动分析

经过时间隔 Δt 后，上行波 $P_u(i, j-1)$ 从 i 单元的底部传到单元顶部，成为 $P_u(i-1, j)$，下行波 $P_u(i-1, j-1)$ 从单元顶部传到单元底部成为 $P_u(i, j)$。

107

$$\begin{cases} P_u(i-1,j) = P_u(i,j-1) \\ P_d(i,j) = p_d(i-1,j-1) \end{cases} \qquad (6-42)$$

如果相邻的三个单元的声阻抗不相同，分别为 Z_{i-1}，Z_i 和 Z_{i+1} 为了简化，定义：

$$\begin{cases} T_u(i) = \dfrac{Z_i}{Z_i + Z_{i+1}} \\ T_d(i-1) = \dfrac{Z_i}{Z_i + Z_{i-1}} \end{cases} \qquad (6-43)$$

根据第 4 章波动理论：在时刻 $t = j \cdot \Delta t$，i 截面处的上行波为：

$$P_u(i,j) = T_u(i)[2 \cdot P_u(i+1,j-1) - P_d(i-1,j-1) + R(i,j)] + T_d(i) \cdot P_d(i-1,j-1) \qquad (6-44a)$$

下行波式为：

$$P_d(i,j) = T_d(i)[2 \cdot P_d(i-1,j-1) - P_u(i+1,j-1) - R(i,j)] - T_u(i)P_u(i+1,j-1) \qquad (6-44b)$$

（3）边界条件

桩尖受力状况见图 6-10，上行波的计算公式推导为：

$$\begin{cases} P_d(N_p,j) = P_d(N_p-1,j-1) \\ P_u(N_d,j) = -P_d(N_p,j) + R(N_P,j) + R(N_{p+1},j) = -P_d(N_{p-1},j-1) + R(N,j) + R(N_{s+1},j) \end{cases} \qquad (6-45)$$

若在时刻 t 时，桩顶实测的力和加速度为 $P_m(j)$ 和 $v_m(j)$。我们将传感器所在截面作为计算边界面。以实测的速度值作为已知的边界条件。根据第 4 章波动理论，边界条件可写成：

$$v_m(j) = [P_d(1,j) - P_u(1,j)] / Z \qquad (6-46)$$

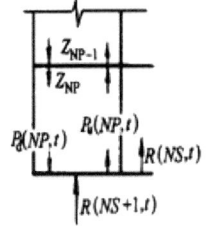

图 6-10 桩尖受力状况

在计算中，不必考虑上行波 $P_u(1,j)$ 进入传感器以上桩段后的变化，但是必须考虑从传感器以上桩段中传来的下行波的影响。由边界条件式（6-46）可以得到：

因为：$P_u(1,j) = P_u(2,j-1)$，所以有：

$$P_d(1,j) = Z \cdot v_m(j) + P_u(2,j-1) \qquad (6-47)$$

因此，在传感器截面上，由于计算得到的力波曲线的值为：

$$P_c(j) = P_d(1,j) + P_u(1,j) = Z \cdot v_m(j) + 2P_u(2,j-1) \qquad (6-48)$$

（4）改进的桩模型

在改进的桩模型中考虑了接头或缝隙等桩身疏松部位对应力波传递的影响。若两个桩单元之间存在接头或缝隙，则当应力波通过时，缝隙上下两单元的上行波和下行波分别为：

$$\begin{cases} P_u(i,j) = -P_d(i,j-1) + \dfrac{1}{2}R(i,j) + F_s \\ P_d(i+1,j) = -P_u(i+1,j-1) - \dfrac{1}{2}R(i,j) + F_s \end{cases} \qquad (6-49)$$

式中 F_s——使缝隙闭合所需的拉应力或压力值。

CAPWAP 法还可以考虑桩身的材料阻尼，考虑内阻尼 c_p 以后，各时刻桩身各处的力波

108

的值 $P_U^*(i,j)$ 和 $P_d^*(i,j)$ 为：

$$\begin{cases} P_u^*(i,j) = P_u(i,j) - c_p[P_u(i,j) - P_u(i,j-1)] \\ P_d^*(i,j) = P_d(i,j) - c_p[P_d(i,j) - P_d(i,j-1)] \end{cases} \qquad (6-50)$$

其中，c_p 的取值通常小于 0.02。

桩身各点的质点运动速度 $v(i,j)$ 和 $s(i,j)$ 位移值可用下式计算：

$$v(i,j) = \frac{P_d(i\cdot j)}{Z_i} - \frac{P_u(i,j)}{Z_{i+1}} \qquad (6-51)$$

$$s(i,j) = s(i,j-1) + \frac{\Delta t}{2}[v(i,j-1) + v(i,j)] \qquad (6-52)$$

2. 土模型假设

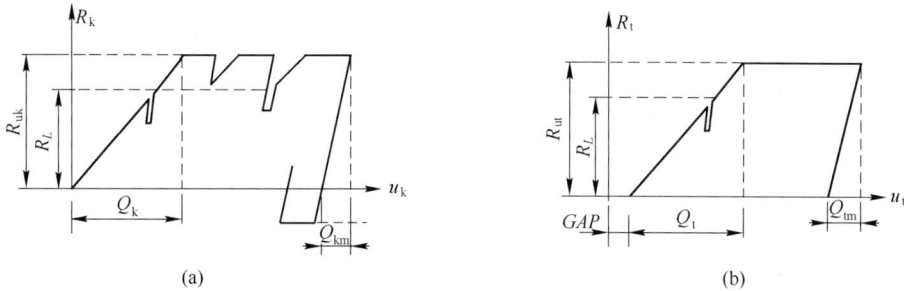

图 6-11 桩侧土与桩端土的静力模型

曲线拟合法将土简化为理想弹塑性模型。如图 6-11 所示。当上位小于最大弹性位移 Q_k 时，应力应呈线性关系，一旦位移达值，应力不再随应变增加而增加，土进入塑性状态，即：

$$\begin{aligned} u_{(z)} \leqslant Q_k &\qquad R_{k(z)} = (u_{(z)}/Q_k)R_{uk} \\ u_{(z)} \geqslant Q_k &\qquad R_{k(z)} = R_{uk} \end{aligned} \qquad (6-53)$$

式中　　R_{uk}——桩在 Z 深度处土的极限静阻力（kN）；

　　　　Q_k——土的最大弹性位移（mm）；

　　　　u_z——深度 Z 处土位移（mm）。

实际上土是弹塑性物质，应力应变关系并非线性关系。加载和卸载过程表现出不同性质，以上的模型和实际的土体是很近似的。桩顶受到锤击后，桩身除向下运动（加载过程）外，还可产生回弹（卸载过程），所以计算程序除了有加载弹限 Q_k（加载最大弹性位移），还给定卸载弹限 Q_{km}（卸载最大弹性位移）参数，在相同极限阻力条件下，$Q_{km} < Q_k$。

桩身上、下运动有可能反复多次，所以还得考虑反复加载程度（重加载水平）R_L 和 R_{LT} 参数。它反映了第二次、第三次……加载路径不同于第一次加载路径。桩出现回弹，局部单元向上运动，桩侧土开始卸载；当桩土相对位移出现负值时，侧阻力向下。在 CAPWAP 法软件中用 U_n 表示卸载程度（卸载水平）。

109

桩尖土静阻力模型中，由于桩尖不能受拉，不存在卸载水平；灌注桩桩底有可能存在沉渣或虚土；预制桩由于打桩挤土效应会使桩上抬，桩尖产生缝隙，故在CAPWAP法软件中设置了"土隙"参数GAP。桩尖土的加载和卸载弹性位移分别用　　和Q_{tm}表示。

3. 拟合收敛标准

计算的收敛标准常由计算和实测的曲线拟合程度来定，用计算值与实测值之差的绝对值的和评价。这个差的绝对值的和被称为拟合质量数。分别根据下列四个时间段内如图6-12所示的实测值与计算值之差来调整有关的土参数，并计算拟合质量数E_{rk}值（k=1、2、3、4）。

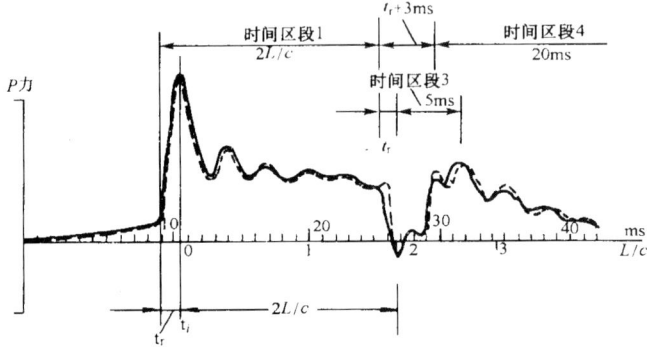

图6-12 CAPWAP法程序中评估计算曲线匹配程序的四个时间段

（1）第一个时间段是从冲击开始时起，长为$2L/c$的时间。这一段时间的波主要用于修正侧摩阻力的分布情况。

（2）第二个时间段是以第一时间段的终点为起始点，区段长为t_r+3ms。t_r是从冲击波开始到速度峰值的时间。第二个时间段的波主要用于修正桩尖的承载力和总承载力的值。

(3)第三个时间段的起点同第二时间段，但段长度为t_r+5ms。这一段时间的波主要用于修正阻尼系数值。

（4）第四个时间段以第二时间段的起点为起始点，区段长度为20ms。这一段时间内的波形主要用于修正土的卸载性质Q_u、R_n等。

E_{rk}的计算式如下：

$$E_{rk} = \sum \left| \left[P_c(j) - P_m(j) \right] / P_j \right| \qquad (k=1、2、3、4) \qquad (6-54)$$

式中，$P_c(j)$，$P_m(j)$分别为计算和实测的t时刻的桩顶力波值。

各种CAPWAP程序对这一点是保密的。CAPWAP C程序具有自动和人机对话两种调整参数的方式。实际使用时，往往用第二种方式。

4. 曲线拟合法的步骤及CAPWAP C程序

曲线拟合法的现场测试和数据采集与CASE法完全相同，得到的两条实测力与加速度时程曲线中包含了桩身阻抗变化与土阻力（桩承载力）的信息。首先把桩划分为若干分段单元，假定分段单元的桩土参数：桩身阻抗、土的阻力及其沿桩身的分布、最大弹限Q_k、桩侧阻尼系数J_2与桩底阻尼系数J_c、卸载水平U_n及卸载弹性位移Q_{km}、土塞效应系数等。用实测的波形速度、力或下行波，作为已知边界条件进行波动程序计算，求得力、速度波形或上行波。也就是用计算波形与拟合实测波形两者进行比较,直到两者吻合程度达到满意为止。

CAPWAPC 程序以实测桩顶力时程曲线（或速度时程曲线）作为输入数据,通过不断修改桩土模型参数,求解波动方程,直至计算得到速度时程曲线（或力时程曲线）和实测速度时程曲线（或力时程曲线）的吻合程度满足要求,从而得到单桩承载力、桩身应力等分析结果。程序计算械框图如图6-13所示:

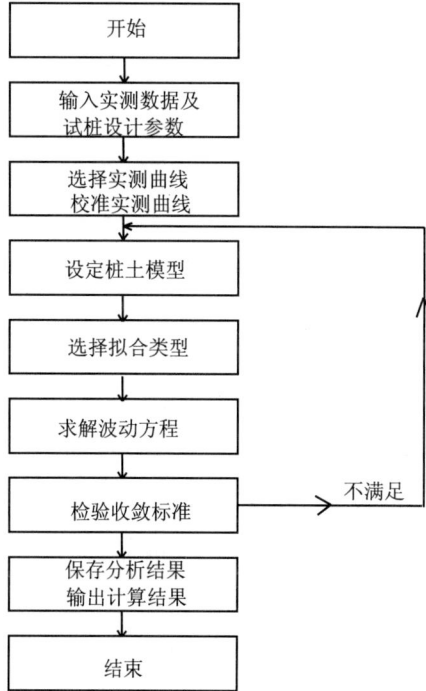

```
          ┌──────────────┐
          │     开始      │
          └──────┬───────┘
          ┌──────┴───────┐
          │ 输入实测数据及 │
          │  试桩设计参数  │
          └──────┬───────┘
          ┌──────┴───────┐
          │ 选择实测曲线   │
          │ 校准实测曲线   │
          └──────┬───────┘
          ┌──────┴───────┐
          │  设定桩土模型  │◄────────┐
          └──────┬───────┘         │
          ┌──────┴───────┐         │
          │  选择拟合类型  │         │
          └──────┬───────┘         │
          ┌──────┴───────┐         │
          │  求解波动方程  │         │
          └──────┬───────┘         │
          ┌──────┴───────┐         │
          │  检验收敛标准  │──►不满足─┘
          └──────┬───────┘
          ┌──────┴───────┐
          │  保存分析结果  │
          │  输出计算结果  │
          └──────┬───────┘
          ┌──────┴───────┐
          │     结束      │
          └──────────────┘
```

图6-13 CAPWAP C程序计算框

（1）输入实测数据及试桩设计参数

实测数据不仅包括实测力时程曲线、速度时程曲线,还包括现场实测的每击贯入度、采样频率等。在条件许可的情况下,每根桩上应多采集几组数据,供分析时比较。其他如桩长、波速、弹性模量、桩身横截面等试桩设计参数也一并输入。

（2）选择和校准实测时程曲线

准确的测试数据是获得满意拟合结果的前提。因此,在正式使用CAPWAP程序分析之前,用户应该从诸多实测曲线中选择一组最符合实际情况的数据输入。一般说来,一组准确的数据应满足以下要求:

1）速度曲线开始段不应为负值;

2）在到达第一个峰值前,速度和力应当成比例（特殊情况除外,如桩顶下阻抗变化较大）;

3）速度时程曲线尾部应归零;

4）位移时程曲线末端值应与实测贯入度一致;

5）对复打试验,应选取第一阵锤击下采得的数据,且保证每击贯入度不小于2.5mm。

如果输入数据不满足以上条件,分析人员就必须进行数据校准工作。CAPWAP程序具备以下调试功能：

1）速度调整。即给实测速度乘以一校正系数；

2）力调整。即给实测力乘以一校正系数；

3）加速度调整。即对部分时段或整个时段的加速度测试值进行修正；

4）速度和力的幅值调整；

5）力或速度曲线沿时间的平移；

6）对力或速度曲线的滤波处理。

（3）桩－土模型设定

桩－土模型的设定是 CAPWAP 程序最重要的环节，它直接关系到拟合能否成功，承载力计算值是否合理以及其他分析结果的可信度。一般程序根据分析人员输入的试桩设计参数会自动建立一个桩的模型。但是桩模型是否合理，仍需分析人员检查。须指出的是，桩－土模型的建立不可能一次成功，须经过反复调试，才有可能获得合理的桩－土模型。

（4）拟合类型

CAPWAP 程序为用户提供了三种拟合类型：

1）根据实测桩顶速度时程曲线计算桩顶力时程曲线；

2）根据实测桩顶力时程曲线，计算桩顶速度时程曲线；

3）根据桩顶实测下行力波时程曲线计算桩顶上行力波时程曲线。

5.桩、土参数对拟合计算力曲线的影响

根据高应变拟合原理，桩土参数对拟合力曲线的影响可归纳如下：

	参数	对拟合计算力曲线 $P_c(t)$ 的影响
桩身参数	桩身截面积	增加时，相应的土单元 $P_c(t)$ 升高，而下单元相对缩颈，因此 $P_c(t)$ 往往下降
	桩身裂隙	桩身采用裂隙模拟，下行波遇裂隙时产生上行的拉力坡，故使裂隙单元上面单元 $P_c(t)$ 下降，下单元上升
	土隙（如沉渣）	桩身采用土隙模型，土隙使桩端阻力发挥迟后，减小土隙时，使 $2L/c$ 前单元 $P_c(t)$ 上升，$2L/c$ 往后局部 $P_c(t)$ 下降
	土塞	有土塞时，使 $2L/c$ 前数个单元 $P_c(t)$ 上升，$2L/c$ 往后 $P_c(t)$ 下降
	波速	提高波速使 $0\sim 2L/c$ 之间的 $P_c(t)$ 前段上升，后段下降，同时桩底反射提前
	桩身阻尼	增加时桩身耗能作用增加，使 $P_c(t)$ 下降，同时使桩底反射后推

	参数	对拟合计算力曲线$P_c(t)$的影响
土参数	侧阻R_{uk}	某分段单元增加时，使该单元及以后的$P_c(t)$曲线均上升，且使贯入度减小
	端阻R_{ut}	增加时，使$2L/c$后的$P_c(t)$升高，$2L/c$前的无影响
	桩侧土阻尼J_2	增加时，相应的土单元$P_c(t)$升高
	桩端土阻尼J_c	增加时相应的土单元$P_c(t)$升高，且使贯入度减小
	桩侧土加载弹限Q_k	调整个别单元对$P_c(t)$无影响，连续调整许多单元时才有影响，增加时使波形$P_c(t)$逆时针转动
	桩端土加载弹限Q_{km}	减少时，桩底土快速卸载，$2L/c$前$P_c(t)$曲线上升，$2L/c$后$P_c(t)$下降，且使贯入度减小
	桩侧土卸载弹限Q_t	减少时，分段单元桩侧土卸载速度加快，$P_c(t)$在第Ⅳ时段下降
	桩端土卸载弹限Q_{tm}	减少时，使$P_c(t)$在第Ⅳ时段下降，但下降的位置比Q_t下降的位置稍靠后
	桩侧土卸载水平U_n	增加时，相当于桩侧负阻增加，使$P_c(t)$在第Ⅳ时段下降

6. 拟合结果的评价

良好的拟合结果应满足以下三条：

（1）桩身各分段相应土层的侧摩阻力及其沿桩身分布符合岩土工程的合理范围。

（2）计算波形和实测波形两者吻合达满意程度，即拟合质量系数 MQ 小于规定的值。由于各计算软件对 MQ 的定义和计算方法不一样，所对 MQ 难于统一规定为一个定数。

（3）桩贯入度的计算值和实测值吻合良好。

6.5 CASE 法的现场测试技术

1. 桩头处理要求

为确保检测时锤击力的正常传递，对混凝土灌注桩、桩头严重破损的混凝土预制桩和桩头已出现屈服变形的钢桩，检测前应对桩头进行修复或加固处理。

1）桩头顶面应水平、平整、桩头中轴线与桩身中轴线应重合，桩头截面积应与原桩身截面积相同。

2）桩头主筋应全部直通至桩顶混凝土保护层之下，各主筋应在同一高度上。

3）距桩顶 1 倍桩径范围内，宜用厚度为 3~5mm 的钢板围裹或距桩顶 1.5 倍桩径范围内设置箍筋，间距不宜大于 150mm。桩顶应设置钢筋网片 2~3 层，间距 60~100mm。

4）桩头混凝土强度等级宜比桩身混凝土提高 1~2 级，且不得低于 C30。

2．检测仪器与设备

（1）仪器设备装置

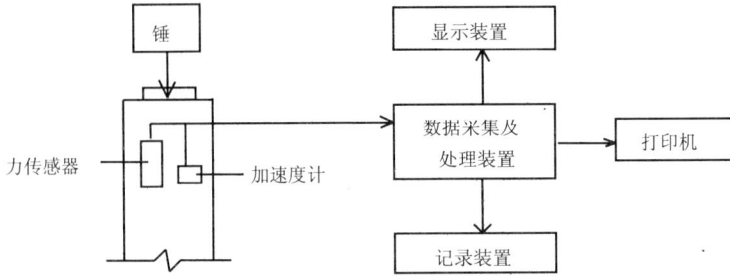

图 6-14　仪器设备装置

目前 CASE 法的测试仪器设备有多种型号，实质上都是一套专用的数据信号采集与处理系统。数据采样装置的模－数转换精度不应小于 10 位，通道之间的相差应小于 50μs。各类仪器均应积累不少于 20 组的动静对比验证资料，并通过有关部门的检定后方可投入使用。

（2）传感器

传感器是用来将物理变化值转变为电量变化值的器件。力传感器宜采用工具式应变传感器，应变传感器安装谐振频率应大于 2kHz，在 1000με测量范围内的非线性误差不应大于 1%，由于导线电阻引起的灵敏度降低不应大于 1%，安装后的加速度计在 2～3000Hz 范围内灵敏度变化不应大于 5%，冲击加速度在 10000ms^{-2}范围内，其幅值非线性误差不应大于 5%。传感器应每年标定一次。

（3）锤击设备

打桩机械或类似的装置都可作为锤击设备。重锤应质量均匀，形状对称，锤底平整，宜用铸钢或铸铁制作。当采用自由落锤时。锤的重量应大于预估的单桩极限承载力的 1%。桩顶应设锤垫，锤垫可采用胶合板、木板等均质材料，采用时应根据实际情况选择。

3．仪器安装

（1）加速度传感器和应变传感器各采用两个，在桩的两侧对称布置，以消除桩身弯曲应力的影响。

（2）传感器不宜离桩顶太近，因为桩顶接触面不平整所产生的高频信号会对传感器产生较大的干扰，传感器也不应离桩顶太远，因为这将给测试带来许多困难。传感器一般装在距桩顶 1～2 倍桩径的桩侧处。力与加速度传感器应在同一水平面上，且加速度传感器应在力传感器的中心水平线上，两者水平距离不宜大于 10cm。

（3）安装时还要注意传感器与桩身接触面的平整度。对于不平整的表面应凿平、磨光，以保证传感器的轴线与桩轴线的平行。安装面范围内的材质和截面尺寸必须与原桩等同。

（4）传感器与桩的连接可采用螺栓，也可采用粘贴剂。采用螺栓连接时，螺栓孔与桩身轴线垂直，螺栓尺寸与孔径匹配，并应加弹簧垫固。

(5) 应选用合适量程的传感器，以保证较高的分辨率和精度。

4. 信号采集

(1) 桩参数设定

1) 测点下桩长和截面积的设定

测点下桩长应取传感器安装点至桩底的距离；对于预制桩，可采用建设或施工单位提供的实际桩长和桩截面积作为设定值；对于混凝土灌注桩，测点下桩长和截面积设定值宜按建设或施工单位提供的施工记录确定。

2) 桩身波速 c 设定

对于普通钢桩，波速值可设定为 5200m/s；对于混凝土预制桩，宜在打入前实测无缺陷桩的桩身平均波速作为设定值；对于混凝土灌注桩，在桩长已知的情况下，可用反射波法按桩底反射信号计算桩的平均波速作为设定值；如桩底反射信号不清晰，可根据桩身混凝土强度等级等参数综合设定。

3) 桩身质量密度 ρ 设定

对于普通钢桩，质量密度应设定为 $7.85t/m^3$；对于普通混凝土预制桩，质量密度可设定为 $2.45\sim2.55\ t/m^3$；对于普通混凝土灌注桩，质量密度可设定为 $2.40\ t/m^3$。

(2) 采样参数的设定

1) 采样间隔：宜采用 $50\sim200\ \mu s$，长桩取高值；

2) 采样点数：不宜不于 1024 点。

(3) 传感器标定系数的设定

根据国家法定计量单位开具的标定系数设定。

(4) 桩身弹性模量 E 的设定：$E=\rho c^2$。

(5) 测试前，检测各系统各部分仪器是否正常。

(6) 锤击采样

1) 有效锤击次数的规定

由于检测工作现场情况复杂，种种影响很难避免，为确保采集到可靠的数据，即使对于灌注桩，每根桩检测时应记录的有效锤击数也不得只有一次。否则一旦在室内分析时，发现采集数据有误就无法补救。每根桩检测时应记录的有效锤击次数可参照表 6-4 取定。

有效锤击次数   表 6-4

检测目的	桩型	有效锤击次数
基桩检测	灌注桩	2~3击
	预制桩（复打）	2~3击
施工监控	预制桩（初打）	收锤前3阵
	预制桩（复打）	1阵

注：每阵为 10 击。

2）锤击垫

桩垫是影响实测波形的重要因素。桩垫的作用有两个：一是使锤击力分布均匀，调整锤击过程的持续时间，将锤击能量有效地传递给桩；二是缓冲锤体的冲击力，使打桩压应力不超过容许值。桩垫过软，降低锤击能量的传递，使桩贯入困难；桩垫过硬，锤击力峰值过高，易击碎桩顶。桩垫材料可以是胶合板、薄木板、布垫或纸箱壳。桩垫面积可略大于锤底面积。为了使锤准确对中，应先放锤，起锤后再放入桩垫。桩垫厚度可按经验选用，或根据第一锤的波形加以调整。

3）锤重和落高

高应变动力试桩适当选择锤重和落高是试验成败的关键之一。

a)对于摩擦桩或端承摩擦桩，锤重一般为单桩极限承载力的1%即可。但摩擦端承桩的锤重还要大些，才有可能把桩打出一定的贯入度。

b)落高大小是影响力峰值和桩顶速度的重要因素。落高过小，能量不足；落高过大，不仅易引起偏心锤击，还易使力峰值过大，易击碎桩顶，即使桩头未碎，也会使桩的动阻力偏高，加大高应变测试误差。一般的落高在 $1.0 \sim 2.0$m 之间，最高不应大于 2.5m，最好是重锤低打。

c)选择锤重和落高要使桩贯入度不小于 2.5mm，但也不要大于 10 mm。贯入度过小，土强度发挥不充分，贯入度太大，不满足波动理论，实测波形失真。

d)对于嵌岩桩，在选用锤重和落高时要注意不能把嵌固段打动，否则嵌固力不能恢复，大大降低桩的承载力。

5.采样信号的现场读取判断

高应变采集的优良力和速度波形应该是：

(1) 两组力和速度时程波形基本一致，峰值前二者重合，峰值后二者协调；

(2) 力和速度时程波形最终回归零值；

(3) 波形采样长度足够。曲线拟合法要求信号长度不小于 $5L/C$ 或 $2L/C$+20ms；

(4) 波形无明显的高频杂波干扰，桩底反射明显；

(5) 贯入度适中。

当出现下列情况之一时，高应变锤击信号不能作为承载力分析计算的依据：

(1) 传感器安装处混凝土开裂或出现严重塑性变形使力曲线最终未归零：

(2) 严重锤击偏心，两侧力信号幅值相差超过 1 倍；

(3) 触变效应的影响，预制桩在多次锤击下承载力下降；

(4) 四通道测试数据不全。

采样时应及时检查采集到的数据质量，如发现问题，应停止检测，对测试系统、桩身等进行检查。

6.典型的现场记录波形

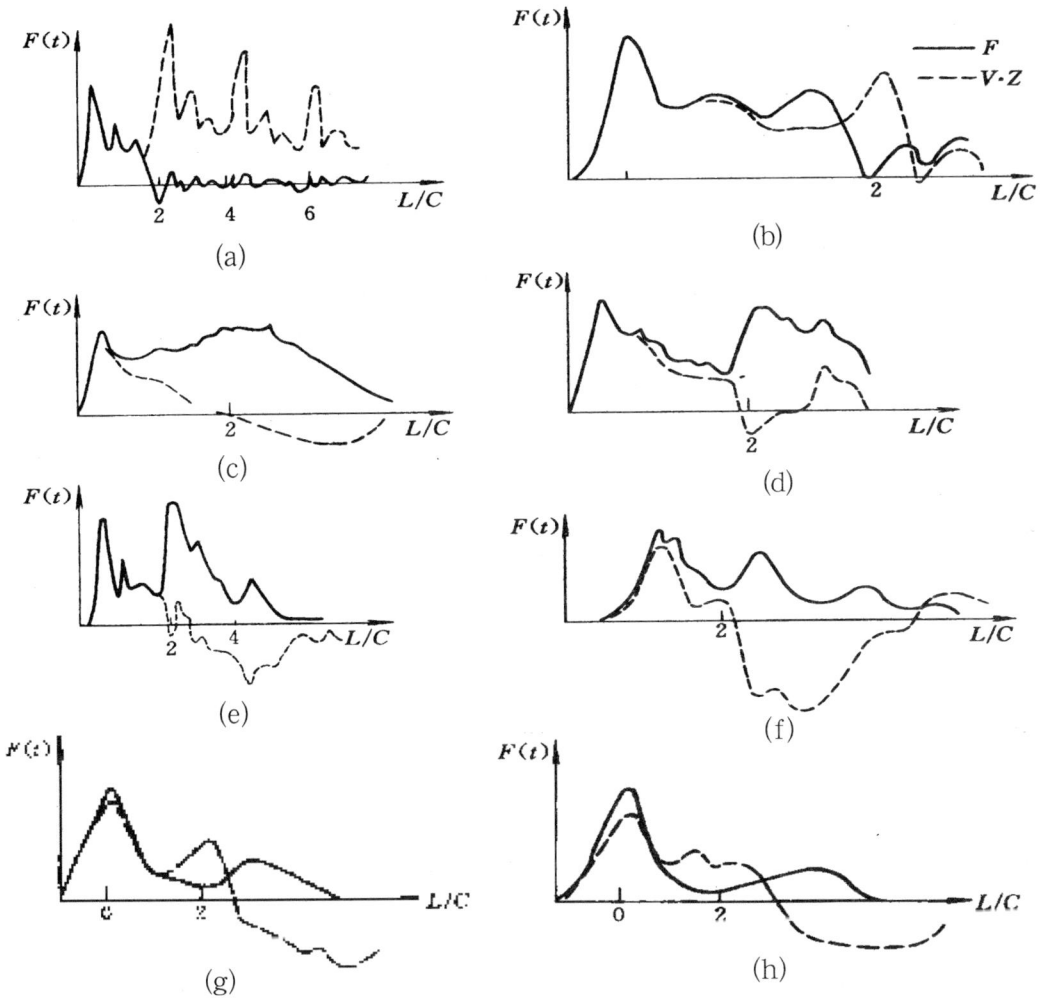

图 6-15 典型的现场记录波形

(a) 波形是在打桩期间进行测试的，桩很容易打入，从波形特征反映，几乎无桩侧、端阻力。

(b) 波形表明，桩侧摩阻力很小，几乎无端承力。

(c) 波形表明，桩侧摩阻力很大。

(d) 波形表明，侧摩阻力小，端阻力大。

(e) 波形表明，仅有桩端阻力，无侧摩阻力。

(f) 波形表明，侧摩阻力较大，端阻力很大。

(g) 波形表明桩身无陷缺。

(h) 波形的 $2L/c$ 以前速度波位于力波的上面，表明桩身有严重缺陷，该缺陷可能是桩身产生裂缝。

117

6.6 室内资料处理

1. 承载力检测时检测信号的选择

（1）选取高应变采集的优良力和速度波形；

（2）选取锤击能力大的击次信号；

（3）承载力分析计算前，应结合地质条件、设计参数，对实测波形特征进行定性检查：

1）实测曲线特征反映出的桩承载性状。

2）观察桩身缺陷程度和位置，连续锤击时缺陷的扩大或逐步闭合情况。

2. 桩身波速、桩身弹性模量及锤击信号幅值的调整和计算

3. CASE 法承载力计算

（1）采用 CASE 法判定承载力的规定

1）只限于中、小直径桩。

2）桩身材质、截面应基本均匀。

3）阻尼系数 J_c 宜根据同条件下静载试验结果校核，或在已取得相近条件下可靠对比资料后，采用实测曲线拟合法确定 J_c 值，拟合计算的桩数不应少于检测总桩数的30%，且不应少于3根。

4）在同一场地、地质条件相近、桩型及截面积相同的情况下，J_c 值的极差不宜大于平均值的 30%。

（2）CASE 法承载力

采用式(6−18)进行承载力计算。由于该公式给出的单桩极限承载力 R_{sp} 值与位移无关，仅包含 $t_2=t_1+2L/c$ 时刻之前时所发挥的土阻力信息，通常除桩长较短的摩擦型桩外，土阻力在 $2L/c$ 时刻不会充分发挥，尤以端承型桩更为显著。所以，需要采用将 t_1 延时求出承载力最大值的最大阻力法（RMX 法），对与位移相关的土阻力滞后 $2L/c$ 发挥的情况进行提高修正。桩身在 $2L/c$ 之前产生较强的向上回弹，使桩身从顶部逐渐向下产生土阻力卸载（此时桩的中下部土阻力属于加载）。这对于桩较长、摩阻力较大而荷载作用持续时间相对较短的桩较为明显。因此，需要采用将桩中上部卸载的土阻力进行补偿提高修正的卸载法（RSU 法）。

用 RMX 法和 RSU 法判定承载力，体现了高应变波形分析的基本概念——应充分考虑与位移相关的土阻力发挥状况、波传播法的子方法可在积累了成熟经验后采用，它们是：

1）在桩尖质点运动速度为零时，动阻力也为零，此时有两种与 J_c 无关的计算承载力自动法，即 R_{AU} 和 R_{A2} 法。前者适用于桩侧摩阻力很小的情况，后者适用于桩侧摩阻力适中的场合。

2）通过延时求出承载力最小值的最小阻力法（RMN 法）。

4. 实测曲线拟合法承载力计算

采用实测曲线拟合法判定桩承载力，应符合下列规定：

（1）所采用的力学模型应明确合理，桩和土的力学模型应能分别反映桩和土的实际力学性状，模型参数的取值范围应能限定。

（2）拟合分析选用的参数应在岩土工程的合理范围内。

（3）曲线拟合时间段长度在 t_1+2L/c 时刻后延续时间不应小于 20ms；对于柴油锤打桩的信号，在 t_1+2L/c 时刻后延续时间不应小于 30ms。

（4）各单元所选用的土的最大弹性位移值不应超过相应桩单元的最大计算位移值。

（5）拟合完成时，土阻力响应区段的计算曲线与实测曲线应吻合，其他区段的曲线应基本吻合。

（6）贯入度的计算值应与实测值接近。

5.桩身完整性判定

（1）高应变法与低应变法一样，检测的仍是桩身阻抗变法，一般不宜判定缺陷性质。

（2）在桩身情况复杂或存在多处阻抗变法时，可优先考虑用实测曲线拟合判定桩身完整性。

（3）高应变法检测桩身完整性具有锤击能量大，可对缺陷程度定量计算，连续锤击可观察缺陷的扩大和逐步闭合情况等优点。式（6-40）适用于截面基本均匀桩的桩顶下第一个缺陷的程度定量计算。当有轻微缺陷，并经确认为水平裂缝（如预制桩的接头缝隙）时，裂缝宽度 $\delta_{\mathrm{w}} = \dfrac{1}{2} \displaystyle\int_{t_a}^{t_b} (v - \dfrac{P_{\mathrm{m}} - \Delta R}{Z}) \mathrm{d}t$ 。

（4）采用实测曲线拟合法分析桩身扩径、桩身截面渐变或多变的情况，应注意合理选择土参数。高应变锤击法的荷载上升时间一般不小于2ms，因此对桩身浅部缺陷位置的判定存在盲区，也无法根据公式（6-40）来判定缺陷程度。只能根据力和速度曲线的比例失调程度来估计浅部缺陷程度，不能定量给出缺陷的具体部位，尤其是锤击力波上升非常缓慢时，还会和土阻力产生耦合。对浅部缺陷桩，宜用低应变法检测并进行缺陷定位。

6.应采用静载法进一步验证的四种情况：

（1）桩身存在缺陷，无法判定桩的竖向承载力。

（2）桩身缺陷对水平承载力有影响。

（3）单击贯入度大，桩底同时反射强烈且反射峰较宽，侧摩阻力波、端阻力波反射弱，即波形表现出竖向承载性状明显与勘察报告中的地质条件不符合。

（4）嵌岩桩桩底同向反射强烈，且在时间 $2L/c$ 后无明显端阻力反射。这种情况也可采用钻芯法核验。

7.承载力的统计和承载力特征值的确定

（1）参加统计的承载力，当满足极差不超过平均值的30%时，取其平均值为单桩承载力统计值。

（2）当极差超过平均值的30%时，应分析极差过大的原因，结合工程具体情况综合确定。必要时可增加试桩数量。

(3) 单位工程同一条件下的单桩竖向承载力特征值应为单桩承载力统计值的一般取值。

8.检测报告的编写

检测报告除应包括第2章的有关要求外，还应包括下列内容：

(1)计算中实际采用的桩身波速值和 J_c 值；

(2)实测曲线拟合法所选用的各单元桩土模型参数、拟合曲线、土阻力沿桩身的分布图；

(3)实测贯入度；

(4)试打桩和打桩监控所采用的桩锤型号、锤垫类型，监测得到的锤击数、桩侧和桩端静阻力、桩身锤击拉应力和压应力、桩身完整性以及能量传递比随入土深度的变化。

6.7 应注意的问题

1.高应变动力试桩应如何选用锤击设备

高应变试桩，为了使桩土间产生一定的相对位移，这就需要作用在桩上的能量较大，所以要用重锤击桩顶。对于预制桩、预应力管桩和钢桩，可以利用打桩机作为锤击装置，进行复打试桩；对于灌注桩，必须有专门的自由落锤锤击设备，包括锤体、导向架和脱钩器。锤体多数采用铸钢或铸铁的整体锤，有的用螺栓作为紧固件的组合锤，也有的用钢板箱中浇注混凝土制作而成。

组合锤块体的表面要经刨床刨平，并有定位的台。块与块用螺栓紧固，要做到牢靠，否则锤击过程螺母松动会影响实测波形，使锤击能量也有较大损失。整体锤优于组合锤。

锤的高、宽比一般为2：1或1.5：1。细长锤可使应力波波长加长，但不稳当，易倾覆；扁体锤锤击力不均布，作用力易偏心，影响实测信号。

锤的提升可用电动卷扬机或手动葫芦，通过脱钩器使锤脱钩下落。好的做法是吊车起锤后，把锤重转移到导向架上再脱钩。若用吊车起锤脱钩，最好用履带吊车，若用液压吊车，锤突然脱钩下落，使吊车臂有反弹作用，对吊车液压系统产生不利影响。

导向架是使锤下落不偏心的重要保证。要真正起到导向作用，导向的加工精度要高。同时，导向架底盘要重，否则锤下落就会使锤体左右着导向架，而不是导向架左右着锤体。

脱钩器应具有双向脱钩，单向脱钩很难做到下落时不偏心。

2.影响高应变信号质量的主要原因

(1) 传感器受潮；(2) 传感器安装在混凝土强度较低处；(3) 传感器安装不牢；(4) 传感器安装位置太靠近桩头；(5) 锤重量不合适；(6) 锤垫不合适；(7) 锤击偏心；(8) 桩头混凝土强度较低。这些因素都有可能引起信号的畸形或寄生杂波，影响测试精度。

3.CASE法与实测曲线拟合法在计算承载力上的本质区别

CASE法在计算极限承载力时，单击贯入度与最大位移是参考值，计算过程与它们无关。另外，CASE法承载力计算公式是基于以下三个假定推导出的：

（1）桩身阻抗基本恒定；

（2）动阻力只与桩底质点运动速度成正比，即全部动阻力集中于桩端；

（3）土阻力在时刻 $t_2=t_1+2L/c$ 已充分发挥。

显然，它较适用于摩擦型的中、小直径预制桩和截面较均匀的灌注桩。

公式中的唯一未知数——CASE 法无量纲阻尼系数 J_c 仅与桩端土的性质有关，一般遵循随土中细粒含量增加阻尼系数增大的规律。J_c 的取值是否合理在很大程度上决定了计算承载力的准确性。所以，缺乏同条件下的静动对比校核，或大量相近条件下的对比资料时，将使其使用范围受到限制。当贯入度达不到规定值或不满足上述三个假定时，J_c 值实际上变成了一个无明确意义的综合调整系数。特别值得一提的是灌注桩，也可能会在同一工程、相同桩型及持力层时，出现 J_c 取值变异过大的情况。为防止 CASE 法的不合理应用，规定应采用静动对比或实测曲线拟合法校核 J_c 值。

4. CASE 法阻尼系数 J_c 的含意及如何准确地确定 J_c 值

CASE 法判定单桩极限承载力的关键是选取合理的阻尼系数值 J_c。J_c 不仅和土的性质有关，还和桩的阻抗 Z 有关，所以 J_c 应看成是没有物理含意的经验系数。

J_c 值的准确确定，只有通过静、动试桩对比得到：

$$R_s = R - J_c(2F_{(t1)} - R) \tag{6-55}$$

式中，R_S 为静荷载试桩的极限承载力，R、$F_{(t1)}$ 由动力试桩实测波形得到，由此反算 J_c 值。美国的 Goble 等人在 70 年代初对预制桩进行大量静、动对比试验，对其结果进行统计分析，得到桩尖土不同颗粒粗细程度的不同 J_c 值，见表 6-5。

CASE 阻尼系数值 表 6-5

土的类型	取值范围	建议值
砂	0.05～0.20	0.05
粉砂和砂质粉土	0.15～0.30	0.15
粉土	0.20～0.45	0.30
粉质粘土和粘质粉土	0.40～0.70	0.55
粘土	0.60～0.10	1.10

我国目前采用的阻尼系数值基本上是参照美国 PID 公司给出的取值范围,见表 6-6,尽管 PID 公司给出的阻尼系数值的范围是通过静载荷试验校核后得到的，但其静载试验确定极限承载力的准则与我国现行规范的规定有差异。另外，某些以端承为主的大直径桩、嵌岩桩,高应变动力检测所产生的动位移通常比静载荷试验时所产生的沉降要小得多，因此对于由动静对比试验得到的阻尼系数值,也应通过认真分析后取定。

美国 PID 公司的 CASE 阻尼系数建议值　　　　表 6-6

土的类型	取值范围
砂	0～0.15
砂质粉土	0.15～0.25
粉质粘土	0.45～0.70
粘土	0.9～1.20

5. 影响 CASE 法准确性的主要因素

(1) 试桩的情况和 CASE 法的假定情况不符。如桩身阻抗有显著变化（包括设计规定的变截面和一切施工缺陷）、桩侧动阻力很大、桩侧和桩端的静阻力发展过分缓慢以及桩身质量较差而导致应力波的严重衰减和变形等，都会对其计算结果产生严重的影响。遇到这些情况，必须使用在类似情况下获得的静动对比系数，而不能使用一般情况下的推荐值。

(2) 检测截面选择不当，采集到的实测数据不准。如检测截面过分靠近桩顶或其它变阻抗截面，实测的应变值不能代表桩身平均应变；检测截面材质不均、外形复杂或内部存在严重隐患，导致对检测截面的阻抗估计不准；传感器安装处的局部混凝土材质低劣，锤击后产生严重的非弹性变形等，都会使后续的计算产生显著的误差。

(3) 桩长或总体平均波速估计不准。这个问题经常发生于锤击能量不足，未能测得明确的桩端反射。有时则由于操作不慎，未能对此给以足够的重视。实际上，如果这两个参量有误，计算结果的准确与否就完全谈不上了。

(4) 锤击能量选择不当，从前面所讲的原理可知，从实测结果中计算求得的是试验当时实际激发的土阻力。因此，如果锤击能量偏低，桩周土的阻力不会被充分激发出来，结果当然偏低；反之，锤击能量过高，就会导致桩身位移过大乃至薄弱截面的破损。经验证明，贯入度过低，结果偏低；贯入度过高，结果偏高。

(5) 锤击落高选择不当。在锤重和桩垫一定的情况下，锤击落高将直接决定桩顶的运动速度，因而对所激发的动阻力的大小产生更加显著的影响。由于试验的目的是求得静阻力，必须保证试验时的动阻力不宜过高，否则，静阻力的计算精度将严重下降。为此，应选择较大的锤击而使锤击落高不致过高，对于一般长度的桩，锤重应在要求检测的承载力的 1%～1.5% 之间，落高不超过 2.5m。对于桩身质量较差的桩，锤重宜取上限而落高宜取相对低一些为好。

6. CASE 法承载力计算公式的选用

(1) CASE 法基本公式。确定承载力值 R_{SP}。

(2) 侧阻力修正公式将 R_{SP} 减去桩侧土动阻力。适用于以侧摩阻力为主的桩。

(3) 因为基本公式给出的 R_s 仅包括时刻之前所发挥的土阻力信息，如果在 $2L/c$ 之前土阻力未充分发挥，则需将 t_1 延时来求出承载力的最大值(RMX 法)。一般适用于处于饱和土中、具有开口效应的桩，桩底有沉渣或虚土的桩，持力层为石砂的桩等。

(4) 桩较长时，桩在 $2L/c$ 时刻之前显著回弹，因而需考虑卸载修正（RSU 法）。长桩或难贯入的桩顶回跳强。

（5）当桩底质点运动速度为零时，与桩尖速度有关的动阻力也为零。由此计算与阻尼系数大小无关的承载力的两种"自动"方法，RAU 法和 RA2 法。前者适用于桩侧摩阻力很小的情况，后者适用桩侧摩阻力适中的场合。

6.8 工程实例

宁波协和石化码头分为三线，一线码头与引桥分别采用 $\phi 1200$ 大径管桩与 $\phi 1800$ 钢管桩，二线码头与引桥均采用 $\phi 1200$ 大径管桩，三线码头与引桥分别采用 $\phi 800$ 钻孔桩、$\phi 1200$ 大径管桩、PHC-800 大径预应力管桩、600×600 预制方桩。桩长 51.5~60.0m。

宁波协和石化码头区属滨海平原区，地形较平坦，水较深。根据场地工程地质勘察报告，场地上部是以海相沉积为主的淤泥、淤泥质粘土、粉质粘土、粉质砂土等，下部为冲洪积、湖积相的含砾砂、细砂的粉质粘土，厚度分布不均匀，地质条件较复杂。

下面列举了部分预制桩及钢管桩的高应变打桩监测与成桩检测的实测曲线，并附上力与速度上下行波曲线。

桩号	桩型	桩侧阻力极限值（kN）	桩尖阻力极限值（kN）	单桩极限承载力（kN）	测试方法	桩身质量评价	备注
7-A	600×600 预制方桩	2423	442	2865	初打	完好	三线引桥 f: 1.68
		2715	1100	4815	复打		
8-A		2276	500	2776	初打	完好	三线引桥 f: 1.68
		3515	1128	4673	复打		
3 A	$\phi 800$PHC 桩	2047	830	2877	初打	完好	三线引桥 f: 172
		3680	1274	4954	复打		
5-A		2115	801	2916	初打	完好	三线引桥 f: 1.72
		3680	1327	5007	复打		
1-E	$\phi 1200$大 管桩	2703	966	3669	初打	完好	二线引桥 f: 1.69
		4548	1670	6218	复打		
3-E		2649	888	3537	初打	完好	二线引桥 f: 1.76
		4529	1699	6228	复打		
D38-1	$\phi 1200$大 管桩	2849	1254	4103	初打	完好	一线引桥 f: 1.60
		4469	2100	6569	复打		
D07-7		2558	483	3041	初打	完好	三线引桥 f: 1.68
		4290	804	5094	复打	完好	

注：f 为恢复系数，$f = \dfrac{\text{单桩极限极限承载力（复打）}}{\text{单桩极限承载力（初打）}}$。

123

桩号	桩型	桩侧阻力极限值(kN)	桩尖阻力极限值(kN)	单桩极限值承载力(kN)	测试方法	桩身质量评价	备注
7-A	600×600mm 预制方桩	2423	442	2865	初打	完好	三线引桥 f: 1.68
		2715	1100	4815	复打	完好	

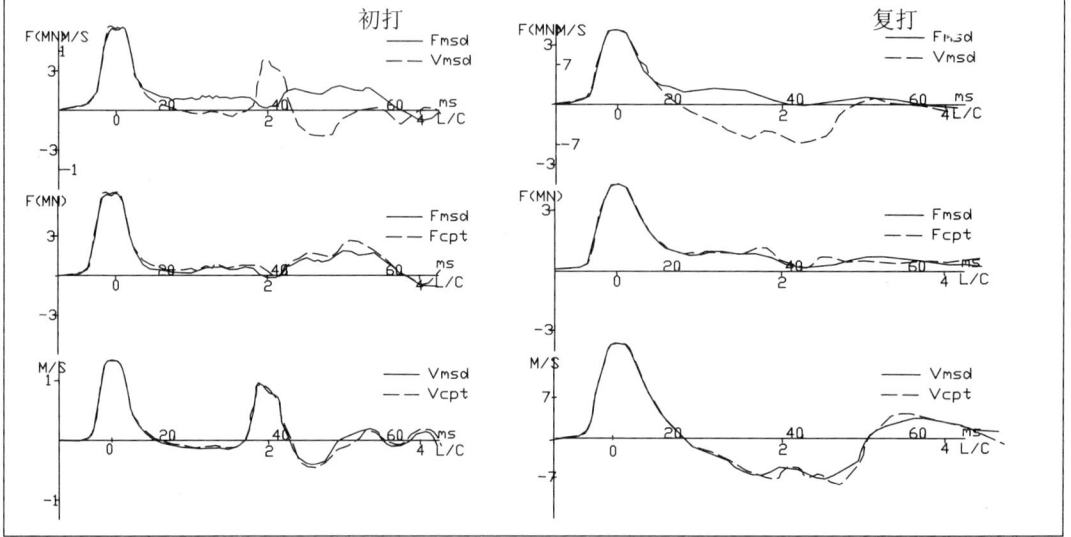

桩号	桩型	桩侧阻力极限值(kN)	桩尖阻力极限值(kN)	单桩极限值承载力(kN)	测试方法	桩身质量评价	备注
8-A	600×600mm 预制方桩	2276	500	2776	初打	完好	三线引桥 f: 1.68
		3515	1128	4673	复打	完好	

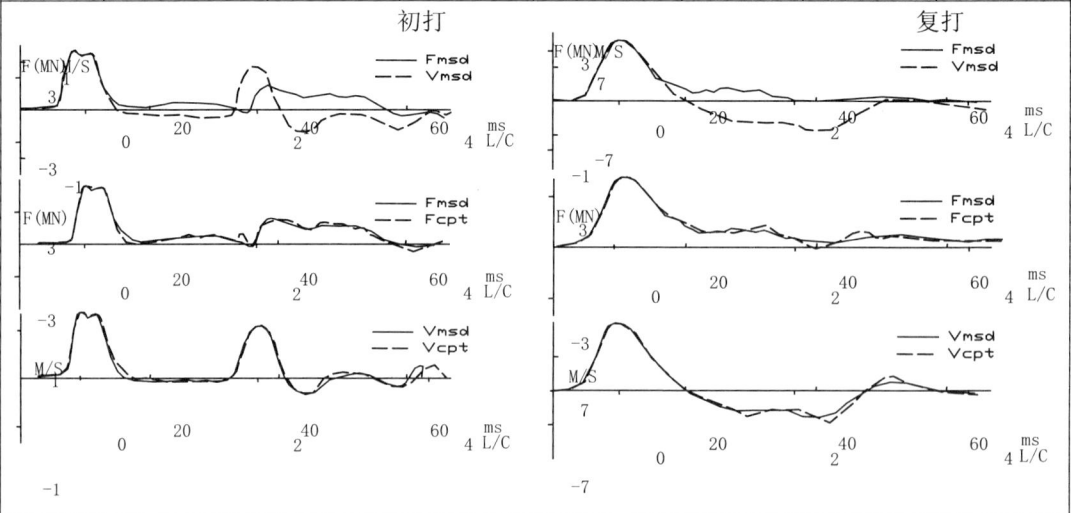

桩号	桩型	桩侧阻力极限值(kN)	桩尖阻力极限值(kN)	单桩极限值承载力(kN)	测试方法	桩身质量评价	备注
3-A	Φ800 PHC桩	2047	830	2877	初打	完好	三线引桥 f: 172
		3680	1274	4954	复打	完好	

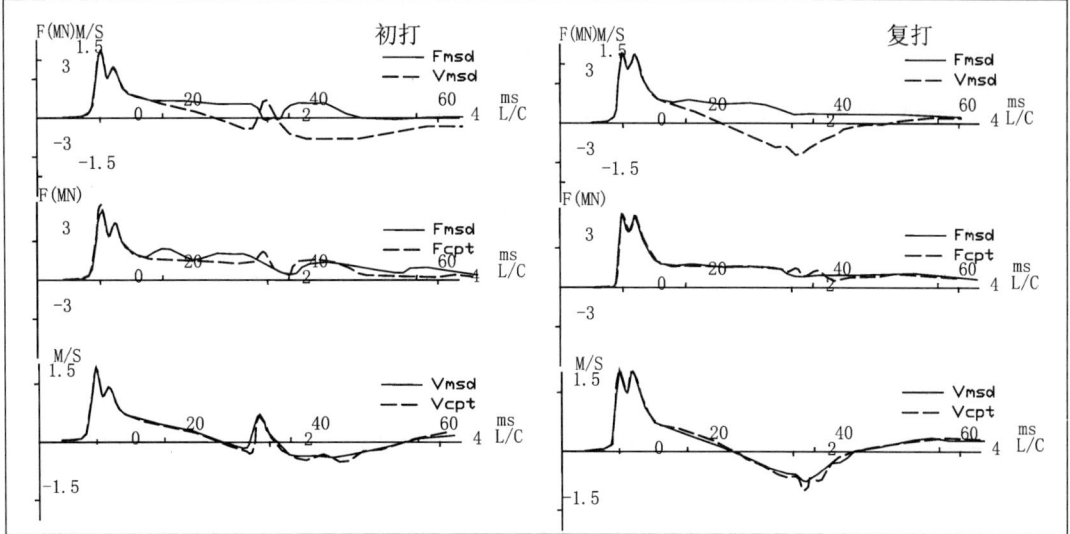

桩号	桩型	桩侧阻力极限值(kN)	桩尖阻力极限值(kN)	单桩极限值承载力(kN)	测试方法	桩身质量评价	备注
5-A	Φ800 PHC桩	2115	801	2916	初打	完好	三线引桥 f: 172
		3680	1327	5007	复打	完好	

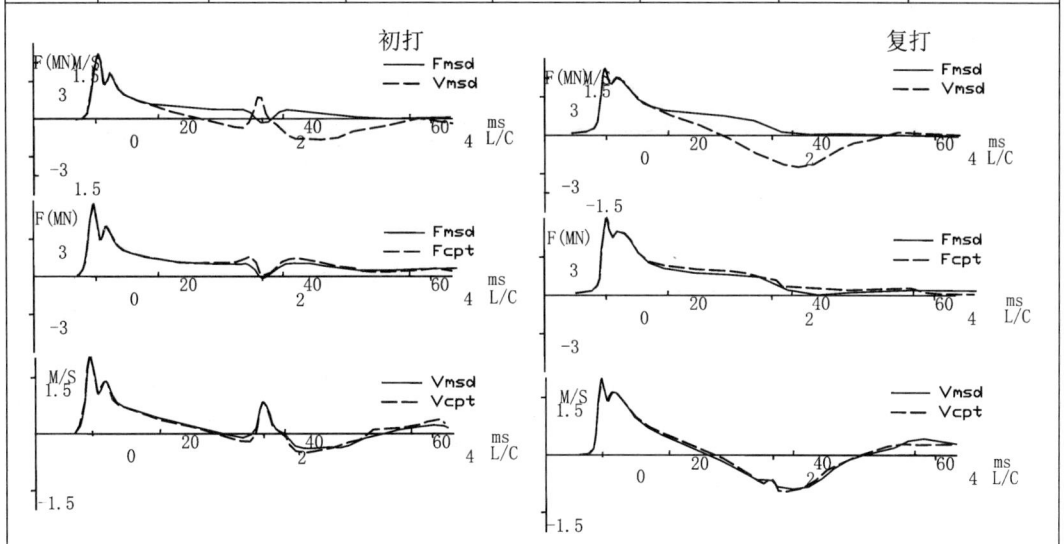

桩号	桩型	桩侧阻力极限值 (kN)	桩尖阻力极限值 (kN)	单桩极限值承载力 (kN)	测试方法	桩身质量评价	备注
1-E	Φ1200 大管桩	2703	966	3669	初打	完好	三线引桥 f: 1.69
		4548	1670	6218	复打	完好	

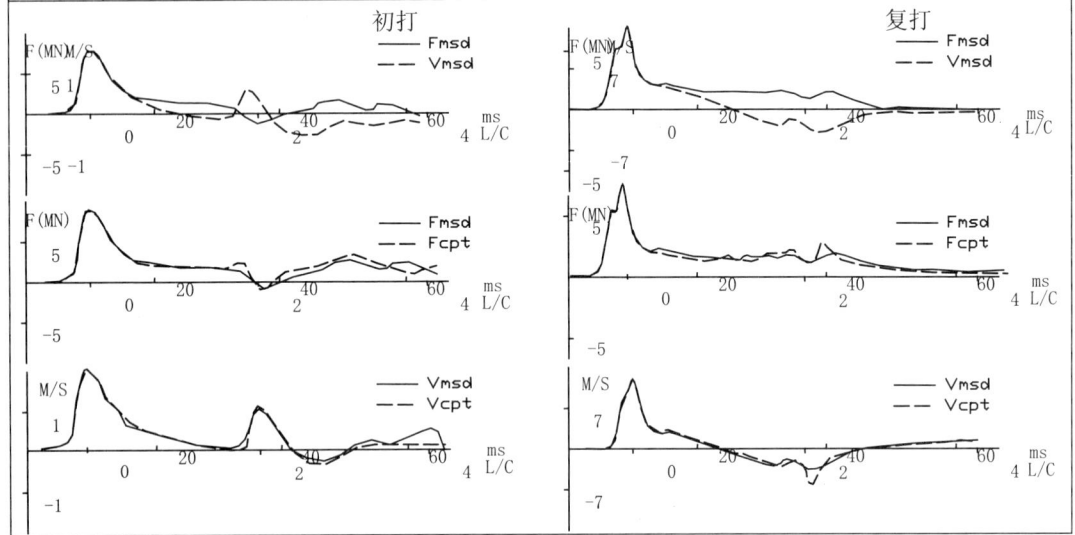

桩号	桩型	桩侧阻力极限值 (kN)	桩尖阻力极限值 (kN)	单桩极限值承载力 (kN)	测试方法	桩身质量评价	备注
3-E	Φ1200 大管桩	2649	888	3537	初打	完好	三线引桥 f: 1.76
		4529	1699	6228	复打	完好	

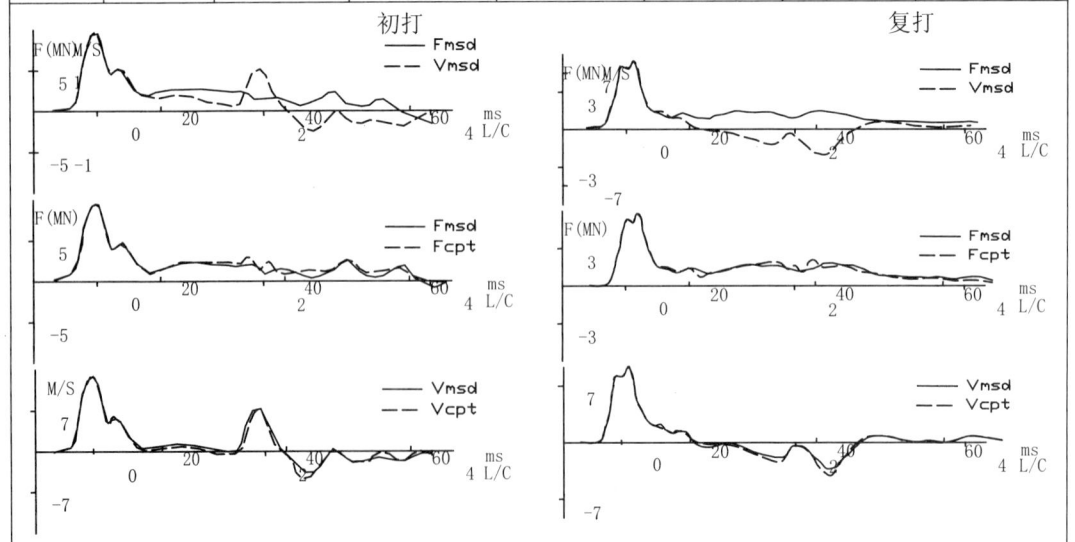

桩号	桩型	桩侧阻力极限值 (kN)	桩尖阻力极限值 (kN)	单桩极限值承载力 (kN)	测试方法	桩身质量评价	备注
D38-1	Φ1200 大管桩	2849	1254	4103	初打	完好	三线引桥 f: 1.60
		4469	2100	6569	复打	完好	

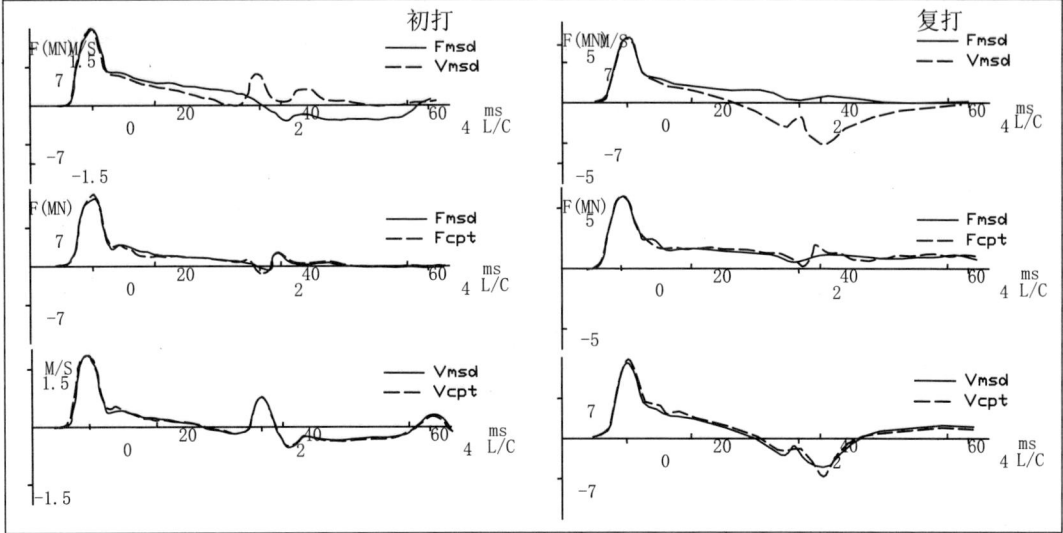

桩号	桩型	桩侧阻力极限值 (kN)	桩尖阻力极限值 (kN)	单桩极限值承载力 (kN)	测试方法	桩身质量评价	备注
D07-7	Φ1200 大管桩	2558	483	3041	初打	完好	三线引桥 f: 1.68
		4290	804	5094	复打	完好	

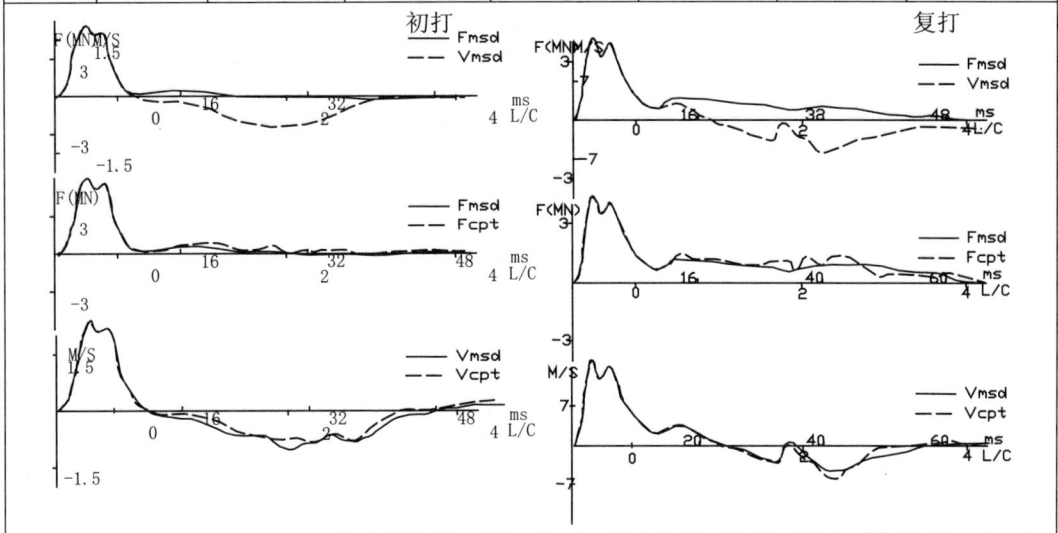

第7章　声波透射法检测

在混凝土灌注桩成桩过程中，将两根或两根以上的声测管固定于桩身钢筋笼上，预埋做声波换能通道，每对声测管构成一个检测剖面，通过水的耦合，超声波从一根声测管发射，到另一根管内接受，利用声波的透射原理，根据声时、波幅及主频等特征参数的变化，对桩身混凝土介质状况进行检测，确定桩身完整性，称为基桩声波透射法检测技术，声学理论是其理论基础。

7.1 基本声学理论

1.声学基础知识

（1）谐振动

相互间由弹性力联系着的质点所组成的物质，称为弹性介质。需要进行超声检验的大量固体构件都是弹性介质。弹性介质中任何一个质点离开了平衡位置，都会产生使它恢复到平衡位置的力，这就是弹性力，如图7-1所示，假设弹性介质中的一质点，取平衡位置 o 为 x 轴的原点，并设 x 轴的正向向右。

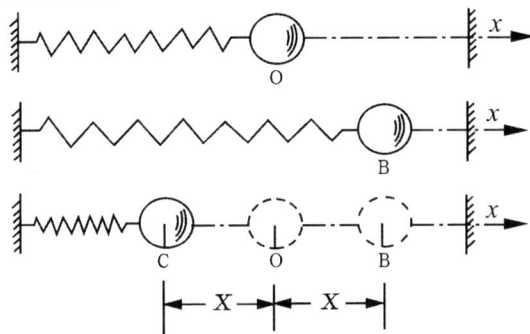

图7-1　弹簧振子的振动

根据虎克定律，物体所受的弹性力 F 与物体位移 x（即弹簧的变形量）的关系为：

$$F = -kx \qquad (7-1)$$

式中　k ——弹簧的弹性系数。

设质点的质量为 m，根据牛顿第二定律，它的加速度为：

$$\qquad (7-2)$$

式中　ω ——角频率或圆频率，$\omega = \sqrt{k/m}$　k 和 m 是常数，所以 ω 为常数。

从式(7-2)可以看出，上述振动的特征是：物体的加速度和位移成正比且方向相反，这种振动称为谐振动。物体在弹性力作用下发生的运动是谐振动。谐振动是最简单最基本的振动。任何复杂振动都是由许多不同频率的谐振动所合成的。

因为 $\dfrac{\mathrm{d}^2 x}{\mathrm{d}t^2} = a$ ，又得：

$$\dfrac{\mathrm{d}^2 x}{\mathrm{d}t^2} + \omega^2 x = 0 \qquad\qquad (7-3)$$

根据微分方程理论，式(7-3)的解为：

$$x = A\cos(\omega t + \varphi) \qquad\qquad (7-4)$$

式中 A——振幅，它是质点离开平衡位置的最大位移；

         $\omega t + \varphi$——振动的相位。

这是谐振动中位移 x 和时间 t 的关系式，称为谐振动的运动方程式，简称谐振动方程式。

（2）波的产生与传播

波动是物质的一种运动形式，波动可分为两大类：一类是电磁波，它是由于电磁振荡所产生的变化电场和变化磁场在空间的转播。另一类是机械波，在弹性介质中，任何一个质点机械振动时，因为与其邻近的质点间有相互作用的弹性力联系着，所以它的振动将传递给邻近的质点，使邻近的质点也同样地发生振动，然后振动又传给下一个质点，依次类推。这样，振动就由近及远向各个方向以一定速度传播出去，从而形成了机械波。可见机械波的产生，首先要有作机械振动的波源，其次要有传播这种机械振动的介质。声波是弹性介质的机械波。根据各种声波的频率范围，分类见表7-1。

各种声波的频率范围　　　　　　　　　　　　　　　　表 7-1

次声波	可闻声波	超声波	特超声波
0~20Hz	20Hz~20kHz	20kHz~100MHz	20kHz~100MHz

混凝土检测所用超声波的频率一般在 20~200kHz 范围内。

（3）波的种类

波的种类是根据介质质点的振动方向和波的传播方向的关系来区分的，主要分为纵波、横波、表面波等。

1）纵波：介质质点的振动方向与波的传播方向一致，这种波称为纵波。纵波常称 P 波。

纵波的传播是依靠介质时疏时密（即时而拉伸，时而压缩）使介质的容积发生变形引起压强的变化而传播的，因此和介质的容变弹性有关。任何弹性介质在容积变化时都能产生弹性力，所以纵波可以在任何固体、液体、气体中传播。

2）横波：介质质点的振动方向与波的传播方向垂直，这种波称为横波。横波又称 S 波。

横波的传播是使介质产生剪切变形时引起的剪切应力变化而传播的，因此和介质的切变弹性有关。由于液体、气体无一定形状，当它们的形状发生变化时，不产生切变应力，所以不能传播横波。只有固体才能传播横波，在气体、液体中只有纵波存在。

3）表面波：固体介质表面受到交替变化的表面张力，使介质表面的质点发生相应的纵向振动和横向振动，结果使质点作这两种振动的合成振动，即绕其平衡位置作椭圆振动。椭圆振动又作用于相邻的质点而在介质表面传播，这种波称为表面波，常称 R 波。表面波传播时，质点振动的振幅随深度的增加而迅速减小。当深度等于2倍的波长时，振幅已经很小了，因此，表面波多用于探测构件表面的情况。表面波只能在固体中传播。

（4）波的形式

波的形式是根据波阵面的形状来划分的。声源在无限大且各向同性的介质中振动时，振动向各个方向传播，传播的方向称为波线，在某一时刻振动所传到各点的轨迹称为波前，介质中振动相同的所有质点的轨迹称为波阵面。在任一确定的时刻，波前的位置总是确定的，只有一个波前，而波阵面的数目则是任意多的。

按波阵面的形状可以把波分成平面波、球面波和柱面波，如图7-2所示。

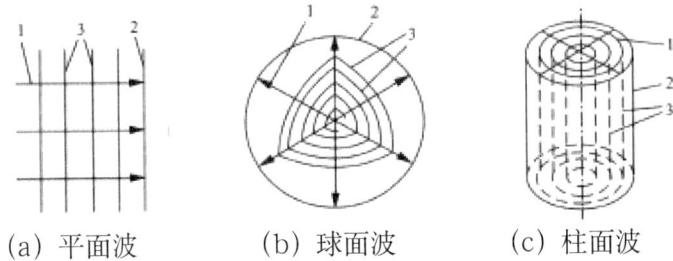

（a）平面波　　　（b）球面波　　　（c）柱面波

图 7-2　波的形式

1- 波线；2- 波前；3- 波阵面

1）平面波：波阵面为平面的波称为平面波，其振源是一个作谐振动的无限大的平面。另外，从无穷远的点状声源传来的波，其波阵面可视为平面，也可称为平面波。

2）球面波：波阵面为球面的波称为球面波，其振源是一个点状声源。

3）柱面波：波阵面为同轴圆柱面的波称为柱面波，其振源是一无限长的直柱形。

（5）波动方程

1）平面波在无吸收的无限均质介质中传播的波动方程

用数学方程式来描述一个前进中的波动，即描述介质中某质点相对于平衡位置的位移随时间的变化，该数学方程式为波动方程。由于谐振动是最简单的振动，由它产生的余弦波是最简单、最基本的波，先讨论由余弦振动在均匀介质中传播所形成的余弦波波动方程。

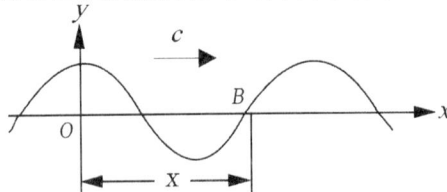

图 7-3　波动方程推导

如图7-3所示，设一平面余弦波在无吸收的无限均匀介质中沿 x 轴正向传播，波速为 c，设 o 为波线上任意一点，并取其为坐标原点，y 轴为振动位移，若 o 点处质点作谐振动，从式（7-4）可知，其振动方程为：

$$y_0 = A \cos \omega t \qquad (7-5)$$

式中　　A、ω——分别为余弦波振幅、角频率；

130

y_0——质点在时间 t 时离开平衡位置的位移。

若是横波，则位移方向与 x 轴垂直；如果是纵波，则位移方向沿着 x 轴。设 B 为波线上另一任意点，离开原点 o 的距离为 x。因为振动从 o 点传播到 B 点需要的时间为 x/c，所以 B 点处质点在时间 t 的位置等于 o 点处质点在时间 $(t-x/c)$ 的位移，即：

$$y = A\cos\omega(t - \frac{x}{c}) \tag{7-6}$$

式(7-6)表示，在波线上任意一点（距原点距离为 x）处的质点在任一瞬时的位移，即沿 x 轴方向前进的平面余弦波的波动方程。

波在一个周期 T 内（或者说质点完成一次振动）所传播的路程为波长，用 λ 表示。根据周期和波速的定义，三者关系为：

$$\lambda = cT \tag{7-7}$$

因为周期 T 与频率 f 互为倒数，所以式(7-7)也可变为：

$$\lambda = \frac{c}{f} \tag{7-8}$$

这是波速、波长、频率间的基本关系。例如，频率100kHz的超声波通过混凝土，测得超声波的传播速度为4000m/s，则可计算出混凝土中超声波的波长为：

$$\lambda = \frac{4000 \times 10^3}{100 \times 10^3} = 40(\text{mm})$$

式(7-6)表示平面余弦波在无吸收的无限均质介质中传播的波动方程，平面波不扩散，在无吸收的情况下，距振源各点的振幅不变。

2）球面波与柱面波在无吸收的无限均质介质中传播的波动方程

对于球面波，波向四周扩散传播。在无吸收的无限均质介质中传播时，球面波的振幅逐渐减小。根据通过各波阵面的平均能量流相等的原理，可求得球面波的波动方程为：

$$y = \frac{A}{r}\cos\omega(t - \frac{r}{c}) \tag{7-9}$$

式中　　r——质点离开声源的距离；

　　　　A——距声源单位距离的振幅。

对于柱面波，在无吸收的无限均质介质中传播时，其波动方程为：

$$y = \frac{A}{\sqrt{r}}\cos\omega(t - \frac{r}{c}) \tag{7-10}$$

2.声波在固体介质中的传播速度

不同类型的波在相同介质中的传播速度不同。声波在固体介质中的传播速度，取决于固体介质的性质(密度、弹性模量、泊松比)，所以声速是表征介质性质的一个声学特性参数。另外，声速的大小还与固体介质的边界条件有关。

（1）无限大固体介质中的传播声速

纵波声速：
$$c_p = \sqrt{\frac{E}{\rho}\frac{1-\gamma}{(1+\gamma)(1-2\gamma)}} \qquad (7-11)$$

横波声速：
$$c_s = \sqrt{\frac{G}{\rho}} = \sqrt{\frac{E}{\rho}\frac{1}{2(1+\gamma)}} \qquad (7-12)$$

表面波声速：
$$c_R = \sqrt{\frac{G}{\rho}\frac{0.87+1.12v}{1+v}} \qquad (7-13)$$

式中　E、γ、ρ、G——分别为固体介质的杨氏弹性模量、泊松比、密度、切变弹性模量。

在有限固体介质中传播时，则形成制导波，其速度变小。无限大固体介质是不存在的，当固体介质的尺寸与所传播的波的波长比足够大时，可视为半无限大固体，波的传播声速与无限大介质中的传播声速相近。

（2）材料的弹性参数与声速值

表7-2列出了部分材料的弹性参数与声速值。由于混凝土材料组成变化大，表中所列混凝土参数为一般混凝土的参考值。

部分材料的弹性参数、声速和特性阻抗 表7-2

材料/参数	杨氏弹性模量（10^9N/m²）	泊松比	密度 g/cm³	声速（m/s）		特性阻抗（10^4g/cm²·s）
				c_p	c_s	
钢	210	0.29	7.8	5940	3220	470
玻璃	70	0.25	2.5	5800	3350	129
混凝土	44	0.20	2.4	4500	2750	108
石灰石	72	0.31	2.7	6130	3200	166
水（20C°）	—	—	0.998	1480	—	14.8
空气（20C°）	—	—	0.0012	340	—	0.004

通过对固体介质声速的讨论可以看出：

1）介质的弹性性能愈强即 E 或 G 愈大，密度 ρ 愈小，则声速愈高。

2）将式（7-11）与式（7-12）相除，得到纵、横波速度之比：

$$\frac{c_p}{c_s} = \sqrt{\frac{2(1-\gamma)}{1-2\gamma}}$$

对于一般固体介质，γ 大约在 0.33 左右，故 $c_p / c_s \approx 2$。混凝土的泊松比介于 0.20～0.30 之间，因此 c_p / c_s 介于 1.63～1.87 之间，即在混凝土中，纵波速度为横波速度的 1.63～1.87 倍。

3）将式（7-12）与式（7-13）相除，得到表面波、横波速度之比：

$$\frac{c_R}{c_S} = \frac{0.87 + 1.12v}{1+v} \tag{7-14}$$

对于混凝土介质，$c_R / c_s \approx 0.9$，故 c_P / c_R 介于 $1.81 \sim 2.08$ 之间，即在混凝土中，表面波速度是横波速度的 0.9 倍，纵波速度是表面波速度的 $1.81 \sim 2.08$ 倍、是横波速度的 $1.63 \sim 1.87$ 倍。

3.声场

充满声波的空间称为声场。声压、声强、声阻抗率是表述声场的几个重要的物理量，成为声场特征量。

（1）声压

声压是指声场中某一点在某一瞬时所具有的压强与没有声场存在时同一点的静态压强之差。声波在介质中传播时，介质中每一点的声压随时间、距离的变化而变化。

对于余弦平面波在无吸收的无限均质固体介质中的传播，声压按下面方法计算。

1）对于无限均质固体介质中的任意一截面积为 ds、长为 dx、体积 $dV=dsdx$ 的质点，设固体密度为 ρ，则其质量 $dm = \rho dsdx$。当波传播至体积元时，质点所受声压 p，则声压对质点产生冲力 $F = pds$。根据质点动力学原理有：

$$Fdt = dm \cdot dv_a = \rho ds \cdot dx \cdot dv_a \tag{7-15}$$

2）根据式（7-6），可求出质点振动速度，即：

$$v_a = \frac{dy}{dt} = \frac{d\left[A\cos\omega(t - \frac{x}{c})\right]}{dt} = -A\omega\sin\omega(t - \frac{x}{c}) \tag{7-16}$$

$$c = \frac{dx}{dt} \tag{7-17}$$

式中　v_a ——质点运动速度；

　　　C ——波速；

　　　A、ω ——分别为余弦波振幅、角频率；

　　　x ——波线上任一点离开原点的距离；

　　　y ——质点在 t 时离开平衡位置的位移。

3）联合式（7-15）～（7-17），可推导出声压随时间与距离的关系方程：

$$p = -A\rho c\omega\sin\omega(t - \frac{x}{c}) = \rho cv_a \tag{7-18}$$

式中　ρv ——声阻抗率。

从式7-18可以看出，声压绝对值与波速成正比、与材料密度成正比、与角频率成正比。由于 $\omega = 2\pi f$，所以声压绝对值也与频率成正比，频率越高、声压越大，如超声波的声压大于可闻声波。

（2）声强

声强是指在垂直于声波传播方向上，单位面积、单位时间内通过的声能量。

当声波传播到介质中的某处时,该处原来静止的质点开始振动,因而具有动能。同时该处的介质也将产生形变,因而也具有位能。声波传播时,介质由近及远一层接一层地振动,能量就逐层传播出去。

对于余弦平面波在无吸收的无限均质介质中的传播,声强可按以下方法计算。

1)对于无限均质固体介质中的任意一截面积为 ds、长为 dx、体积 dV=dsdx 的质点,设固体密度为 ρ,则其质量 dm= ρ dsdx。当波传播至该质点时,其振动过程中具有的能量形式是动能、弹性位能互相交替,但总的能量为一个常数。当振动速度最大时,弹性位能为零,动能最大,等于总的能量 dE,即:

$$dE = \frac{1}{2}dm \cdot v_a^2 \tag{7-19}$$

由式(7-16)可知,振动速度的幅值(即速度的最大值)为:$v_{am} = A\omega$,代入式(7-19)得:

$$dE = \frac{1}{2}dm \cdot v^2_{am} = \frac{1}{2}dm\omega^2 A^2 \tag{7-20}$$

声强 为单位体积质点、单位时间内通过的能量,则:

$$J = c \cdot \frac{dE}{dV} = c \cdot \frac{\frac{1}{2}dm \cdot \omega^2 A^2}{\frac{dm}{\rho}} = \frac{1}{2}\rho c\omega^2 A^2 \tag{7-21}$$

2)质点振动速度 v_a、声压 p、声强 三者关系

由式(7-16)可得质点振动速度幅值:$v_{am} = A\omega$ (7-22)

由式(7-18)可得声压幅值为: (7-23)

将式(7-22)、(7-23)代入式(7-21)得:

$$J = \frac{1}{2}\rho c v^2_{am} = \frac{1}{2}\frac{p_m^2}{\rho c} \tag{7-24}$$

从式(7-24)可知,声强与质点振动位移幅值 的平方成正比,与质点振动角频率 ω 的平方成正比,与质点振动速度幅度值 的平方成正比,与声压幅值 p_m 的平方成正比。

综上可知,超声波的频率大于可闻声波,因此,超声波的声强远大于可闻声波,这是超声波用于检测、加工、清洗的原因。

(3)声阻抗率

在声学中,把介质中某点的有效声压与质点振动速度的比值称为声阻抗率,以符号 Z 表示。根据(7-18)声压计算公式可得声阻抗率:

$$Z = \frac{p}{v_a} = \frac{\rho c v_a}{v_a} = \rho c \tag{7-25}$$

在无吸收的平面波中,对于一定频率的声波来说,声阻抗率只取决于介质的特性,所以又称 Z 为特性阻抗。在数值上它是 ρ 与 c 的乘积而不是其中某一个值。

由式(7-18)可知,在声压一定的情况下,声阻抗率 越大,质点振动速度 越小,

反之声阻抗率 ρc 越小，质点振动速度则越大；当振动速度 v_a 一定，则声阻抗率 ρc 越大，该质点声压越大。

部分介质的特性阻抗值列于表 7-2。

(4) 圆盘声波辐射的纵波声场

超声波检测中常用的换能器是平面换能器，它可以看作一圆盘形声源。圆盘源上各微小圆面积都可以看成单一点源。把所有这些单一点源辐射的声压叠加起来就得到合成声波的声压。

1）连续余弦平面波在无吸收的液体介质中传播，声源轴线上的声压

声波轴线上的距声源距离为 x 处的声压幅值 p 的变化有如下公式：

$$p = 2p_0 \sin\left[\frac{\pi}{\lambda}\left(\sqrt{\frac{D^2}{4} + x^2} - x\right)\right] \tag{7-26}$$

式中　　p_0——距声源为 0 处的声压；

　　　　D——圆盘声源直径；

　　　　λ——波长。

将式（7-26）绘成图 7-4。

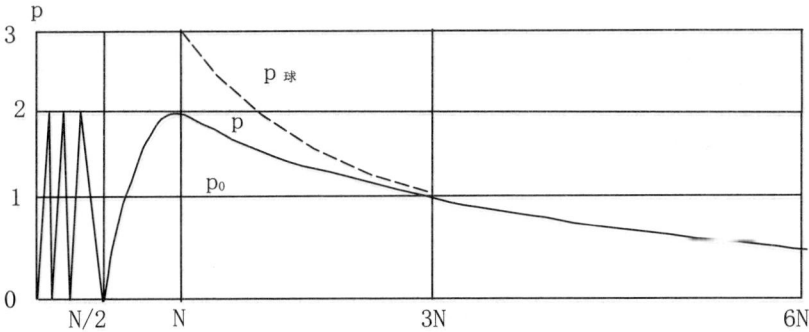

图 7-4　声源轴线上的声压

从图中可看到，在距离 x 小于某一特定的值 N 时，声压有若干极大值，这是由于声源上各点辐射到轴线上一点的声波因波程差引起的相互干涉造成的。该范围的声场称为近场。当 $x > N$ 后，声压随 x 的增加而衰减，该范围叫远场。近场区的长度 N 取决于声源的尺寸和声波波长。由式（7-26）可推导出：

$$N = \frac{D^2}{4\lambda} - \frac{\lambda}{4} \tag{7-27}$$

近场区声压变化复杂，在检测时应避开该区域。

图 7-4 中还给出了声源为点情况下声压变化线（虚线）。当 $x > 3N$ 时，圆盘声源与点状声源辐射的球面波声场相似。

2）连续余弦平面波在无吸收的液体介质中传播的声压场

前面讨论的是圆盘声源轴线上的声压场，在轴线方向上声压最大，而偏离轴线上一角度时声压

135

即减小,根据圆盘上各微小声源辐射的声压叠加的方法可计算出离圆盘声源足够远处声场的变化情况。

用极坐标描写声压比(偏离轴线某一角度 θ 的声压与轴线上的声压之比)与偏离角度 θ 的关系。随着偏离角度 θ 的增大,声压比迅速减小,到某一偏离角度 θ 0时,声压比为零,此时的偏离角 θ_0 称为半扩散角, θ_0 的值可按下式计算:

$$\theta_0 = \sin^{-1}(1.22\frac{\lambda}{D}) \tag{7-28}$$

从式(7-28)可以看出,为提高圆盘声源所发声波的扩散角,应提高声波频率(即减小 λ)和增大圆盘直径 D。

在混凝土超声波检测中所采用的是低频超声波,半扩散角很大,方向性差,在传播一定距离后已近于球面波。

3)脉冲波在固体介质中的声场

以上关于声场的结论是在声波为连续余弦波、传声介质是液体的条件下得出的,至于脉冲波在固体介质中的声场情况更为复杂,但可利用上述结果作为研究固体声场的基础。

4.声波在介质界面的反射与透射

声波在无限大介质中传播只是在理论上成立,实际上任何介质总有一个边界。当声波在传播中从一种介质到达另一种介质时,在两种介质的分界面上,一部分声波被反射,仍然回到原来介质中,称为反射波;另一部分声波则透过界面进入另一种介质中继续传播,称为折射波(透射波)。声波透过界面时,其方向、强度、波形均产生变化,这种变化取决于两种介质的特性阻抗和入射波的方向。现分垂直入射和倾斜入射两种情况来讨论。

(1)垂直入射

1)单一的平面界面

声压为 P_0 的一平面波,从特性阻抗为 Z_1 的第一介质垂直入射到特性阻抗为 Z_2 的第二介质(两介质交界面为光滑平面界面),将产生一个与入射波方向相反的反射波和一个与入射波方向相同的透射波(见图7-5)。

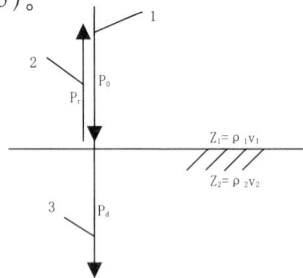

图7-5 垂直入射单一界面情况
1—入射波;2—反射波;3—透射波

在界面上,用反射波声压 p_r 与入射波声压 p_0 的比值表示声压反射率 R_r,即:

$$R_r = \frac{p_r}{p_0} \tag{7-29}$$

用透射波声压 P_d 与入射波声压 p_0 的比值表示声压透射率 R_d,即:

$$R_d = \frac{p_d}{p_0} \tag{7-30}$$

平面界面两侧的声波应符合两个边界条件：

①第一介质中的总声压 p_1 与第二介质中的总声压 p_2 相等，即：

$$p_1 = p_0 - p_r$$

$$p_2 = p_d$$

②第一介质中质点振动速度幅值 v_{a1} 与第二介质中质点振动速度幅值 v_{a2} 相等，即：

$$v_a = \frac{p}{\rho c} = \frac{p}{Z}$$

$$v_{a1} = \frac{1}{Z_1}(p_0 - p_r)$$

$$v_{a2} = \frac{1}{z_2}p_d$$

联解上述方程组可得到声压反射率和透射率：

$$\begin{cases} R_r = \dfrac{Z_2 - Z_1}{Z_2 + z_1} \\ R_d = \dfrac{2Z_2}{Z_1 + Z_2} \end{cases} \tag{7-31}$$

由式（7-31）可以见出：

①若 $Z_1 = Z_2$，则 $R_r = 0$，$R_d = 1$，这时声波全部从第一介质透射入第二介质，对声波来说，两种介质如同一种介质一样；

②若 $Z_1 >> Z_2$，则 $R_r \to 1$，声波在界面上几乎全部反射，透射极少；

③若 $Z_1 << Z_2$，则 $R_r \to -1$，声波几乎全部反射，且反射率为负，表示反射波与入射波反相（相差 180°）。

为直观起见，现以混凝土与水界面为例，计算 R_r 和 R_d。

当平面波从混凝土入射到混凝土与水的交界面时，Z_1（混凝土）$=108 \times 10^4 \mathrm{g/(cm^2 \cdot s)}$，$Z_2$（水）$=14.8 \times 10^4 \mathrm{g/(cm^2 \cdot s)}$，于是：

$$\begin{cases} R_r = \dfrac{14.8 - 108}{14.8 + 108} = -0.76 \\ R_d = \dfrac{2 \times 14.8}{14.8 + 108} = 0.24 \end{cases} \tag{7-32}$$

反射声压为入射波声压的76%，负号表示反射波与入射波反相，即假如在某一时刻界面上入射波声压到正的极大值，则反射波在同一时刻达到负的极大值；透射波声压为入射波声压的24%。

至于在界面上声强的变化，另以声强反射系数 α 和声强透射系数 β 来描述，且定义：

$$\begin{cases} \alpha = \dfrac{J_r}{J_0} \\ \beta = \dfrac{J_d}{J_0} \end{cases} \tag{7-33}$$

式中　J_0、J_r、J_d——入射波、反射波、透射波的声强。

可以推导出

$$\begin{cases} \alpha = \dfrac{(Z_2 - Z_1)^2}{(Z_2 + Z_1)^2} \\ \beta = \dfrac{4Z_1 Z_2}{(Z_2 + Z_1)^2} \end{cases} \qquad (7-34)$$

从式（7-34）可以看出：

①当$Z_1 = Z_2$，$\alpha = 0$，$\beta = 1$，声波能量全部透射；

②当$Z_1 \gg Z_2$或$Z_2 \gg Z_1$，$\alpha \to 1$，$\beta \to 0$，即当两种介质声阻抗相差悬殊时，声波能量在界面绝大部分被反射，难于进入第二种介质。

③$\alpha + \beta = 1$，这符合能量守恒定律。

2）异质薄层的反射与透射

声波在一种介质中传播，有时会遇到第二层介质的薄层，如混凝土裂缝就是这种情况，如图7-6所示。

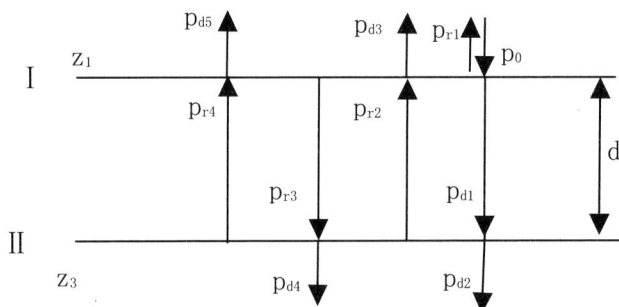

图7-6 声波通过薄层的反射与透射

图7-6中，声阻抗率为z_1，z_3的介质，中间夹有声阻抗率为z_2的薄层，Ⅰ、Ⅱ为薄层的上下两界面。

声波p_0入射到Ⅰ界面时，将产生声压为p_{r1}的反射波、声压为p_{d1}的透射波；p_{d1}透射波穿过薄层到达Ⅱ界面，产生声压为p_{r2}的反射波、声压为p_{d2}的透射波；p_{r2}反射波又回到Ⅰ界面，产生声压为p_{r3}的反射波、声压为p_{r3}的透射波；p_{r3}反射波回到Ⅱ界面，又会产生反射波与透射波。如此反复，一系列的波互相叠加，使得计算很复杂。

平面波在夹层中的反射率和透射率可按下式计算：

$$\begin{cases} R_d = \dfrac{1}{\sqrt{1 + \dfrac{1}{4}\left(n - \dfrac{1}{n}\right)^2 \sin^2 \dfrac{2\pi d}{\lambda}}} \\ R_r = \sqrt{\dfrac{\dfrac{1}{4}\left(n - \dfrac{1}{n}\right)^2 \sin^2 \dfrac{2\pi d}{\lambda}}{1 + \dfrac{1}{4}\left(n - \dfrac{1}{n}\right)^2 \sin_2 \dfrac{2\pi d}{\lambda}}} \end{cases} \qquad (7-35)$$

式中　n——两种介质的声阻抗率之比，$n = \dfrac{Z_1}{Z_2}$；

　　　d——薄层厚度；

λ——声波在薄层中的波长。

混凝土中含有一个充满水或空气的薄层，利用式（7-35）计算出声波在这样的混凝土中传播时，在水或空气薄层中的反射率和透射率与薄层厚度的关系，并绘制成图7-7。图中横坐标为薄层厚度 d 与声波频率 f 的乘积。

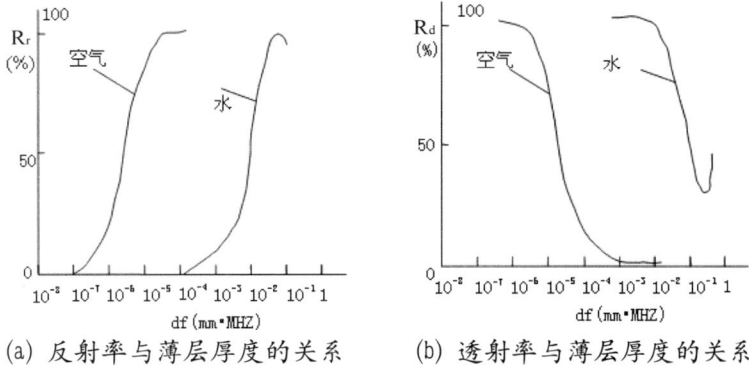

(a) 反射率与薄层厚度的关系　　(b) 透射率与薄层厚度的关系

图 7-7　混夹薄层时反射率和透射率与薄层厚度的关系

从图7-7可以看出：

①薄层厚度越小，透射率越高、反射率越低；

②薄层声阻抗率越小（如空气远小于水），透射率越低、反射率越高；

③声波频率越高，透射率越低、反射率越高。

所以，为了发现混凝土中的细微裂缝，应采用频率较高的超声波进行检测。

（2）倾斜入射

当声波在一种介质中倾斜入射到另一介质界面时，将产生方向、角度及波形的变化。声波在界面上方向和角度的变化也服从反射定律和折射定律，如图7-8所示。

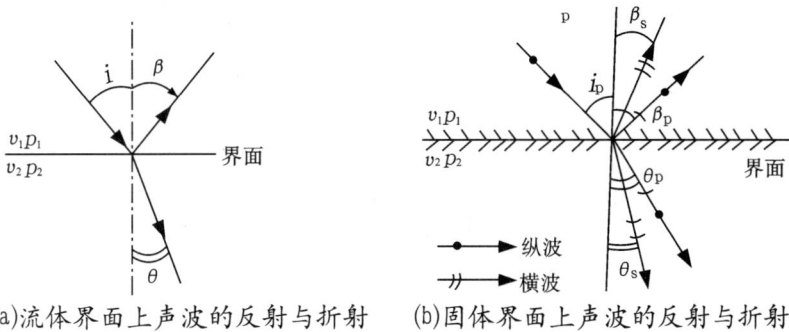

(a)流体界面上声波的反射与折射　(b)固体界面上声波的反射与折射

图 7-8　不同界面上声波的反射与折射

反射定律：入射角（i）的正弦与反射角（β）的正弦之比等于入射波与反射波速度之比。由于入射波与反射波在同一介质中，其速度相等，所以入射角等于反射角（$i = \beta$）。

折射定律：入射角（i）的正弦与折射角（θ）的正弦之比等于入射波与折射波速度之比，即：

$$\frac{\mathrm{Sin}i}{\mathrm{Sin}\theta} = \frac{v_1}{v_2} \tag{7-36}$$

由于流体介质中只有纵波传出，所以以上情况只能在流体介质的分界面看到。

在固体介质分界面的情况则复杂一些。当一种波（例如纵波）入射到固体分界面时，波形将发生变化，分离为反射纵波、反射横波、折射纵波和折射横波，各波的传播方向（即反射角与折射角）也各不相同，如图7-8(b)所示，波的传播方向也符合反射定律和折射定律。其数学表达式为：

$$\frac{v_{1p}}{\text{Sin}\,i_p} = \frac{v_{1p}}{\text{Sin}\,\beta_p} = \frac{v_{1s}}{\text{Sin}\,\beta_s} = \frac{v_{2p}}{\text{Sin}\,\theta_p} = \frac{v_{2s}}{\text{Sin}\,\theta_s} \tag{7-37}$$

式中　v_{1p}、v_{2p}——纵波在第一、二介质中的传播速度；

　　　v_{1s}、v_{2s}——横波在第一、二介质中的传播速度；

　　　i_p、β_p、θ_p——纵波入射角、反射角、折射角；

　　　β_s、θ_s——横波反射角、折射角。

如果入射波是纵波，且 $v_{1p} < v_{2p}$，则由式（7-36）可知，$\theta_p > i_p$。当 i_p 增大，θ_p 也增大，当 $\theta_p = 90°$ 时，此时的入射角叫第一临界角，用符号 i_1 表示（如图7-9（a）所示）。显然，当入射角大于第一临界角时，第二种介质中只有折射横波存在。这是一种获得横波的方法。

第一临界角为：

$$i_1 = \text{Sin}^{-1}\frac{v_{1p}}{v_{2p}} \tag{7-38}$$

当 $\theta_s = 90°$ 时，此时的入射角叫第二入射角，用符号 i_2 表示（如图7-9(b)所示），则：

$$i_2 = \text{Sin}^{-1}\frac{v_{1p}}{v_{2s}} \tag{7-39}$$

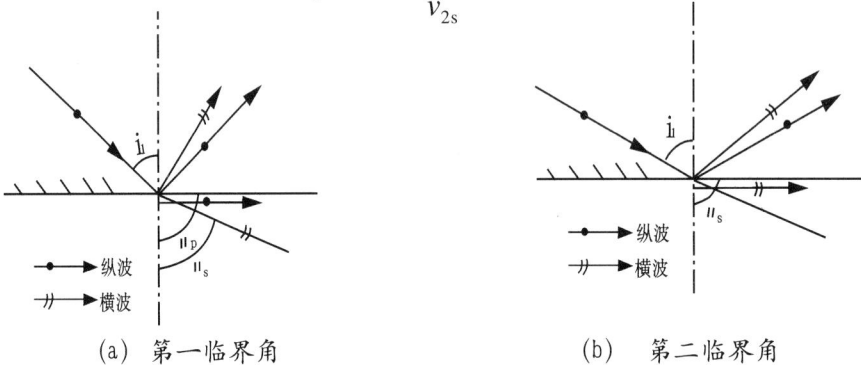

(a)　第一临界角　　　　　　　　　(b)　第二临界角

图7-9　第一临界角和第二临界角

5.声波在传播过程中的衰减

声波在介质中传播过程中,其振幅随传播距离的增大而逐渐减小的现象为衰减。声波衰减的大小及变化不仅取决于所使用的超声波频率及传播距离,还取决于被检测材料的内部结构及性能。因此研究声波在介质中的衰减情况将有助于探测介质的内部结构及性能。

固体材料中声波衰减主要有以下几个方面的原因：

(1)吸收衰减：声波在固体介质中传播时，由于介质的粘滞性而造成质点之间的内摩擦，从而使一部分声能转变为热能。

(2)散射衰减：当介质中存在颗粒状结构（如固体介质中的颗粒、缺陷、掺杂物等）时，会导致声波能量的衰减。如在混凝土中，一方面其中的粗骨料构成许多声学界面，使声波在这些界面上产生多次反射、折射和波形转换；另一方面微小颗粒在超声波的作用下产生新的震源，向四周发射声波，使声波能量的扩散到达最大。

（3）扩散衰减：声波发射器发出的超声波束都有一定的扩散角。波束的扩散，导致能量的逐渐分散，从而使单位面积的能量随传播距离的增加而减弱。

（4）强度高的混凝土声波衰减系数小，相对接收波幅大；强度低或存在缺陷的混凝土的衰减系数大，相对接收波幅小。当混凝土质量差或存在缺陷时接收到的声信号中高频已损失，频率变低。

6. 混凝土中的声波特性

声学原理中所讨论的声波指的都是连续的余弦波，而实际上超声仪发射换能器所发射的超声波却是脉冲超声波。脉冲超声波有以下特点：

（1）重复间断发射。发射换能器发出的超声波不是连续不断的，而是以一定重复频率（100Hz或50Hz）间断地发射出一组组超声脉冲波，图7-10所示的就是所谓的超声脉冲波。

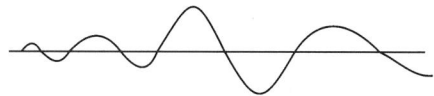

虽然脉冲波与连续波不一样，但是前面所推导的单一界面的反射率和透射率公式仍然适用。至于异质薄层的反射率和透射率的公式只有在异质薄层相对于脉冲宽度很窄时（例如裂缝），脉冲波相当于连续波，该式才适用。

（2）脉冲超声波不具有单一频率而是所谓的复频波。也就是说，这一组超声波由许多不同频率的余弦波组成。当然，它也有其固有的主频率，这就是换能器上的标称频率。这种复频超声波在有频散现象的介质中传播时，各种频率成分的波将以不同速度传播，这就使得脉冲波形将随传播距离的增大而发生畸变，如图7-11所示，脉冲波开始部分的频率比后面部分要高，后面愈来愈平坦变宽。

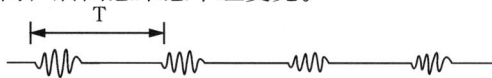

图7-10　超声脉冲波　　　图7-11　脉冲波传播过程中的畸变

由于声波的衰减与频率有关，频率越高衰减越大，因此脉冲超声波传播时由于衰减将引起主频率向低频端的漂移，即所谓的频漂。

7.2　基桩声波透射法检测基本原理

根据第7.1节所述声学理论，超声脉冲波在混凝土中传播时，主要声学参数有以下规律。

超声脉冲波在混凝土中的传播时间与传播速度：根据介质中声波传播速度公式得知，混凝土介质的弹性性能愈强即E或G愈大、密度ρ愈小，则声速愈高，即混凝土越密实声速越高。另外，当超声波在传播过程中遇到混凝土缺陷时将产生绕射，因此传播的路程增大，超声波在混凝土中传播的时间必然加长，计算出的声速也会降低。

超声脉冲波在混凝土中的传播振幅：根据声波衰减原理，强度高的混凝土声衰减系数小、强度低或存在缺陷混凝土衰减系数大，声波频率越高、衰减越快。另外，超声波在缺陷界面产生反射、散射，能量衰减、波幅降低，所以当混凝土质量差或存在缺陷时接收到的声信号波幅小，高频损失、频率变低。

超声脉冲波在混凝土中的传播频率成分：超声脉冲是具有多种频率成分的复频波，根据声波衰减原理，当它穿过混凝土后，各频率成分在遇到缺陷时衰减程度不同，高频部分比低频部分衰减严重，因而使接收信号的主频率向低频端漂移（频漂）。

超声脉冲波在混凝土中传播的波形畸变：根据声波的反射与透射，由于经过缺陷反射或绕过缺陷传播的脉冲波信号与直达波信号之间存在声程和相位差，叠加后互相干扰，致使接收信号的波形发生畸变。

超声透射法的检测原理：根据超声脉冲波在混凝土中的传播规律，对声波的传播时间(或速度)、接收波的振幅和频率声学参数的测量值和相对变化综合分析，判别基桩缺陷的位置和范围，估算缺陷的尺寸。

7.3 超声波检测仪与声测管

1.超声波检测仪

超声波仪的作用是产生重复的电脉冲并激励发射换能器，发射换能器发射的超声波经水耦合进入混凝土，在混凝土中传播后被接收换能器接收并转换为电信号，电信号送至超声仪，经放大后显示在示波屏上。为了提高现场检测及室内数据处理的工作效率，保证检测结果的准确性和科学性，声波测试仪器必须具有实时显示和记录接受信号的时程曲线以及频率测量或波谱分析功能。可见超声检测系统应包括三部分：径向振动换能器、接收信号放大器、数据采集及处理存储器。数字式超声波仪的基本工作原理框架见图7-12，各部分的主要技术指标要求如下：

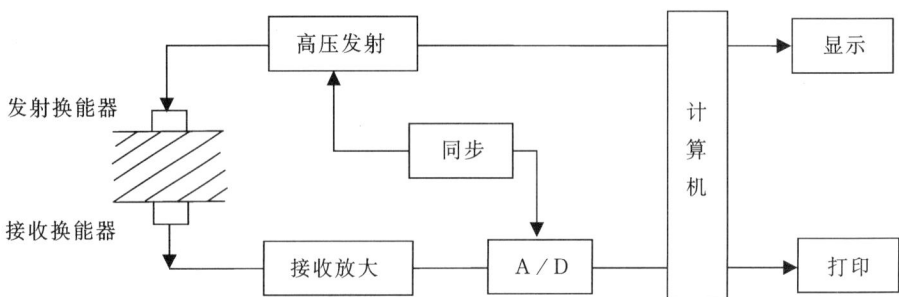

图7-12 数字式超声仪的基本原理

(1)高压发射。声波发射脉冲宜为高压阶跃或矩形脉冲，电压幅值为200~1000V，且分档可调。

(2)换能器（径向振动）。常用换能器类型按波型不同分为纵波换能器与横波换能器，分别用于纵波与横波的测量。目前，一般检测中所用的多是纵波换能器。以发射和接收纵波为目的的换能器，又分为平面换能器、径向换能器以及一发多收换能器，见下表。

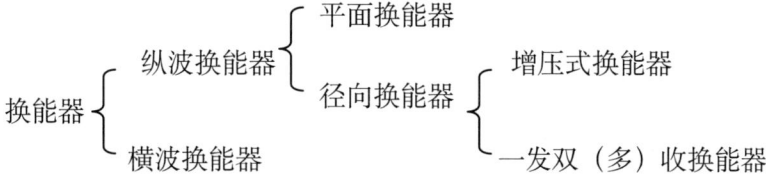

$$
换能器
\begin{cases}
纵波换能器
\begin{cases}
平面换能器\\
径向换能器
\begin{cases}
增压式换能器\\
一发双（多）收换能器
\end{cases}
\end{cases}\\
横波换能器
\end{cases}
$$

换能器的种类需根据被测结构物的测试要求和测试条件确定。测桩所用的换能器应是柱状径向换能器，声波发射与接受换能器应符合：

1）圆柱状径向振动，沿径无指向性；

2）外径小于声测管内径，有效工作面轴线长度不大于 150mm；

3）谐振频率为 30~50kHz；

4）水密性应满足在 1MPa 水压下不漏水；

5）收、发换能器的导线均应有长度标注，其标注允许偏差不应大于 10mm；

6）为提高接收换能器的灵敏度，可在换能器中安装前置放大器。前置放大器的频带宽度宜为 5~50kHz；

7）单孔检测采用一发双收一体型换能器，其发射换能器至接收换能器的最近距离不应小于 300mm，两接收换能器的间距宜为 200mm。

换能器频率的选择需综合考虑测距、声波的衰减程度、测试精度等。测距越大，声波衰减越大，选用换能器的频率越低；混凝土质量越差、强度越低、龄期越短，声波的衰减越大，使用频率越低。在满足首波幅度测读精度的条件下，宜选用较高频率换能器，原因是提高换能器的谐振频率，可使其外径减少到 30mm 以下。对于一般的正常混凝土，换能器频率选择可参见表 7-3。

换能器频率选择 表 7-3

测距（mm）	选用换能器频率（kHz）	最小横截面尺寸（mm）
10~20	100~200	10
20~100	50~100	20
100~300	50	20
300~500	30~50	30
>500	20	50

（3）声时测量（接收放大器）。仪器的接收灵敏度（即对微弱信号的接收分辨能力）一般要求不大于 50 μv，该参数取决于仪器的放大能力和信噪比水平，提高灵敏度可以加大穿透距离，提高对微弱信号的识别能力。为满足混凝土声速测量精度的要求，测时最小分辨度为 0.5 μs，计时误差不大于 2%，声波幅值测量相对误差小于 5%。

系统频带宽度为 5~200kHz，其下限不宜降低，否则不利于滤去因换能器绝缘性能降低而产生的低频信号，造成自动判读时丢波和错判现象。增益不应小于 100dB，放大器的噪声有效值不大于 2 μs，波幅测量范围不小于 80dB，测量误差小于 1dB。

（4）A/D 转换器。采集器模数转换精度不应低于 8bit，采样频率不应小于 10MHz，最大采样长度不应小于 32kB。

（5）记录。为满足最大测距的要求，仪器的计时显示范围应大于 2000μs，保证有足够的扫描延迟时间及声时显示位数，并应具有良好的稳定性，声时显示调节在 20～30μs 范围内，2 小时内声时显示的漂移应控制在 ±0.2μs，且不允许发生间隔跳动。

（6）显示。仪器宜具有显示波形和游标测读功能，以便较准确的测读声时、振幅及频率等参数。若采用整形自动测读时，检测混凝土测距不宜超过 lm（以软件判别方法自动测读的智能超声仪除外）。

（7）存储和处理系统：仪器除应有自动测读、信号采集，还应具备存储和处理系统。仪器适于一般现场测试情况下的温度、电源变化条件。

2.声测管

声测管是进行超声脉冲法检测时换能器进入桩体的通道。它是灌注桩超声检测系统的重要组成部分。

（1）声测管的选择

声测管的选择，以透声率较大、便于安装及费用较低为原则。由于混凝土的水化热作用及钢筋笼安放和混凝土浇注过程中存在较大的作用力，容易造成检测管变形、断裂，从而影响检测工作的顺利进行，因此声测管最好采用强度较高的金属管。

声测管常用的内径是 50～60mm。为了便于换能器在管中上下移动，声测管的内径通常比径向换能器的外径大 10mm；当对换能器加设定位器时，声测管内径应比换能器外径大 20mm。

（2）声测管的数量与布置

声波透射法只能检测到收、发检测管间连线两边窄带区域的混凝土质量，即图 7-13 中的阴影区为检测的控制面积。当灌注桩的直径增大时，每组声测管检测的控制面积占桩截面积比例减小，不能反映桩身截面混凝土的整体质量。一般桩径小于等于 800mm 时，声测管可布置 2 根；桩径为 800～2000mm 时，声测管不少于 3 根；桩径大于 2000mm 时，声测管不少于 4 根。2 根声测管沿直径布置，构成一个声测剖面；3 根声测管按等边三角形均匀布置，构成三个声测剖面；4 根声测管按正方形均匀布置，构成六个声测剖面。图 7-13 表示了声测管布置数量、方法、编号要求。

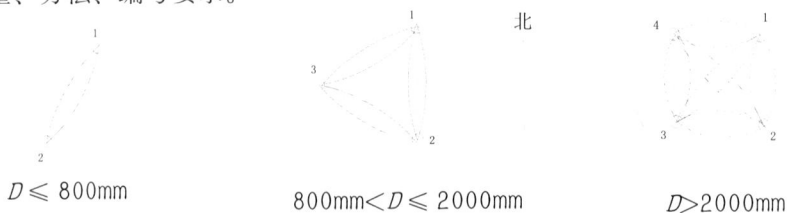

$D \leqslant 800mm$ $800mm < D \leqslant 2000mm$ $D > 2000mm$

图 7-13 声测管布置方式

（3）声测管的埋设

1）声测管口应高出桩顶100mm以上，各管口高度一致。

2）声测管下端封闭、上端加盖，管内无异物。

3）保证声测管平行。由于声测管间距随深度的变化难以确定，各深度处的声速只能采用桩顶二根声测管的距离来计算，因此，为减少偏差必须将声测管牢固焊接或绑扎在钢筋笼的内侧，并在相邻声测管之间焊接等长水平撑杆，保持管与管之前互相平行且定位准确。

4）声测管的连接。为避免产生漏浆、漏水和因焊渣造成管内堵塞问题，声测管不应采用对焊方法连接，而应采用螺纹连接。

7.4 现场测试

1. 检测准备工作

（1）按第2章要求收集有关资料，了解场地地质条件、桩型、桩设计参数、成桩工艺、成桩质量检验等资料。根据调查结果和检测的目的，制定相应的检测方案。

（2）检测的时间应满足混凝土强度、龄期的要求。为保证检测结果的可靠性，一般要求混凝土灌注桩强度至少达到设计强度的70%，且不小于15MPa。考虑到混凝土在龄期14天后的超声波波速等特性参数变化已经趋于平缓，龄期14天也可作为参考标准。

（3）用直径明显大于换能器的圆钢疏通声测管，以保证换能器在全程范围内升降顺畅。

（4）清水冲洗声测管，清水做为耦合剂，浑浊水将明显甚至严重加大声波衰减和延长传播时间，给声波检测结果带来误差。对利用取芯孔进行单孔超声波混凝土质量检测，在检测前也应进行孔内清洗，取芯孔的垂直度误差不应大于0.5%。

（5）准确测量声测管的内、外径和两相邻声测管外壁间的距离，量测精度为±1mm。

（6）根据检测桩的技术参数，选择测试系统各部分应匹配良好的仪器配备。

（7）采用标定法确定仪器系统延迟时间，并计算声测管及耦合水层声时修正。

标定从发射至接收仪器系统产生的系统延迟时间t_0：将发、收换能器平行置于清水中的同一高度，其中心间距从400mm左右开始逐次加大两换能器之间的距离，同时定幅测量与之相应的声时，再分别以纵、横轴表示间距和声时作图，在声时横轴上的截距即为t_0。为保证测试精度，两换能器间距的测量误差不应大于0.5%，测量点不应少于5个点。

2. 现场检测

（1）将发射与接受声波换能器通过深度标志分别置于两根声测管中的测点处。

（2）装置方式选择：发射与接受声波换能器以相同标高同步升降称为平测，保持固定高差同步升降称为斜测，保持一个换能器高度位置固定、另一个换能器以一定的高差上下移动称为扇形扫测，如图7-14所示。

径向换能器在水平方向上具有一定的指向性，为了保证测点间声场对桩身混凝土的覆盖面，防止对缺陷的漏检，上、下相邻两测点的间距不宜大于250mm。测试时，发射与接收换能器同步升降，对收、发换能器所在的深度随时校准，其累计相对高程误差控制在20mm以内，避免由于过大的相对高程误差而产生较大的测试误差。

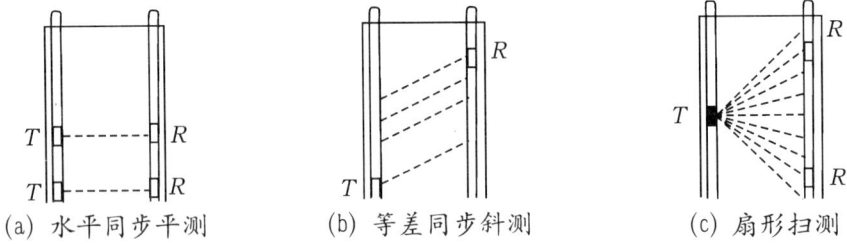

（a）水平同步平测　　　（b）等差同步斜测　　　（c）扇形扫测

图7-14　平测、斜测和扇形扫测

（3）实时显示和记录接受信号的时程曲线，读取声时、首波峰值和周期值，宜同时显示频谱曲线及主频值。

（4）同一根桩中有三根以上声测管时，以每两个管为一个测试剖面分别测试。

（5）在同一根桩的各检测剖面的检测过程中，声波发射电压和仪器设置参数应保持不变。其原因是，声时和波幅是声波透射法的两个重要指标，声时是根据波形的起跳点来确定的，波幅是一个相对量，波幅对混凝土内部缺陷的反应往往比声时更具敏感性。在实际检测中，为了使不同位置处的检测数据具有可比性和应用价值，在同一根桩的检测过程中，声波发射电压和放大器增益等参数应保持不变，并进行等幅测试。

（6）对声时值和波幅值的可疑点应进行复测。对异常的部位，应采用水平加密、等差同步或扇形扫测等方法进行复测，结合波形分析确定桩身混凝土缺陷的位置及其严重程度。其中水平加密细测是基本方法，而等差同步和扇形扫测主要用于确定缺陷位置和大小，其发、收换能器连线的水平夹角一般为30°～40°。

常规超声波测试方法可以得到灌注桩沿桩长方向的粗略质量分布情况。CT层析成像技术配有专门的分析软件，适宜于对局部可疑区域或重要结构进行重点加密细测，并可对桩身缺陷进行定量分析，其方法测试流程图，见图7-15。

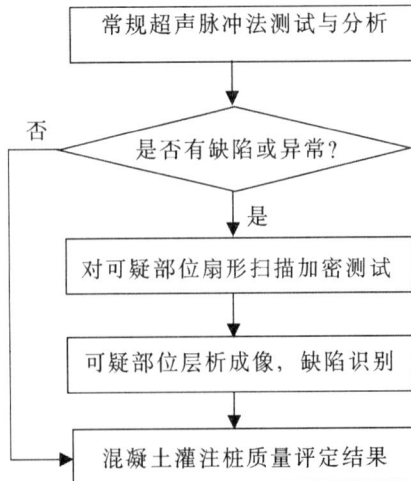

图7-15　混凝土灌注桩的测试流程

7.5 室内资料处理

声速、波幅和主频都是反映桩身质量的声学参数测量值。大量实测经验表明,声速的变化规律性较强,在一定程度上反映了桩身混凝土的均匀性,而波幅的变化较灵敏,主频在保持测试条件一致的前提下也有一定的规律。因此本书在确定测点声学参数测量值的判据时,采用了三种不同的方法。

声速对完整桩来说,尽管混凝土本身的不均匀性会造成测量值一定的离散性,但测量值仍符合正态分布;对缺陷桩来说,由缺陷造成的异常测量值则不符合正态分布。声速检测数据的处理方法是,对来自某根基桩(完整桩或缺陷桩)的测量值样本数据,首先识别并剔出来自缺陷部分的异常测量点,以得到完整性部分所具有的正态分布统计特征,并将此统计特征作为基桩完整性的判定依据。

声幅采用声幅平均值作为完整性的判定依据,主频则通过主频 – 深度曲线上明显异常作为判定依据。

1.声速 – 深度曲线、波幅 – 深度曲线

各测点的声时 t_{ci}、声速 v_i、波幅 A_{Pi} 及主频 f_i 应根据现场检测数据进行计算,从而绘制声速 – 深度曲线、波幅 – 深度曲线及主频 – 深度曲线,由此对桩身质量进行判定。

(1)声时修正值的计算

声时修正值 t' 为:

$$t' = \frac{D-d}{v_t} + \frac{d-d'}{v_w} \tag{7-40}$$

式中　D、d——声测管外、内径(mm);

　　　　d'——换能器外径(mm);

　　　　v_t——预埋声测管的声速值,对钢质声测管,波速一般可取5800m/s;

　　　　v_w——水的声速值,20℃时水的声速可取1480m/s。

(2)第 i 点声时 t_{ci}、声速 v_i、波幅 A_{Pi}、主频 f_i 计算:

$$t_{ci} = t_i - t_0 - t' \tag{7-41}$$

$$v_i = \frac{l'}{t'} \tag{7-42}$$

$$A_{pi} = \lg \frac{a_i}{a_0} \tag{7-43}$$

$$f_i = \frac{1000}{T_i} \tag{7-44}$$

式中　t_{ci}——第 i 测点声时(μs);

　　　　t_i——第 i 测点声时测量值(μs);

　　　　t_0——仪器系统延迟时间(μs);

　　　　t'——声测管及耦合水层声时修正值(μs);

v_i——第 i 点声速（km／s）；

l' ——每检测剖面相应两声测管的外壁间净距离（mm）；

A_{Pi}——第 i 点波幅（Db）；

a_i——第 i 测点信号首波峰值；

a_0——零分贝信号幅值。

f_i——第 i 点主频（kHz），也可由信号频谱的主频求得；

T_i——第 i 测点信号周期（μs）。

（3）单孔折射法声时、声速计算

为了测试单根声测管或验证取芯孔周围的混凝土质量，往往采用一发双收的一体化径向换能器。测试时，其声时、声速值应按下列公式计算：

$$\Delta t = t_2 - t_1 \tag{7-45}$$

$$v_i = \frac{h}{\Delta t} \tag{7-46}$$

式中　v_i——第 i 测点的声速值（km/s）；

Δt——两个接受换能器间的声时差(μs)；

t_1——近道接收换能器声时(μs)；

t_2——远道接收换能器声时(μs)；

h——两个接收换能器间的距离（mm）。

2.桩身混凝土缺陷声速判定依据

（1）声速临界值的确定

1）将同一检测剖面各测点的声速值由大到小依次排序，即：

$$v_1 \geqslant v_2 \geqslant \cdots v_i \geqslant \cdots v_{n-k} \geqslant \cdots v_{n-1} \geqslant v_n (k = 0,1,2 \cdots) \tag{7-47}$$

式中　v_i——按序排列后的第 i 个声速测量值；

n——检测剖面测点数；

k——从零开始逐一去掉式（7-47）序列尾部最小数值的数据个数。

2）对从零开始逐一去掉序列中最小数值后余下的数据进行统计计算。当去掉最小数值的数据为 k 时，对包括在内的余下数据 $v_1 \sim v_{n-k}$ 按下列公式进行统计计算：

$$v_0 = v_m - \lambda s_x \tag{7-48}$$

$$v_m = \frac{1}{n-k} \sum_{i=1}^{n-k} v_i \tag{7-49}$$

$$s_x = \sqrt{\frac{1}{n-k-1} \sum_{i=1}^{n-k} (v_i - v_m)^2} \tag{7-50}$$

式中　v_0——异常判断值；

v_m——$(n-k)$ 个数据的平均值；

s_x ——$(n-k)$个数据的标准差；

λ ——由表7-1查得的与$(n-k)$相对应的系数。

统计数据个数与对应的 λ 值 表7-4

$(n-k)$	20	22	24	26	28	30	32	34	36	38
λ	1.64	1.69	1.73	1.77	1.80	1.83	1.86	1.89	1.91	1.94
$(n-k)$	40	42	44	46	48	50	52	54	56	58
λ	1.96	1.98	2.00	2.02	2.04	2.05	2.07	2.09	2.10	2.11
$(n-k)$	60	62	64	66	68	70	72	74	76	78
λ	2.13	2.14	2.15	2.17	2.18	2.19	2.20	2.21	2.22	2.23
$(n-k)$	80	82	84	86	88	90	92	94	96	98
λ	2.24	2.25	2.26	2.27	2.28	2.29	2.29	2.30	2.31	2.32
$(n-k)$	100	105	110	115	120	125	130	135	140	145
λ	2.33	2.34	2.36	2.38	2.39	2.41	2.42	2.43	2.45	2.46
$(n-k)$	150	160	170	180	190	200	220	240	260	280
λ	2.47	2.50	2.52	2.54	2.56	2.58	2.61	2.64	2.67	2.69

3）将v_{n-k}与异常判断值v_0进行比较，当$v_{n-k} \leqslant v$时，v_{n-k}及其以后的数据均为异常，去掉v_{n-k}及其以后的异常数据，再用数据$v_1 \sim v_{n-k-1}$并重复式（7-48）～（7-50）的计算步骤，直到v_i序列中余下的全部数据满足：

$$v_i > v_0 \tag{7-51}$$

此时，v_0为声速的异常判断临界值v_c。

4）声速异常时的临界值判定依据为：

$$v_i \leqslant v_0 \tag{7-52}$$

当式（7-52）成立时，声速可判定为异常。

（2）当检测剖面个测点的声速值普遍偏低且离散性很小的，宜采用声速低限值判定依据，当式(7-53)成立时，可直接判定为声速低于限值异常。

$$v_i < v_l \tag{7-53}$$

式中 v_i ——第测点声速（km/s）；

v_l ——声速低限值(km/s)，由同条件混凝土试件强度和速度对比试验，结合地区经验确定。声速低限值相对应的混凝土强度不宜低于$0.9R$（R为混凝土设计强度），若试件为钻孔芯样，则不宜低于$0.85R$。当实测混凝土声速值低于声速临界值时应将其作为可疑缺陷区。

（3）声速低限值的确定

式(7-11)说明了波速与混凝土物理指标及弹性模量之间的关系，而混凝土弹性模量与抗压强度之间又有一定的关系，可根据弹性模量推定混凝土的强度，所以根据波速推定混凝土的强度是可行的。图7-16表示在恒定泊松比情况下，混凝土弹性模量与压缩波速度的经验关系，图7-17表示混凝土的抗压强度与弹性模量的经验关系，在已知波速后，根据图7-16可换算出混凝土的弹性模量，再根据图7-17可换算出混凝土的抗压强度并评定混凝土的质量。

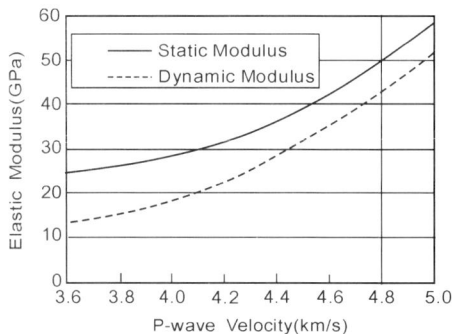

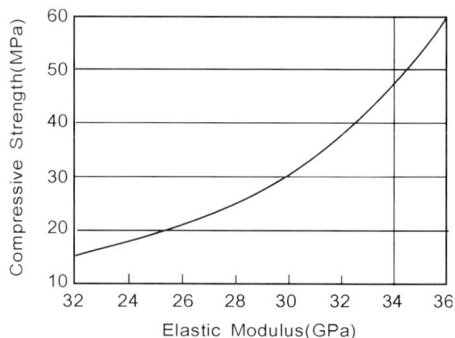

图7-16　混凝土弹性模量与波速关系　　　图7-17　弹性模量与抗压强度关系

表7-5显示了混凝土强度与声速之间的关系。当声速小于3500m／s时，说明混凝土质量较差。相关混凝土强度的评价是建立在此基础上。

混凝土强度与声速关系参考表　　　　　　　　　　　　表7-5

声速（m/s）	>4500	4500~3500	3500~3000	3000~2000	<2000
性质评价	好	较好	可疑	差	非常差

目前国内一般采用统计方法建立专用曲线或数学表达式，如 $f_{cu}^c = Av^B$ 和 $f_{cu}^c = Ae^{BV}$ 两种非线性的数学表达式，其中 v 为波速，f_{cu}^c 为立方体抗压强度，A、B、C 为经验系数。

3. 桩身混凝土缺陷波幅判定依据

波幅是相对测试，也曾有人试图用概率统计理论来确定临界值，但由于桩身混凝土内部结构的变异性很大而难以找出较强的波幅统计规律性，因而实际中多是根据实测经验将波幅值的一半定为临界值。

用波幅平均值减去6dB作为波幅临界值，当实测波幅低于波幅临界值时，应将其作为可疑缺陷区。

$$A_D = A_m - 6 \qquad (7-54)$$

$$A_m = \sum_{i=1}^{n} \frac{A_i}{n} \qquad (7-55)$$

式中　　A_D——波幅临界值（dB）；

　　　　A_m——波幅平均值（dB）；

　　　　A_i——第 i 个测点相对波幅值（dB）。

4. 桩身混凝土缺陷PSD判定依据

PSD 法是基于缺陷处声时的变化引起声时深度曲线的斜率明显增大，而声时差的大小又与缺陷程度密切相关，因此两者之积对缺陷的反映更加明显，即：

$$PSD = K \cdot \Delta T \tag{7-56}$$

$$K = \frac{t_{ci} - t_{ci-1}}{z_i - z_{i-1}} \tag{7-57}$$

$$\Delta T = t_{ci} - t_{ci-1} \tag{7-58}$$

式中 t_{ci}——第 i 个测点声时值（μs）；

t_{ci-1}——第 $i-1$ 个测点声时值（μs）；

z_i——第 i 个测点深度(m)；

z_{i-1}——第 $i-1$ 个测点深度（m）。

采用斜率法作为辅助异常点判定位据，当 PSD 值在某测点附近变化明显时，应将其作为可疑缺陷区。

5. 主频判定依据

主频-深度曲线上明显减低可判定为异常。由于实测主频与诸多因素有关，因此仅作辅助声学参数。

6. 桩身完整性类别判定

混凝土声速、波幅和 PSD 值出现异常被判为可疑缺陷区的部位，应采用水平加密、等差同步或扇形扫测等方法进行细测，同时结合波形、施工工艺和施工记录等有关资料进行综合分析，以确定桩身混凝土缺陷的位置和程度。当声速普遍低于低限值时，应通过钻孔取芯法检验基桩的混凝土强度。

桩身完整性类别一般分为以下四类：

Ⅰ类桩：各声测剖面每个测点的声速、波幅均大于临界值，波形正常。

Ⅱ类桩：某一声测剖面个别测点的声速、波幅略小于临界值，但波形基本正常。

Ⅲ类桩：某一声测剖面连续多个测点或某一深度桩截面处的声速、波幅值小于临界值，PSD 值变大，波形畸变。

Ⅳ类桩：某一声测剖面连续多个测点或某一深度桩截面处的声速、波幅值明显小于临界值，PSD 值突变，波形严重畸变。

7. 检测报告

检测报告应包含下列内容：

（1）工程地质勘察报告；

（2）工程桩位平面图；

（3）超声波法检测结果汇总表；

（4）声波透射法单桩检测报告；

（5）每根被检桩各剖面的声速深度、波幅深度曲线及各自的临界值，声速、波幅的平均值；

(6) 桩身缺陷位置及程度的分析说明。

7.6 常见的问题

1.基桩声波透射法适用范围

基桩声波透射法是一种检测混凝土灌注桩完整性的有效手段，它是利用声波的透射原理对桩身混凝土介质状况进行检测，因此仅适用于在灌注成型过程中已经埋了两根或两根以上声测管的基桩。

对跨孔透射法，当桩径较小时，声测管间距也较小，其测试误差相对较大，同时预埋声测管可能引起附加的灌注桩施工质量问题。因此，超声波检测方法适用于检测直径不小于800mm的混凝土灌注桩的完整性，它包括跨孔透射法和单孔折射法。单孔折射波法是根据上部结构对基桩的质量要求，检测钻芯孔孔壁周围的混凝土质量。

由于超声波只能检测桩身部分的混凝土质量，对于支承桩或嵌岩桩，宜同时采用低应变反射波法检测桩端的支承情况，确保基桩承载力满足设计要求。

用超声波法检测钻孔灌注桩完整性的优点在于结果准确可靠，不受桩长、桩径限制，无盲区（声测管范围内都可检测），可测桩顶低强区和桩底沉渣厚度，桩顶不露出地面即可检测，方便施工，也可粗略估测混凝土强度。

2.桩内缺陷基本判定位据的应用

在钻孔灌注桩的检测中，桩身混凝土缺陷判别主要依据实测声速、波幅及其随深度的变化曲线，并根据声速、波幅和PSD值综合分析桩身质量及混凝土缺陷程度。

(1) 声速：一般来说，声速指标比较稳定、重复性好、数据有可比性，但对桩身缺陷反应不够敏感。

(2) 波幅：采用波幅指标进行缺陷判断时，要求波幅值有可比性。即仪器、换能器、信号线等测试系统不变，发射电压、采样频率等测试参数不变，测距相同，测试角度相同，这样的测试数值才有可比性。波幅变化受表面耦合状态的影响较大，因此应保证传感器与混凝土灌注桩之间有良好的耦合状态。波幅变化对桩身缺陷的反应很敏感。

(3) 主频（或频谱）：超声脉冲波是复频波，具有多种频率成分，当它穿过混凝土后，各频率成分在遇到缺陷时衰减程度不同，高频部分比低频部分衰减严重，因而使接收信号的主频率向低频端漂移。鉴于目前所用的换能器频带窄和用频率判定桩身混凝土缺陷的方法还不成熟，未将声波频率－深度曲线作为桩身混凝土完整性的主要判定指标之一。

(4) 波形畸变：超声波在传播过程中遇到缺陷，其接收波形往往产生畸变，所以波形畸变可作为判断缺陷的一个参考依据。但是，波形畸变的原因很多，某些非缺陷因素也会导致波形畸变，运用时应慎重分析。关于波形畸变后采取怎样的分析技术，还有待进一步研究。

(5) PSD值，仅作为一种辅助异常点的判定依据。

可见，使用普通的窄带超声仪测试混凝土时，超声波幅值对检测裂缝等缺陷有较高的灵敏度，波速次之，主频最后；幅值的灵敏度较高，但有不稳定的缺点；波速测量较稳定，但敏感性较低。为提高测试精度，应采用幅值、波速、主频的综合判断法，对混凝土结构的缺陷程度进行评价。

3. 从数据统计分析角度评价超声波判定位据

超声波法检测基桩完整性（或混凝土缺陷）是以数理统计方法为基础的。

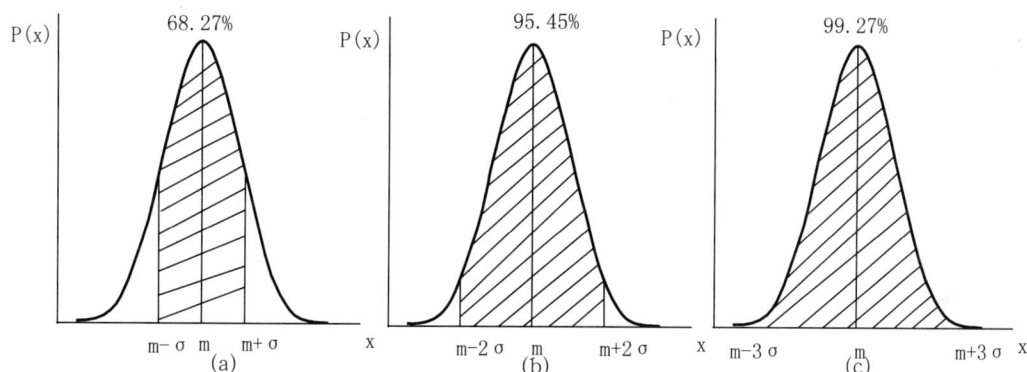

图 7-18　概率与置信区间

测值以特定概率 P 分布在某个对应的区间，该区间称为概率 P 的置信区间，图 7-18 反映了概率 P 与置信区间的关系。从图中可以看出，测值落在[m- σ ，m+ σ]区间的概率为 68.27%，落在[m-2 σ ，m+2 σ]区间的概率为 95.45%，落在[m-3 σ ，m+3 σ]区间的概率为 99.27%。

在检测中，设定概率特定值 P' 与置信区间对应的概率值 P，通常满足关系：$P'=1-P$。以图 7-18(b) 为例，当我们设定概率为 95.45% 的设置信区间[m-2 σ ，m+2 σ]时，意味着测值将会以 1-95.45%=4.55% 的概率落在置信区间之外。当遇到概率小于 4.55% 的事件时，将其归为异常。

超声波法检测，既不考虑异常点剔除，也不考虑样本数量的影响，从统计理论角度看应该说是不严格的,在具体处理时应关注异常数据。所以具体应用中应正确理解判定依据的统计意义，不能机械地套用判定依据。

7.7 工程实例

1. Ⅰ类桩

(1)图 7-19 为某钻孔灌注桩超声波检测曲线图。该桩桩长为 52.0m，桩径为 1800mm，桩身混凝土设计强度为 C25，AB、BC、CA 剖面的测管距离均为 1350mm，超声波检测的声速平均值 $\bar{v}_m$、声速临界值 v_D、波幅平均值 $\bar{A}_m$、波幅临界值 A_D 见表 7-6。

声测剖面编号	声速平均值	声速临界值	波幅平均值	波幅临界值
AB	3900km/s	3721km/s	62dB	56dB
BC	4006km/s	3786km/s	62dB	56dB
AC	3809km/s	3580km/s	61dB	55dB

根据图形及表7-6所列测试结果进行综合评价,该桩桩身完整,波形正常,各声测剖面上的声速值和波幅值均大于相应的临界值,可判为Ⅰ类桩。

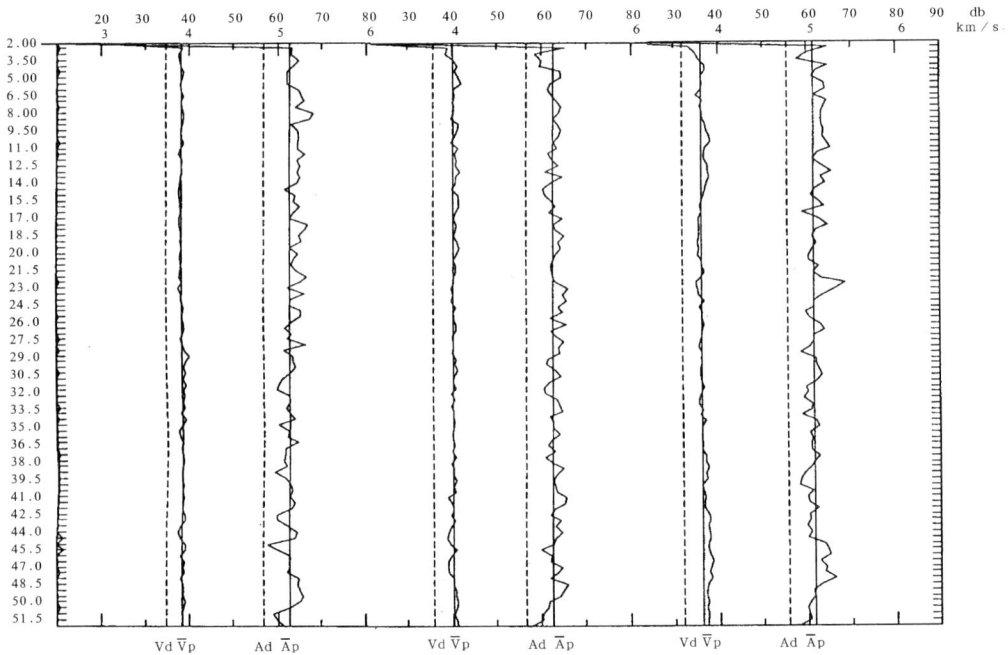

图7-19　Ⅰ类桩图形(1)

(2)图7-20为某钻孔灌注桩超声波检测曲线图。该桩桩长为24.42m,桩径为1800mm,混凝土设计强度为C25,AB、BC、CA三测管距离分别为1265mm、1260mm、1300mm,超声波检测的声速平均值 $\overline{v}_m$、声速临界值 v_D、波幅平均值 $\overline{A}_m$、波幅临界值 A_D 见表7-7。

声测剖面编号	声速平均值	声速临界值	波幅平均值	波幅临界值
AB	4077km/s	3878km/s	61dB	55dB
BC	3980km/s	3805km/s	60dB	54dB
AC	4098km/s	3877km/s	59dB	53dB

根据图形及表7-7所列测试结果进行综合评价,该桩桩身完整,波形正常,各声测剖面上的声速值和波幅值均大于相应的监界值,可判为Ⅰ类桩。

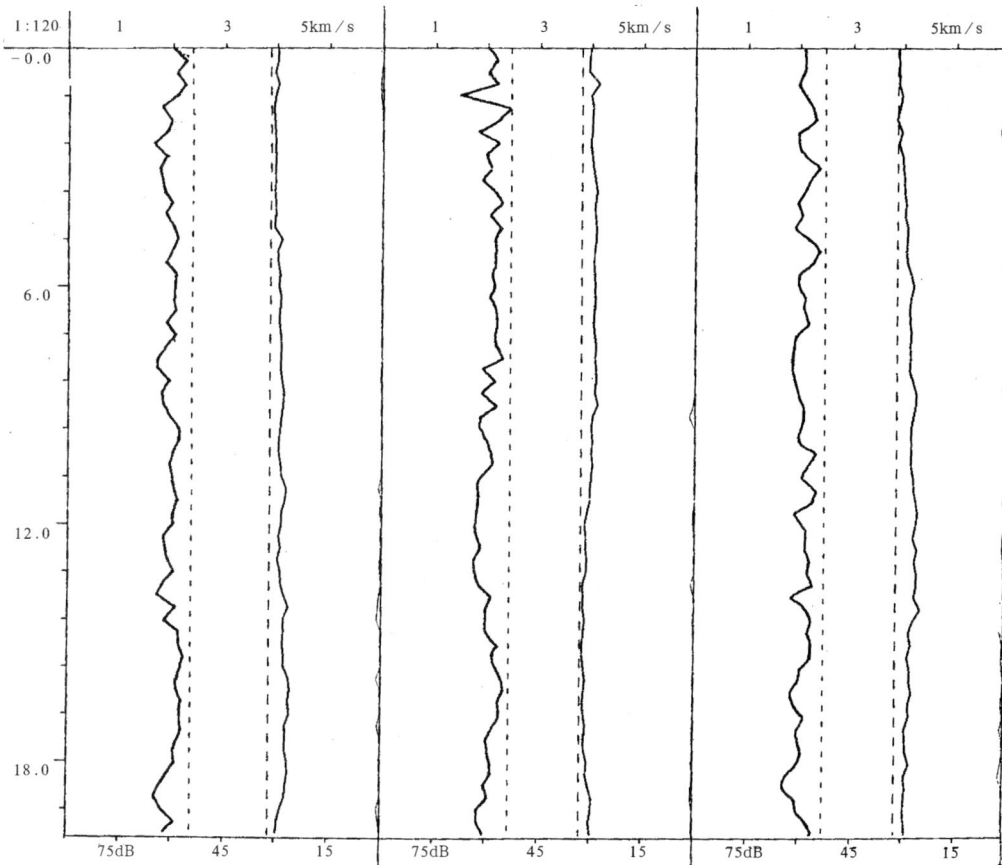

图7-20　Ⅰ类桩波形(2)

2.Ⅱ类桩

图7-21为某钻孔灌注桩超声波检测曲线图。该桩桩长为78.00m，桩径为2000mm，混凝土设计强度为C25，AB、BC、CA剖面的测管距离均为1500mm，超声波检测的声速平均值 $\bar{v}_m$、声速临界值 v_D、波幅平均值 $\bar{A}_m$、波幅临界值 A_D 见表7-8。

超声波各检测剖面的测试值　　　　　表7-8

声测剖面编号	声速平均值 $\bar{v}_m$	声速临界值 v_D	波幅平均值 $\bar{A}_m$	波幅临界值 A_D
AB	4320km/s	3831km/s	88dB	82dB
AC	4338km/s	3218km/s	87dB	81dB
BC	4400km/s	3826km/s	88dB	82dB

根据图形及表7-8所列测试结果进行综合评价，波形基本正常，AB 声测剖面在32.5m处、AC 声测剖面在32.0m处各有一点声速值和波幅值均小于临界值，其余声速值和波幅值均大于相应的临界值，可判为Ⅱ类桩。另 B 管在67.00m处出现堵管现象，导致 AB 和 BC 剖面不能测到桩底。

155

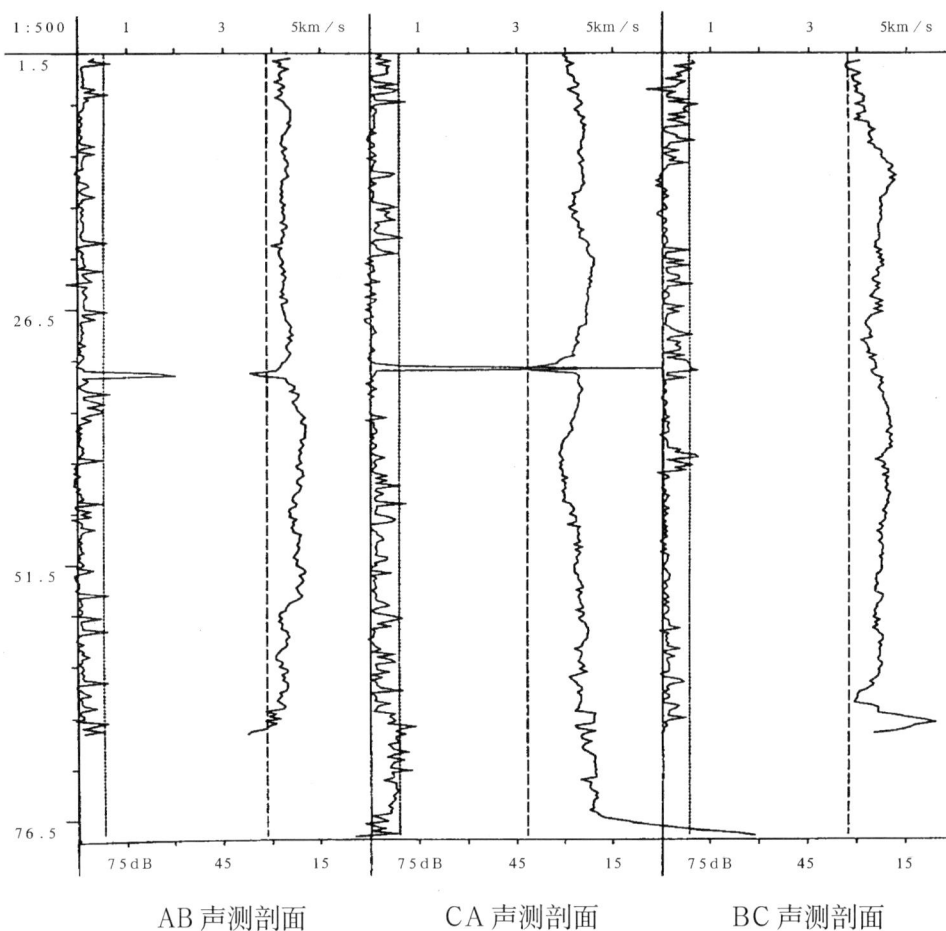

AB 声测剖面　　　　　CA 声测剖面　　　　　BC 声测剖面

图 7-21　Ⅱ类桩波形

3.Ⅲ类桩

(1)图 7-22 为某钻孔灌注桩超声波检测曲线图。该桩桩长为 80.00m,桩径为 1800mm,混凝土设计强度为 C25,AB、BC、CA 三测管距离分别为 1260mm、1280mm、1180mm,超声波检测的声速平均值 $\overline{v}_m$、声速临界值 v_D、波幅平均值 $\overline{A}_m$、波幅临界值 A_D 见表 7-9。

超声波各检测剖面的测试值　　　　　表 7-9

声测剖面编号	声速平均值 $\overline{v}_m$	声速临界值 v_D	波幅平均值 $\overline{A}_m$	波幅临界值 A_D
AB	4212km/s	3924km/s	66dB	60dB
AC	4239km/s	3815km/s	68dB	59dB
BC	4245km/s	3877km/s	66dB	60 dB

根据图形及表 7-9 所列测试结果进行综合评价,该桩桩身有明显缺陷,AB、AC、BC 三个声测剖面在 30.5～32.8m 同一深度截面处,其声速值和波幅值均小于临界值,波形畸变,可判为Ⅲ类桩。

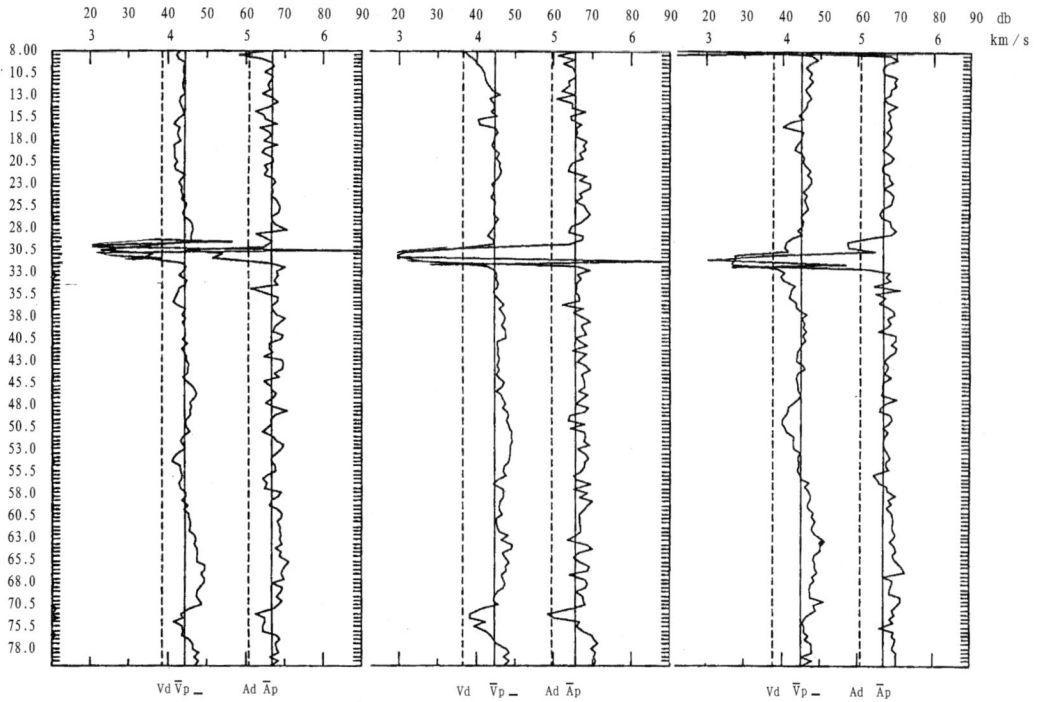

图 7-22 Ⅲ类桩波形

(2)图7-23为某钻孔灌注桩超声波检测曲线图。该桩桩长为71.40m，桩径为2000mm，桩身混凝土设计强度为C25，AB、BC、AC剖面的测管距离分别为1370mm、1370mm、1400mm，超声波检测的声速平均值 $\overline{v}_m$、声速临界值 v_D、波幅平均值 $\overline{A}_m$、波幅临界值 A_D 见表7-10。

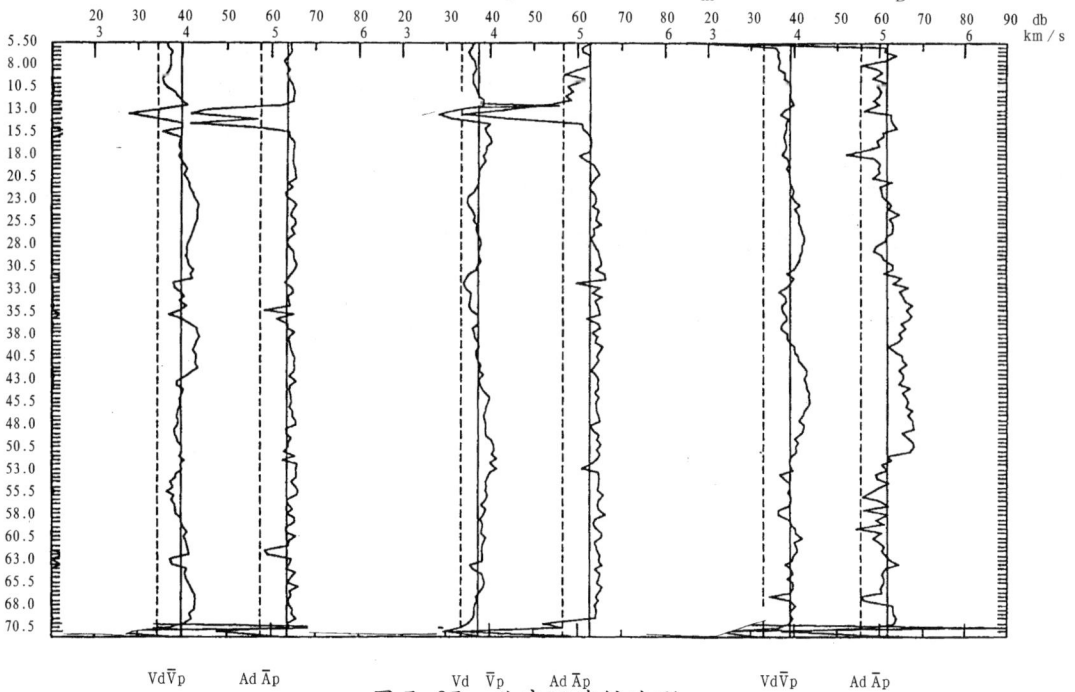

图 7-23 孔底沉渣桩波形

超声波各检测剖面的测试值　　　　　　表7-10

声测剖面编号	声速平均值 $\overline{v}_m$	声速临界值 v_D	波幅平均值 $\overline{A}_m$	波幅临界值 A_D
AB	3989km/s	3712km/s	63dB	57dB
BC	3865km/s	3665km/s	62dB	56dB
AC	3954km/s	3646km/s	61dB	55dB

根据图形及表7-10所列测试结果进行综合评价,在桩身13.00~13.50m处声速值和波幅值均小于临界值,在桩底70.50~71.40m处声速值和波幅值明显小于临界值,桩底有沉渣。

4.声测管斜桩

图7-24为某钻孔灌注桩超声波检测曲线图。该桩桩长为58.00m,桩径为1200mm,桩身混凝土设计强度为C25,AB、BC、CA剖面的测管距离分别为800mm、830mm、780mm,超声波检测的声速平均值 $\overline{v}_m$、声速临界值 v_D、波幅平均值 $\overline{A}_m$、波幅临界值 A_D 见表7-11。

超声波各检测剖面的测试值　　　　　　表7-11

声测剖面编号	声速平均值 $\overline{v}_m$	声速临界值 v_D	波幅平均值 $\overline{A}_m$	波幅临界值 A_D
AB	4274km/s	3716km/s	78dB	72dB
BC	4516km/s	3621km/s	78dB	72dB
AC	4103km/s	3621km/s	78dB	72dB

根据图形及表7-11所列测试结果进行综合评价,该桩桩身完整,波形正常,各声测剖面上的声速值和波幅值均大于相应的临界值,BC剖面测管距在18.00~30.00m处距离偏小,引起值 v_p 偏大。

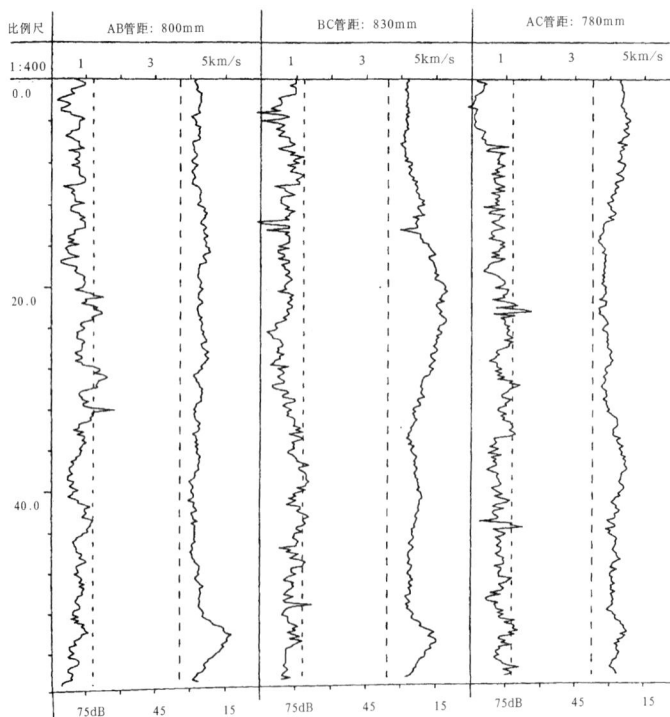

图7-24　声测管斜桩波形

第8章 钻芯法检测

8.1 钻芯法检测技术概述

1.检测目的

钻芯法基桩检测技术，是检测现浇混凝土灌注桩的成桩质量的一种有效手段，检测目的主要有：

（1）通过对混凝土芯样的胶结情况、有无气孔、松散或断桩等现场外观检查，结合取芯率，综合评判桩身混凝土完整性；

（2）对芯样进行室内抗压强度试验，确定桩身混凝土强度；

（3）测定混凝土灌注桩的桩长，检验施工记录桩长是否真实；

（4）测定桩底沉渣厚度，检验桩底沉渣是否符合设计或规范的要求；

（5）根据钻取的桩端持力层芯样，必要时采用一定的室内试验手段，判定或鉴别持力层岩土性状和厚度是否符合设计或规范要求。

2.钻芯法基桩检测技术的适用范围

（1）钻芯法是检测钻（冲）孔、人工挖孔等现浇混凝土灌注桩的成桩质量的一种有效手段，不受场地条件的限制，特别适用于大直径混凝土灌注桩的成桩品质检测；

（2）受检桩桩长比较大时，成孔的垂直度和钻芯孔的垂直度很难控制，钻芯也容易偏离桩身，故要求受检桩桩径不宜小于800mm、长径比不宜大于30。

3.钻芯法抽检数量

混凝土桩桩身完整性检测方法有低应变法、声波透射法、钻芯取样法等，《建筑基桩检测技术规范》(JGJ 106−2003)明确规定了桩身完整性抽检数量：

（1）柱下三桩或三桩以下的承台抽检桩数不得少于1根；

（2）设计等级为甲级，或地质条件复杂、成桩质量可靠性较低的灌注桩，抽检数量不应少于总桩数的30%，且不得少于20根；其它桩基工程的抽检数量不应少于总桩数的20%，且不得少于10根；

（4）对端承型大直径灌注桩，应在上述两款规定的抽检桩数范围内，选用钻芯法或声波透射法对部分受检桩进行桩身完整性检测，抽检数量不应少于总桩数的10%；

（5）地下水位以上且终孔后桩端持力层已通过核验的人工挖孔桩，以及单节混凝土预制桩，抽检数量可适当减少，但不应少于总桩数的10%，且不应少于10根；

（6）工程有特殊需要时，应适当加大抽检数量，尤其是低应变法检测具有速度快、成本低的特点，扩大检测数量能更好了解整个工程基桩的桩身完整性情况。

上述规定可以这样理解：对大直径灌注桩，如果采用低应变与钻芯取样法或声波透射法联合检测，多种方法并举，则钻芯取样法或声波透射法抽检数量不应少于总桩数的10%，其余按上述（1）、（2）两款规定的抽检桩数减去钻芯取样法或声波透射法检测数量进行低应变检测。对大直径灌注桩，如果仅通过钻芯取样法或声波透射法进行桩身完整性检测，则钻芯取样法或声波透射法抽检数量应满足上述（1）、（2）或（5）的规定。对于工程有特殊需要的扩大检测，加大抽检的数量可根据实际境况确定。

8.2 钻芯法现场操作

1. 钻芯设备

（1）钻机

钻取芯样宜采用液压操纵的钻机，并配用相应的钻塔和牢固的底座，机械技术性能良好，不得使用立轴晃动过大的钻机。钻机应具备产品合格证。钻机设备参数应符合以下规定：

1）额定最高转速不低于 790r/min；

2）转速调节范围不少于 4 档；

3）额定配用压力不低于 1.5MPa。

（2）钻机配备的辅助设备

1）钻杆直径宜为 50mm，应顺直。

2）钻机应配备单动双管钻具。

3）配备孔口管、扩孔器、卡簧、扶正稳定器（又称导向器）和可捞取松软渣样的钻具，孔口管、扶正稳定器及可捞取松软渣样的钻具应根据需要选用，桩较长时，应使用扶正稳定器确保钻芯孔的垂直度。

4）钻机配套的水泵，其排水量应为 50～160L/min，泵压应为 1.0～2.0MPa。

（3）钻头

目前钻芯取样的方法分三大类：钢粒钻进、硬质合金钻进和金刚石钻进。钢粒钻进能通过坚硬岩石，但钻头与切削具是分开的，破碎孔底环状面积大、芯样直径小、芯样易破碎、磨损大、采取率低，不适用于基桩钻芯法检测。硬质合金钻进虽然切削具有破坏岩石比较平稳、破碎孔底环状间隙相对较小、孔壁与钻具间隙小、芯样直径大、采取率较好等优点，但是硬质合金钻只适用于小于 7 级的岩石（岩石有 12 级分类），不适用于基桩钻芯法检测。金刚石钻头切削刀细、破碎岩石平稳、钻具孔壁间隙小、破碎孔底环状面积小，且由于金刚石较硬、研磨性较强，高速钻进时芯样受钻具磨损时间短，容易获得比较真实的芯样，因此钻芯法检测应采用金刚石钻头钻进。

金刚石钻头应根据混凝土设计强度等级选用合适粒度、浓度、胎体硬度。金刚石钻头胎体不得有肉眼可见的裂纹、缺边、少角、倾斜及喇叭口变形。

金刚石钻头外径有 76mm、91mm、101mm、110mm、130mm 几种规格，钻头直径的选择，应综合考虑芯样试件直径、经济合理两方面因素。芯样试件直径不宜小于骨料最大粒径的 3 倍，在任何情况下不得小于骨料最大粒径的 2 倍，否则试件强度的离散性较大。从经济合理的角度综合考虑，应选用外径为 101mm 和 110mm 的钻头；当受检桩采用商品混凝土、骨料最大粒径小于30mm时，可选用外径为91mm的钻头；如果不检测混凝土强度，可选用外径为76mm的钻头。

（4）芯样试件锯切设备与磨平设备

锯切芯样试件用的锯切机应具有冷却系统和牢固夹紧芯样的装置，配套使用的金刚石圆锯片应有足够刚度。芯样试件端面的补平器和磨平机应满足芯样制作的要求。

（5）芯样抗压设备

混凝土芯样试件的抗压强度试验设备，应按符合国家标准《普通混凝土力学性能试验方法》(GB/T 50081—2002)的有关规定。

2.现场操作

（1）桩头处理

为准确确定桩的中心点，桩头宜裸露。来不及开挖或不便开挖的桩，应由经纬仪测出桩位的中心。

（2）受检桩的钻芯孔数和钻孔位置

1）桩径小于1.2m的桩钻1孔，桩径为1.2～1.6m的桩钻2孔，桩径大于1.6m的桩钻3孔。

2）当钻芯孔为一个时，宜在距桩中心10～15cm的位置开孔，这是因为导管附近的混凝土质量相对较差，不具有代表性，同时也方便第二个孔的位置布置。

当钻芯孔为两个或两个以上时，开孔位置宜在距桩中心 $0.15 \sim 0.25d$ 内均匀对称布置。

3）对桩端持力层的钻探，每根受检桩不应少于一孔，且钻探深度应满足设计要求。

桩端持力层岩土性状的准确判断直接关系到受检桩的使用安全。《建筑地基基础设计规范》(GB 50007)规定：嵌岩灌注桩要求按端承桩设计，桩端以下三倍桩径范围内无软弱夹层、断裂破碎带和洞隙分布，在桩底应力扩散范围内无岩体临空面。虽然施工前已进行岩土工程勘察，但有时钻孔数量有限，对较复杂的地质条件，很难全面弄清岩石、土层的分布情况。因此，应对桩端持力层进行足够深度的钻探。

（3）钻机设备的安装及钻进

1）钻机安装与开钻准备

钻机设备安装必须周正、稳固并保证底座水平。钻机立轴中心、天轮中心（天车前沿切点）与孔口中心必须在同一铅垂直线上。桩顶面与钻机塔座距离大于2m时，宜安装孔中管，孔中管下入时应严格测量垂直度，然后固定。

开孔宜采用合金钻头，开孔深度为 $0.3 \sim 0.5$m。

设备安装后，应进行试运转，在确认正常后方能开钻。

2）钻进

①钻进过程中应经常对钻机立轴进行校正，及时纠正立轴偏差，应确保钻机在钻芯过程中不发生倾斜、移位，钻芯孔垂直度偏差不大于0.5%。当出现钻芯孔与桩体偏离时，应立

即停机记录，分析原因。当有争议时，可进行钻孔测斜，以判断是受检桩倾斜超过规范要求还是钻芯孔倾斜超过规定要求。

②钻进过程中，钻孔内循环水流不得中断，应根据回水含砂量及颜色调整钻进速度。

③提钻卸取芯样时，应拧卸钻头和扩孔器，严禁敲打卸芯。

④每回次进尺宜控制在 1.5m 内。

⑤钻至桩底时，应减压、慢速钻进，为检测桩底沉渣或虚土厚度，若遇钻具突降，应立即停钻，及时测量机上余尺，准确记录孔深及有关情况，宜采用适宜的钻芯方法和工艺钻取沉渣并测定沉渣厚度，并采用适宜的方法对桩端持力层岩土性状进行鉴定。

3）金刚石钻头、扩孔器与卡簧的配合和使用要求

金刚石钻头与岩芯管之间必须安装扩孔管，用以修正孔壁。扩孔器外径应比钻头外径大 0.3~0.5mm，卡簧内径应比钻头内径小 0.3mm 左右。金刚石钻头和扩孔器应按外径先大后小的排序顺序使用，同时考虑钻头内径小的先用，内径大的后用。

4）金刚石钻进技术参数

①钻头压力：钻芯法的钻头压力应根据混凝土芯样的强度与胶结好坏而定，如果混凝土胶结好、强度高则钻头压力可大，相反压力应小。一般情况初压力为 0.2MPa，正常压力 1MPa。

②转速：回次初转速宜为 100r/min 左右。正常钻进时可以采用高转速，但芯样胶结强度低的混凝土应采用低转速。

③冲洗液量：钻芯宜采用清水钻进，冲洗液量一般按钻头大小而定。钻头直径为 101mm 时，冲洗液流量应为 60~120L/min。

5）金刚石钻进注意事项

①金刚石钻进前，应将孔底硬质合金捞取干净并磨灭，然后磨平孔底。

②提钻卸取芯样时，应使用专门的自由钳拧卸钻头和扩孔器。

③提放钻具时，钻头不得在地下拖拉；下钻时金刚石钻头不得碰撞孔口或孔口管；发生墩钻或跑钻事故，应提钻检查钻头，不得盲目钻进。

④当孔内有掉块、混凝土芯脱落或残留混凝土芯超过 200mm 时，不得使用新金刚石钻头扫孔，应使用旧的金刚石钻头或针状合金钻头套扫。

⑤下钻前金刚石钻头不得下至孔底，应下至距孔底 200mm 处，采用轻压慢转扫到孔底，待钻进正常后再逐步增加压力和转速至正常范围。

⑥正常钻进时不得随意提动钻具，以防止混凝土芯堵塞，发现混凝土芯堵塞时应立刻提钻，不得继续钻进。

⑦钻进过程中要随时观察冲洗液量和泵压的变化，正常泵压应为 0.5~1MPa，发现异常情况应查明原因，立即处理。

（4）芯样采取与记录

1) 钻取的芯样应由上而下按回次顺序放进芯样箱中，芯样侧面上应清晰标明回次数、块号、本回次总块数，并应按第8.5节中相应格式及时记录钻进情况和钻进异常情况，对芯样质量进行初步描述。

2) 钻芯过程中，应按第8.5节中相应格式对芯样混凝土、桩底沉渣以及桩端持力层详细编录。

对桩身混凝土芯样的描述包括桩身混凝土钻进深度，芯样连续性、完整性、胶结情况、表面光滑情况、断口吻合程度、混凝土芯样是否为柱状、骨料大小分布情况，气孔、蜂窝麻面、沟槽、破碎、夹泥、松散的情况，以及取样编号和取样位置。

对持力层的描述包括持力层钻进深度，岩土名称、芯样颜色、结构构造、裂隙发育程度、坚硬及风化程度，以及取样编号和取样位置，或动力触探、标准贯入试验位置和结果。分层岩层应分别描述：①当持力层为中、微风化岩石时，可将桩底0.5m左右的混凝土芯样、0.5m左右的持力层以及沉渣纳入同一回次。当持力层为强风化岩层或土层时，可采用合金钢钻头干钻等适宜的钻芯方法钻取沉渣并测定沉渣厚度。②对中、微风化岩的桩端持力层，可直接钻取岩芯鉴别；对强风化岩层或土层，可采用动力触探、标准贯入试验等方法鉴别。试验宜在距桩底50cm内进行。

3) 钻芯结束后，应对芯样和标有工程名称、桩号、钻芯孔号、芯样试件采取位置、桩长、孔深、检测单位名称的标示牌的全貌进行拍照。应拍彩色照片，后截取芯样试件。取样完毕剩余的芯样宜移交委托单位妥善保存。

4) 当单桩质量评价满足设计要求时，应采用0.5~1.0MPa压力，从钻芯孔孔底往上用水泥浆回灌封闭，否则应封存钻芯孔，留待处理。

8.3 芯样试件抗压强度试验

1.芯样试件截取

《建筑基桩检测技术规范》(JGJ 106—2003)要求截取混凝土抗压芯样试件，应符合下列规定：

(1)当桩长小于10m时，每孔截取2组芯样；当桩长为10~30m时，每孔截取3组芯样；当桩长大于30m时，每孔截取不少于4组芯样。

(2)上部芯样位置距桩顶设计标高不宜大于1倍桩径或1m，下部芯样位置距桩底不宜大于1倍桩径或1m，中间芯样宜等间距截取。

(3)缺陷位置能取样时，应截取一组芯样进行混凝土抗压试验。

(4)当同一基桩的钻芯孔数大于一个，其中一孔在某深度存在缺陷时，应在其它孔的该深度处截取芯样进行混凝土抗压试验。

(5)当桩端持力层为中、微风化岩层且岩芯可制作成试件时，应在接近桩底部位截取一组岩石芯样。遇分层岩性时宜在各层取样。

每组芯样应制作三个芯样抗压试件，为保证岩石原始性状，选取的岩石芯样应及时包装并浸泡在水中。

以上规定的芯样试件数量及芯样采取位置，是基于以下几方面考虑的：1）以概率论为基础，即在钻芯法受检桩的芯样中截取一批芯样试件进行抗压强度试验，采用统计的方法判断混凝土强度是否满足设计要求，所以规定按上、中、下截取芯样试件的原则。2）混凝土桩应作为受力构件考虑，薄弱部位的强度（结构承载力）能否满足使用要求，直接关系到结构安全。所以在规定按上、中、下截取芯样试件的原则的同时，对缺陷和多孔取样做了规定，一般来说，蜂窝麻面、沟槽等缺陷部位的强度较正常胶结的混凝土芯样强度低，无论是为了严格质量把关、尽可能查明质量隐患，还是便于设计人员进行结构承载力验算；都有必要对缺陷部位的芯样进行取样试验，所以要求缺陷位置在取样试验时，应截取一组芯样进行混凝土抗压试验。3）如果同一基桩的钻芯孔数大于一个，其中一孔在某深度存在蜂窝麻面、沟槽、空洞等缺陷，芯样试件强度可能不满足设计要求，在其它孔的相同深度部位取样进行抗压试验是非常必要的，在保证结构承载能力的前提下，可以减少以后加固处理费用。4）为便于端承力的验算，在接近桩底部位截取一组岩石芯样，遇分层岩性时在各层取样，以便提供各层强度值。

2.芯样试件加工和测量

（1）芯样试件加工

1)采用双面锯切机加工芯样试件，加工时应将芯样固定，锯切平面垂直于芯样轴线。锯切过程中应淋水冷却金刚石圆锯片。

2)锯切后的芯样试件，当试件不能满足平整度及垂直度要求时，应选用以下方法进行端面加工：

①在磨平机上磨平。

②用水泥砂浆（或水泥净浆）或硫磺胶泥（或硫磺）等材料在专用补平装置上补平。水泥砂浆（或水泥净浆）补平厚度不宜大于5mm，硫磺胶泥（或硫磺）补平厚度不宜大于1.5mm。

补平层应与芯样结合牢固，受压时补平层与芯样的结合面不得提前破坏。

（2）芯样试件测量

试验前，应对芯样试件的几何尺寸做下列测量：

1)平均直径：用游标卡尺测量芯样中部，在相互垂直的两个位置上，取两次测量的算术平均值，精确至0.5mm。考虑到钻芯过程对芯样直径的影响是强度低的地方直径偏小，而抗压试验时直径偏小的地方容易破坏，因此，在测量芯样平均直径时宜选择表观直径偏小的芯样中部部位。

2)芯样高度：用钢卷尺或钢板尺进行测量，精确至1mm。芯样高度测量精度低于芯样平均直径测量精度，是因为芯样高度对芯样抗压强度影响较小。

3)垂直度：用光标量角器测量两个端面与母线的夹角，精确至0.1°。

4)平整度：用钢板尺或角尺紧靠在芯样端面上，一面转动钢板尺，一面用塞尺测量与芯样端面之间的缝隙。

（3）芯样试件选择

芯样试件不能有裂缝或其它较大缺陷。对于基桩混凝土芯样来说，芯样试件可选择的余地较大，为避免芯样强度离散，应选择无蜂窝麻面、无裂缝、无空洞等较大缺陷的芯样，而且要求芯样试件内不能含有钢筋，同时应观察芯样侧面的表观混凝土粗骨料粒径，确保芯样试件平均直径不小于2倍表观混凝土粗骨料最大粒径。

芯样试件尺寸不应有大的偏差，偏差超过下列数值时，不得用作抗压强度试验：

1)为了避免再对芯样试件高径比进行修正，规定有效芯样试件的高度不得小于$0.95d$且不得大于$1.05d$时（d为芯样试件平均直径）。

2)沿试件高度任一直径与平均直径相差达2mm以上时。

3)试件端面的不平整度在100mm长度内超过0.1mm时。芯样试件端面的平整度是影响芯样强度非常重要的因素。

4)试件端面与轴线的不垂直度超过2°时。

5)芯样试件平均直径小于2倍表面混凝土粗骨料最大粒径时。

3.芯样试件试压

（1）根据桩的工作环境状态，试件宜在$(20\pm5)^{\circ}$C的清水中浸泡一段时间后进行抗压强度试验。

（2）混凝土芯样试件的抗压强度试验应按现行国家标准《普通混凝土力学性能试验方法》(GB/T 50081-2002)的有关规定执行。

（3）桩底岩芯单轴抗压强度试验可按现行国家标准《建筑地基基础设计规范》(GB 5007-2002)附录J执行。

（4）芯样试件抗压破坏时的最大压力值与混凝土标准试件明显不同，芯样试件抗压强度试验时应合理选择压力机的量程和加荷速率，保证试验精度。

（5）抗压强度试验后，当发现芯样试件平均直径小于2倍试件内混凝土粗骨料最大粒径，且强度值异常时，该试件的强度值不得参与统计，应重新截取芯样试件进行抗压强度试验。条件不具备时，可将另外两个强度的平均值作为该组混凝土芯样试件抗压强度值，在报告中应对有关情况予以说明。

4.芯样试件强度计算

混凝土芯样试件抗压强度应按下列公式计算：

$$f_{cu} = \zeta \cdot \frac{4P}{\pi d^2} \qquad (8-1)$$

式中　　f_{cu}——混凝土芯样试件抗压强度（MPa），精确到0.1MPa；

P——芯样试件抗压试验测得的破坏荷载(N)；

d——芯样试件的平均直径（mm）；

ζ——混凝土芯样试件抗压强度折算系数。由于混凝土芯样试件的强度值不等于在施工现场取样、成型、同条件养护试块的抗压强度，也不等于标准养护28天的试块抗压强度。所以应考虑芯样尺寸效应、钻芯机械对芯样扰动和混凝土成型条件的影响，应通过试验统计确定，当无试验统计资料时，宜取为1.0。

8.4 钻芯法检测资料的分析判定及检测报告编写

1.芯样试件抗压强度代表值

1）由于混凝土芯样试件抗压强度的离散性比混凝土标准试件大得多，混凝土芯样试件抗压强度代表值应按一组三块试件强度值的平均值确定。

2）同一根桩有两个或两个以上钻芯孔时，应综合考虑各孔芯样强度来评定桩身承载力。取同一深度部位各孔芯样试件抗压强度的平均值作为该深度的混凝土芯样试件抗压强度代表值，是一种简便实用的方法。

2.受检桩抗压强度代表值

虽然桩身轴力上大下小，但从设计角度考虑，桩身承载力受薄弱部位的混凝土强度控制。所以受检桩抗压强度代表值，取不同深度位置的混凝土芯样试件抗压强度代表值中的最小值。

3.桩端持力层性状

（1）当岩石芯样抗压强度试验仅仅是配合判断桩端持力层岩石性状时，检测报告中可不给出岩石饱和单轴抗压强度标准值，只给出平均值；当需要确定岩石饱和单轴抗压强度标准值时，宜按《建筑地基基础设计规范》(GB 50007)附录J执行。

（2）桩端持力层性状应根据芯样特征、岩石芯样单轴抗压强度试验、动力触探或标准贯入试验结果，综合判定桩端持力层岩土性状。

4.桩身完整性类别

低应变动力检测中，将桩身完整性分为四类，Ⅰ类指桩身完整的桩，Ⅱ类指存在不影响桩身结构承载力正常发挥的轻微缺陷的桩，Ⅲ类指存在影响桩身结构承载力正常发挥的明显缺陷的桩，Ⅳ类指存在严重影响桩身结构承载力正常发挥的严重缺陷的桩。可见，低应变桩身完整性分类，是针对缺陷是否影响结构承载力的原则。

钻芯法检测的主要目的也是确定桩身完整性，它对桩身完整性的判定是针对现场混凝土芯样质量，即现场芯样特征描述。钻芯法桩身完整性分类应注意以下几点：

（1）应结合钻芯孔数。通过现场芯样特征对桩身完整性分类，有比低应变法更直观的一面，也有一孔之见代表性差的一面。同一根桩有两个或两个以上钻芯孔时，桩身完整性分类应综合考虑各钻芯的芯样质量情况，不同钻芯孔的芯样在同一深度部分均存在缺陷时，该位置存在安全隐患的可能性大，桩身缺陷类别应判重些。

（2）应结合芯样单轴抗压强度试验结果。钻芯法对桩身完整性判定的主要依据是现场混凝土芯样特征描述，但是，除桩身裂隙外，根据芯样特征描述，不论缺陷属于哪种类型，都表明桩身混凝土质量差，即存在低强度区这一共性。因此对于钻芯法，完整性分类尚应结合芯样强度值综合判定。例如：

1）蜂窝麻面、沟槽、空洞等缺陷程度应根据其芯样强度试验结果判断。若无法取样或不能加工成试件，缺陷程度应判重些。

2）芯样连续、完整、胶结好或较好、骨料分布均匀或基本均匀、断口吻合或基本吻合；芯样侧面无表观缺陷，或虽有气孔、蜂窝麻面、沟槽，但能够截取芯样制作成试件；芯样试件抗压强度代表值不小于混凝土设计强度等级。则应判为Ⅱ类桩。

3）芯样任一段松散、夹泥或分层，钻进困难甚至无法钻进，则判定基桩的混凝土质量不满足设计要求；或仅在一个孔中出现前述缺陷，而在其它孔同深度部位未出现，为确保质量，仍应进行工程处理。

4）局部混凝土破碎、无法取样或虽能取样但无法加工成试件，一般判定为Ⅲ类桩。但是，当钻芯孔数为3个时，若同一深度部位芯样质量均如此，宜判为Ⅳ类桩；如果仅一孔的芯样质量如此，且长度不大于10cm，另两孔同深度部位的芯样试件抗压强度较高，宜判为Ⅱ类桩。

（3）应参考低应变桩身完整性分类原则。桩身缺陷是否影响结构承载力是低应变的桩身质量分类原则，这一点在钻芯法检测中也应遵循。

表8-1为桩身完整性的判定标准。判定桩身完整性类别应结合钻芯孔数、现场混凝土芯样特征、芯样单轴抗压强度试验结果，并依据低应变桩身完整性的分类原则进行的综合判定。

桩身完整性判定标准　　　　　　　　　　　　　　　　　表8-1

类别	特　　　　　　　征
Ⅰ	混凝土芯样连续、完整、表面光滑、胶结好、骨料分布均匀，呈长柱状、断口吻合、芯样侧面仅见少量气孔
Ⅱ	混凝土芯样连续、完整、胶结较好、骨料分布基本均匀，呈柱状、断口基本吻合、芯样侧面局部见蜂窝麻面、沟槽
Ⅲ	大部分混凝土芯样胶结较好，无松散、夹泥或分层现场，但有下列情况之一：芯样局部破碎且破碎长度不大于10cm；芯样骨料分布不均匀；芯样多呈短柱状或块状；芯样侧面蜂窝麻面、沟槽连续
Ⅳ	钻进很困难；芯样任一段松散、夹泥或分层；芯样局部破碎且破碎长度大于10cm

5.成桩质量评价

成桩质量评价应按单桩进行。当出现下列情况之一时，应判定该受检桩不满足设计要求：

(1)桩身完整性类别为Ⅳ类的桩。

(2)受检桩混凝土芯样试件抗压强度代表值小于混凝土设计强度等级的桩。

(3)桩长、桩底沉渣厚度不满足设计或规范要求的桩。

(4)桩端持力层岩土性状（强度）或厚度未达到设计或规范要求的桩。

钻芯孔偏出桩外时，仅对钻取芯样部分进行评价。

6.检测报告编写

检测报告应包括：

（1）工程概况

1）工程名称、地点，建设、设计、施工、检测单位；

2）工程规模、建筑结构类型，建筑桩基施工工艺、建筑桩基总桩数、抽检桩数、建筑桩基安全等级等。

（2）场地工程地质概况

1）地质剖面的综合柱状图；

2）土的物理力学性质指标。

（3）检测概况

1）检测桩设计参数及有关施工检查资料，检测桩成桩的日期、检测时间、间歇时间等；

2）试验采用规范；

3）钻芯设备情况。

（4）试验结果

1）检测桩数、钻孔数量，架空、混凝土芯进尺、岩芯进尺、总进尺，混凝土试件组数、岩石试件组数、动力触探或标准贯入试验结果；

2）按第8-5节中相关格式编制每孔的柱状图；

3）芯样单轴抗压强度试验结果；

4）芯样彩色照片；

5）异常情况说明。

（5）结果评价

1）桩身完整性评价；

2）芯样单轴抗压强度试验结果评价；

3）桩长、桩底沉渣厚度；

2）桩端持力层性状评价。

8.5 钻芯法现场操作记录表汇总

钻芯法检测芯样编录表 表8-2

工程名称				日期			
桩号/钻芯孔号			桩径			混凝土设计强度等级	
项目	分段（层）深度（m）		芯样描述			取样编号取样深度	备注
桩身混凝土		混凝土钻进深度，芯样连续性、完整性、胶结情况、表面光滑情况、断口吻合程度、混凝土芯是否为柱状、骨料大小分布情况，以及气孔、空洞、蜂窝麻面、沟槽、破碎、夹泥、松散的情况					
桩底沉渣		桩端混凝土与持力层接触情况、沉渣厚度					
持力层		持力层钻进深度，岩土名称、芯样颜色、结构构造、裂隙发育程度、坚硬及风化程度；分层岩层应分层描述				（强风化或土层时的动力触探或标贯结果）	
检测单位：			记录员：			检测人员：	

钻芯法检测芯样综合柱状图 表8-3

桩号/孔号		混凝土设计强度等级				桩顶标高		开孔时间	
施工桩长		设计桩径				钻孔深度		终孔时间	
层序号	层底标高（m）	层底深度（m）	分层厚度（m）	混凝土/岩土芯柱状图（比例尺）	桩身混凝土、持力层描述	序号 $\dfrac{\text{芯样强度}}{\text{深度(m)}}$			备注
				☐ ☐ ☐					
编制：						校核：			
注：☐ 代表芯样试件取样位置。									

第9章 基桩自平衡法承载力检测

自平衡试桩法，是一种基桩极限承载力检测技术，尤其是对大吨位桥桩、特殊试桩场地基桩承载力的检测，目前国内尚处于初期应用阶段。以下的介绍，目的是使基桩检测工作者对这一检测新技术有所了解和认识。

9.1 概述

1. 自平衡试桩法背景

本书第3章介绍在目前建筑工程与道路桥梁工程设计、施工、验收、检测等相关的技术规范规程中，普遍采用的两种基桩竖向抗压静载试验方法：堆载法、锚桩法，前者必须解决堆载材料的堆放及运输问题，后者必须设置多根锚桩及反力大梁，对单桩承载力较高的桩，两种方法均有对场地条件要求高、检测时间长、检测费用高、安全性差等缺点，目前堆载法检测的单桩极限承载力一般不超过20000kN、锚桩法一般不超过40000kN。

目前大量高层建筑、特大公路桥梁的建设对基桩单桩承载力提出了很高的要求，得益于大型钻孔机械的发展和桩基础施工技术的提高，目前钻孔灌注桩最大的桩径超过5m、桩长超过100m，单桩承载力超过100000kN。显然堆载法、锚桩法难以满足需要，同时在一些特殊场地堆载法、锚桩法也无法施展，故自平衡法应运而生。自平衡法的出发点是用桩侧摩阻力作为桩端阻力的反力测试桩承载力，早在1969年就被日本的中山和藤关所提出，称为桩端加载试桩法。80年代中期类似的技术被Cernac和Osterberg等人所发展，其中Osterberg将此技术用于工程实践，并推广到世界各地，所以一般称这种方法为Osterberg-Cell载荷试验或O-cell载荷试验。该法是在桩端埋设荷载箱，沿垂直方向加载，即可求得桩的极限承载力，目前该法已应用在钻孔灌注桩、钢桩、预制桩中。美国、欧洲、日本、加拿大、新加坡等国和我国香港、台湾地区已编制了相应的测试规程，并得到了广泛应用。1993年清华大学李广信教授首先将此方法介绍到国内，并做了大量的理论研究和模型试验，东南大学于1996年率先开始实用性应用，于1999年制定了江苏省地方标准《桩承载力自平衡测试技术规程》（DB32/T 291—1999），并获两项国家专利。

自平衡法试验荷载超过万吨的典型工程 表9-1

测试年份	工程地点	试验荷载（kN）
2001	Tucson, AZ	151000
2002	San Francisco, CA	146000
2002	San Francisco, CA	137000
1997	Apalachicola River, FL	135000
2004	西堠门大桥，舟山	130000
2000	润扬长江大桥，镇江	120000
2003	苏通长江大桥，南通	100000

表9-1列举了目前国内外采用自平衡法对极限承载力超过万吨的工程的检测实例。

2.自平衡法的适用范围

自平衡法适用于淤泥质土、粘性土、粉土、砂土、岩层、黄土、冻土、岩溶特殊土中的钻孔灌注桩、人工挖孔桩、沉管灌注桩、管桩及地下连续墙基础，包括摩擦桩和端承桩。特别适用于传统静载试桩相当困难的大吨位试桩、水上试桩、坡地试桩、基坑底试桩、狭窄场地试桩等情况。

9.2 自平衡试桩法原理

1.基本原理

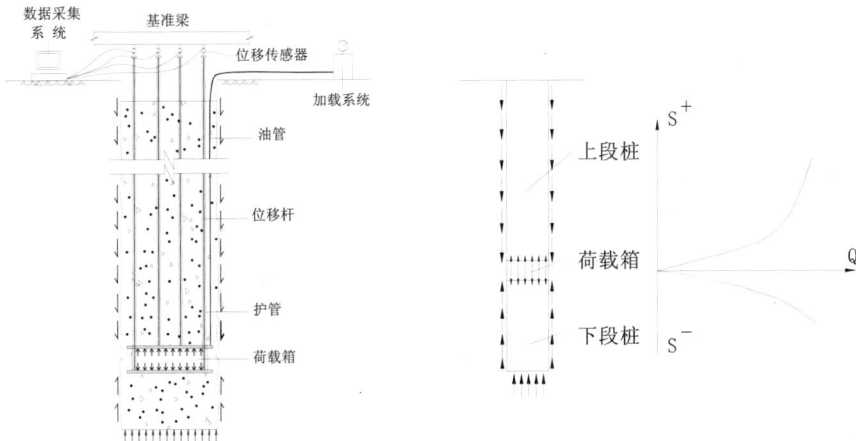

图9-1 桩承载力自平衡法试验示意

自平衡试桩法是在桩身自平衡点位置处安设荷载箱，沿垂直方向加载，即可同时测得荷载箱上下部桩身各自的承载力。如图9-1所示。

自平衡测桩法的主要装置是一种经特别设计可用于加载的荷载箱。它主要由活塞、顶盖、底盖及箱壁四部分组成。顶、底盖的外径略小于桩的外径，在顶、底盖上布置位移棒。将荷载箱与钢筋笼焊接成一体放入桩体后，即可浇注混凝土成桩。

试验时，在地面上通过油泵加压，随着压力增加，荷载箱将同时向上、向下发生变位，促使桩侧摩阻力及桩端阻力的发挥。由于加载装置简单，多根桩可同时进行测试。东南大学开发了相应的基桩检测用软件，对测试数据进行存储与处理。

采用并联于荷载箱的压力表或压力环测定油压，根据荷载箱率定曲线换算荷载。一般布置4个百分表或电子位移计测量试桩位移。采用专用装置分别测定荷载箱向上位移和向下位移。对于直径很大及有特殊要求的桩型，可对称增加各一组位移测试仪表。固定和支承百分表的夹具和基准梁在构造上应确保不受气温、振动及其他外界因素的影响以防止发生竖向变位。因此，根据读数绘出相应的"向上的力与位移图"及"向下的力与位移图"（见图9-1）及相应的s-lgt、s-lgQ曲线，判断桩的承载力、桩基沉降、桩弹性压缩和岩土塑性变形。

2．自平衡法检测结果向传统静载试验结果的转换

如图9-2所示，要将自平衡法获得的向上、向下两条Q－s曲线，通过转换等效为相应的用传统静载试验获得的一条Q－s曲线。以下通过对比这两种方法下桩的受力机理，找出两种结果荷载与沉降的换算关系。实际检测工作中，应对转换的承载力和沉降关系是否符合工程实际进行确认，以确保工程质量，而达到这一目的的关键只能是进行足够数量的对比试验。

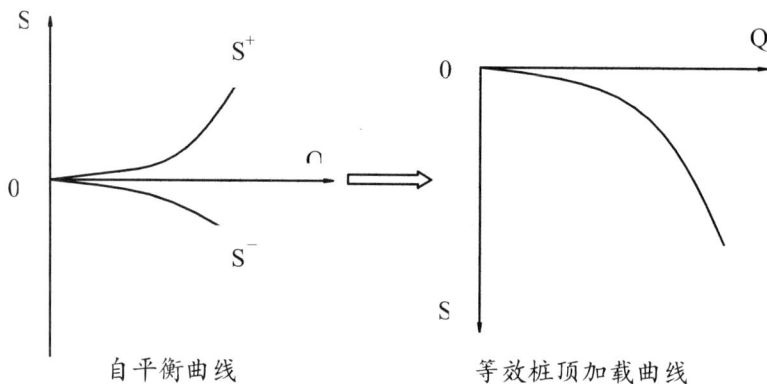

自平衡曲线   等效桩顶加载曲线

图9-2 试桩Q-s曲线的转换

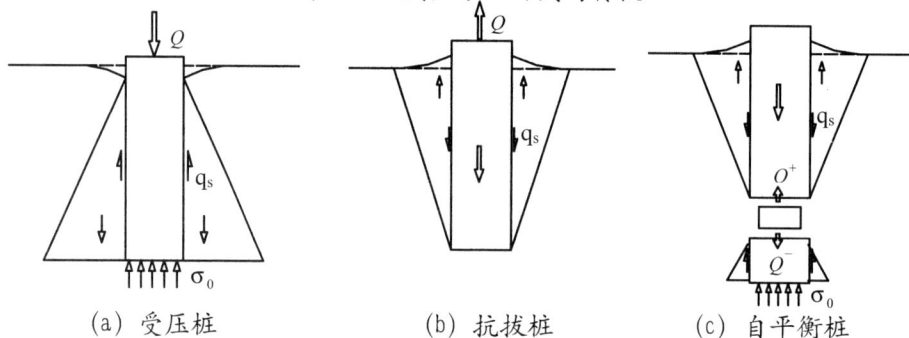

（a）受压桩   （b）抗拔桩   （c）自平衡桩

图9-3 荷载传递简图

竖向受压桩的受力机理如图9-3（a）所示，桩顶受轴向荷载 Q，桩顶荷载由桩侧摩阻力和桩端阻力共同承担。竖向抗拔桩的受力机理如图9-3（b）所示，桩顶拉拔力 Q 仅由桩侧负摩阻力与桩自重来平衡。而自平衡桩的受力机理如图9-3（c）所示，由一对自平衡荷载（ $Q^+ = Q^-$ ）施加于自平衡点的下段桩顶和上段桩底，其荷载传递分上、下段桩分析。下段桩，由于荷载箱通常靠近桩端，桩身较短，顶部荷载 Q^- 由桩端阻力和小部分的桩侧阻力提供；而上段桩桩底的托力 Q^+ 由桩侧负摩阻力与桩自重来平衡。虽类似于抗拔桩，但应注意的是由于上托力作用点在上段桩桩底，其桩侧负摩阻力的分布是很不相同的，在极限状态下的负摩阻力要大些。可见，抗拔桩的Q－s曲线与自平衡法基本一致，抗压桩的Q－s曲线则需转换分析。

（1）简化转换方法

如果以自平衡桩的平衡点作为分界，将下段桩简化视为端承桩，将上段的桩侧负摩阻力

172

转换为相同条件下受压桩的正摩阻力,则自平衡桩承载力等效转换为静载受压桩承载力,定义该法为简化转换法。

目前,国内及欧美较多使用的简化转换 Q - s 曲线的方法有两种:一种是根据向上、向下位移相同原则拟合(如图 9-4(a)所示);别一种是根据向上、向下位移相同并考虑桩身压缩的原则拟合(如图 9-4(b)所示)。通过位移进行叠加荷载的方法,其原理比较简单,目前应用较为普遍。

1)桩顶静载承载力简化转换

根据向上、向下位移相同原则,由图 9-3、9-4 的受力分析,可以得出以下公式:

$$Q = Q_m + Q_S = K^+(Q^+ - G_P) + K^- Q^- \tag{9-1}$$

式中　　Q——传统静载桩承载力;

　　　　Q^+、Q_m——分别对应于传统静载桩和自平衡桩的上段桩侧摩阻力;

　　　　Q^-、Q_s——分别对应于传统静载桩和自平衡桩的下段桩侧摩阻力与端阻力;

　　　　G_P——上段桩身自重;

　　　　K^+、K^-——分别对应于上、下桩段的自平衡到传统静载桩的转换系数。

K^+、K^- 的取值很大程度上取决于地区经验。东南大学做过几十根静载与自平衡试桩对比试验,对 K^+ 的取值进行了分析统计,K 值范围在 0.9~1.5 之间,建议粘性土和粉土取 $K^+ = 1.25$,砂性土取 $K^+ = 1.4$;K^- 的取值,一般取 1。

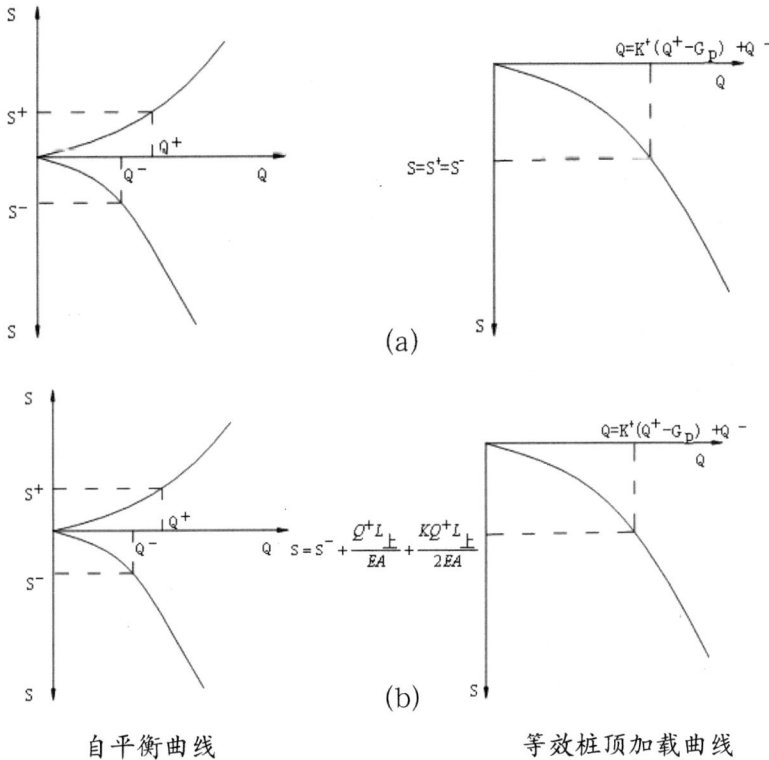

图 9-4　Q-s 曲线转换

173

2）桩顶沉降变形转换

简化方法一：根据向上、向下位移相同且等于桩顶沉降原则，桩顶位移为：

$$S = S^- = S^+ \tag{9-2}$$

式中　S——传统静载桩桩顶沉降；

　　　S^+、S^-——分别为自平衡桩向上、向下位移。

简化方法二：根据向上、向下位移相同原则并考虑桩身压缩变形，则桩顶位移为：

$$S = S^- + \Delta S = S^+ + \Delta S \tag{9-3}$$

$$\Delta S = \frac{[K^+(Q^+ - G_p) + 2Q^-]L}{2E_p A_p} \tag{9-4}$$

式中　S——传统静载桩桩顶沉降；

　　　S^+、S^-——分别为自平衡桩向上、向下位移；

　　　G_p、L——上段桩的自重、长度；

　　　A_P、E_P——桩身截面面积、桩身弹性模量。

3）Q-s 曲线的绘制

根据自平衡法测试的 Q-s 曲线的特点：每施加一级荷载，上、下段桩的位移值不同，而与传统静载是一一对应的，根据向上与向下位移相等的原则，由式（9-1）和（9-2）或（9-3），计算得出传统静载试验桩的一系列数据点 $(S_i, Q)(i=1,2,\cdots,n)$，从而得到等效的桩顶荷载—位移关系曲线。

在式（9-1）和（9-2）中，Q^-、s^- 可直接测定，G_p，可通过计算求得。对自平衡法而言，每一加载等级由荷载箱产生的向上、向下的力是相等的，但所产生的位移量是不相等的。因此，Q^+ 应该是对应于自平衡法 $Q^+ - S^+$ 曲线中上段桩桩顶位移绝对值等于 S^- 时的上段桩荷载，亦即在自平衡法向上的 $Q^+ - S^+$ 曲线上使 $S^+ = S^-$ 时所对应的荷载（见图9-4）。

（2）精确转换方法

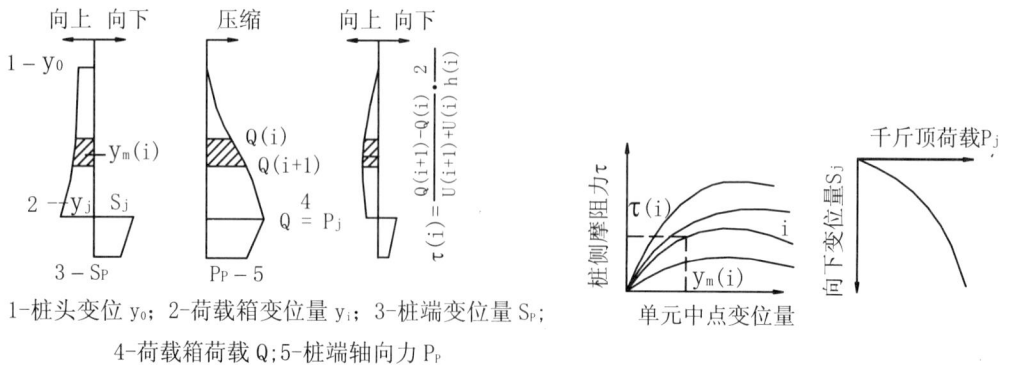

1-桩头变位 y_0；2-荷载箱变位量 y_i；3-桩端变位量 S_P；

4-荷载箱荷载 Q；5-桩端轴向力 P_P

（a）位移图　（b）轴力图（c）侧摩阻力图　（d）侧摩阻力—位移图　（e）载荷—荷载箱下位移图

图9-5　自平衡法轴力、桩侧摩阻力与变位量的关系

在桩承载力自平衡法测试中，当在桩身埋设测试元件如应变计、应力计时，可以测定荷

174

载箱向上、向下的变位量，桩在不同深度的应变或轴力，如图9-5所示。通过桩的应变和断面刚度，可以计算出轴力分布，进而求出不同深度的桩侧摩阻力，利用桩侧摩阻力与变位量的关系、荷载箱加载力与向下变位量的关系，通过荷载传递解析方法，可求得桩头荷载对应的荷载—沉降关系。

在荷载传递解析中，作如下假定：

1）桩为弹性体；

2）可由单元上下两面的轴力和平均断面刚度来求各单元应变；

3）在自平衡测试法中，桩底的承载力—沉降量关系及不同深度的桩侧摩阻力—变位量关系与标准试验法是相同的。

在平衡测试法中，从荷载箱起，将以上桩身分为 n 个单元，任意一点 i 的桩轴向力 Q_i 和变位量 S_i 可用下式表示：

$$Q_i = Q_{n+1} + \sum_{m=1}^{i} f_m(U_m + U_{m+1})h_m/2 \tag{9-5}$$

$$S_i = S_{n+1} + \sum_{m=i}^{n} \frac{Q_m + Q_{m+1}}{A_m E_m + A_{m+1} E_{m+1}} h_m = S_{i+1} + \frac{Q_i + Q_{i+1}}{A_i E_i + A_{i+1} E_{i+1}} h_i \tag{9-6}$$

式中　Q_i、S_i——i 点的轴力与变位量；

Q_{n+1}、S_{n+1}——$i=n+1$ 点为荷载箱顶面，所以桩的轴力 Q_n+1 即表示荷载箱荷载 P_j，S_{n+1} 为荷载箱顶面点变位量 S_j；

f_m——m 与 $m+1$ 点之间的桩侧摩阻力（假定向上为正值）；

U_m、A_m、E_m——分别表示 m 点处桩周长、桩截面面积、桩弹性模量；

h_m——m 单元的长度。

另外，单元 i 的中点变位量 S_{mi} 可用下式表示：

$$S_{mi} = S_{i+1} + \frac{Q_i + 3Q_{i+1}}{A_i E_i + 3A_{i+1} E_{i+1}} \cdot \frac{h_i}{2} \tag{9-7}$$

将式(9-5)代入式(9-6)和(9-7)中，可得：

$$S_i = S_{i+1} + \frac{h_i}{A_i E_i + A_{i+1} E_{i+1}} \left[2Q_j + \sum_{m=i+1}^{n} f_m(U_m + U_{m+1})h_m + f_i(U_i + U_{i+1})\frac{h_i}{2} \right] \tag{9-8}$$

$$S_i = S_{i+1} + \frac{h_i}{A_i E_i + 3A_{i+1} E_{i+1}} \left[2Q_j + \sum_{m=i+1}^{n} f_m(U_m + U_{m+1})h_m + f_i(U_i + U_{i+1})\frac{h_i}{4} \right] \tag{9-9}$$

当 $i=n$ 时，式(9-8)、(9-9)变为：

$$S_n = S_j + \frac{h_n}{A_n E_n + A_{n+1} E_{n+1}} \left[2Q_j + f_n(U_n + U_{n+1})\frac{h_n}{2} \right] \tag{9-10}$$

$$S_n = S_j + \frac{h_n}{A_n E_n + 3A_{n+1} E_{n+1}} \left[2Q_j + f_n(U_n + U_{n+1})\frac{h_n}{4} \right] \tag{9-11}$$

用以上公式，由自平衡法测试出的桩侧摩阻力 τ_i 与变位量 y_{mi} 的关系曲线，将 f_i 作为

$y_{mi}=S_{mii}$ 的形式，求出 τ_i，进一步求出 $f_i=-\tau_i$，还可由荷载箱荷载 P_j 与沉降量 S_j 的关系曲线求出 P_j。所以，对于 S_i 和 S_{mi} 的 $2n$ 个未知数，可建立 $2n$ 个联立方程式来求解。

9.3 现场测试技术

1. 对试桩的要求

在桩身强度达到设计要求的70%前提下，成桩到开始试桩的时间可根据具体试桩工程，参照不同部门标准执行。《建筑基桩检测技术规范》（JGJ 106 — 2003）规定：对于砂土，不少于10d；对于粘性土和粉土，不少于15d；对于淤泥及淤泥质土，不少于25d。

2. 仪器设备

（1）加载设备

试桩采用一个环形荷载箱——专利产品，行程15cm，如图9-6所示，其加载值的率定曲线由计量部门标定，埋设位置为理论计算所得的平衡点。

高压油泵：最大加压值为60MPa，加压精度为每小格0.4MPa。

（2）位移测量装置

1）电子位移传感器（如图9-7所示）

量程50mm（可调），每桩4只，通过磁性表座固定在基准钢梁上，2只用于测量桩身荷载箱处的向上位移，2只用于测量桩身荷载箱处的向下位移。

图9-6 加载用荷载箱　　　　图9-7 加载用电子位移传感器

2）笔记本电脑及自动采集仪（如图9-8所示）

图9-8 笔记本电脑及数据采集仪

3. 现场安装

由于自平衡测桩法的需要，自平衡法试桩施工时应做到以下几点：

（1）在地面上绑扎和焊接钢筋笼时，位移棒外护管、声测管连接用套筒围焊，确保护管不渗泥浆，位移棒采用丝扣连接，并用管子钳拧紧，与钢筋笼绑扎成整体。

（2）荷载箱应立放在平整地上，吊车将上节钢筋笼（外钢管）吊起与荷载箱上顶板焊接保证钢筋笼与荷载箱在同一水平线上，再点焊喇叭筋，喇叭筋上端与主筋、下端与内圆边缘点焊，保证荷载箱水平度小于3%，然后将荷载箱下底板与下节钢筋笼连接，焊接下喇叭筋。

（3）试桩混凝土标高同工程桩，导管通过荷载箱到达桩端浇注混凝土，当混凝土接近荷载箱时，拔导管速度应放慢，当荷载箱上部混凝土大于2.5m时，导管底端方可拔过荷载箱，浇混凝土至设计桩顶。荷载箱下部混凝土坍落度宜大于180mm，便于混凝土在荷载箱处上翻。

（4）埋完荷载箱，保护油管及钢管封头（用钢板焊，防止水泥浆漏入）。

（5）灌注混凝土时，要求制作一定量的混凝土试块，待测试时作混凝土强度试验。

4.现场检测

（1）加载方式

一般采用慢速维持荷载法，即逐级加载，在每级荷载作用下，上、下两段桩均达到相对稳定后方可加下一级荷载，直到试桩破坏，当一段桩已达破坏，而另一段桩未破坏时，应继续加至二段桩均破坏，然后分级卸载到零。考虑实际工程桩的荷载特征，可采用多循环加、卸载法（每级荷载达到相对稳定后卸载到零）。考虑缩短试验时间，对于工程桩作检验性试验，可采用快速维持荷载法，即一般每隔一小时加一级荷载。

（2）加载测试

加卸载分级、位移观察间隔时间及位移相对稳定标准可根据具体试桩工程，参考相应部门规范执行，如对于《公路桥涵施工技术规范》（JTJ 041−2000），规定如下：

1）荷载分级：每级加载为预估加载值的1/10～1/15，第一级按两倍荷载分级加载。

2）位移观测：每级加载后在第1h内分别于第5、15、30、45、60min各测读一次，以后每隔30min测读一次。电子位移传感器连接到电脑，直接由电脑控制测读，在电脑屏幕上显示Q−S、S−lgt、S−lgQ曲线。

（3）稳定标准：每级加载下沉量，在下列时间内如不大于0.1mm时即可认为稳定。

1）桩端下为巨粒土、砂类土、坚硬粘质土，最后30min；

2）桩端下为半坚硬和细粒土，最后1h。

（4）终止加载条件：当出现下列情况之一时，即可终止加载。

1）已达到极限加载值；

2）在某级荷载作用下，二段桩的位移均为前一级荷载作用下位移量的5倍。若仅一段桩发生此情况，仍需继续加载；

3）在某级荷载作用下，二段桩的位移量均大于前一级荷载作用下位移量的2倍，且经

24h 尚未达到相对稳定；

4）抗拔试验时，上段桩累计上拔量超过 100mm，桥桩上段累计上拔量超过 25mm，同时下段桩亦超过沉降允许值。

5）总下沉量小于 40mm，但荷载已达荷载箱加载极限，或两段桩累计位移已超过荷载箱行程。

（5）卸载测试

1）卸载应分级进行，每级卸载一般可为 2 倍的加载荷载分级。每级荷载卸载后，应观测二段桩的回弹量，观测办法与加载相同。直到回弹量稳定后，再卸下一级荷载。回弹量稳定标准与加载稳定标准相同。

2）卸载到零后，至少在 1.5h 内每 15min 观测一次，开始 30min 内，每 15min 观测一次。

5. 成果整理与报告编制

（1）成果整理

单桩竖向静载试验记录同传统静载荷试验方法，一般应绘制 $Q-s_上$、$Q-s_下$、$s_上-lgt$、$s_下-lgt$、$s_上-lgQ$、$s_下-lgQ$ 曲线。在实际工程测试时，上述表格及曲线均由计算机自动生成。

当进行桩身应力、应变测定时，应整理出有关数据的记录表和绘制桩身轴力分布、侧摩阻力分布、桩顶荷载—沉降、桩端阻力—沉降关系等曲线。

（2）报告编制

检测报告内容同《建筑基桩检测技术规范》，一般应包含以下内容：

1）委托方名称，工程名称、地点，建设、勘察、设计、监理和施工单位，基础、结构型式，层数，设计要求，检测目的，检测依据，检测数量，检测日期；

2）地质条件描述；

3）受检桩的桩号、桩位和相关施工记录；

4）自平衡检测方法执行标准，检测仪器设备，检测过程叙述；

5）各桩的检测数据，实测与计算分析曲线、表格和汇总结果，承载力确定方法；

6）对上述成果进行综合分析，并对桩基础设计和施工提出建议。

9.4 自平衡法应用中应注意的问题

自平衡法在实际应用过程中经常遇到各种各样的问题，这些问题可归纳为三个主要问题：（1）上、下两段桩的平衡点的确定问题；（2）承载力的确定问题（包括自平衡试桩等效转换问题）；（3）自平衡法用于工程桩的问题。

1. 上、下两段桩的平衡点确定问题

自平衡试桩法提出了"平衡点"概念，即上段桩的侧负摩阻力＋上段桩自重＝下段桩侧摩阻力＋端阻力。荷载箱应摆放在"平衡点"维持加载，才能测出最终极限承载力。对于持力层非常好的情况，桩底实际上就是桩的"平衡点"。将荷载箱置于"平衡点"，技术上应该是合理的，投入上也是经济的。有些工程技术人员认为"平衡点"要同时满足上、下两段试桩的反力和位移互相平衡，即在各级加载工况下，上、下两段试桩在加载面处的位移相等。这其实是一个误解，我们只要求上、下两段试桩的反力平衡，而不要求同时存在位移相等的平衡。整个过程得到荷载箱上段桩及下段桩两条Q-S曲线。

"平衡点"的位置确定是一个困难而复杂的事情。在试验之前根据已有资料和试桩经验来确定的所谓"平衡点"，存在一定的偏差是完全可能的，偏差的存在就会造成上、下两段桩不能同时达到我们预先拟定的极限条件，即可能是其中一段达到极限承载力，另一段可能还没有达到，从而导致上、下两段桩的极限承载力不相等。由此判定的极限承载力小于真实的极限承载力，故结果偏于保守。实际工程中可以进一步加载以达到我们预设的极限状态。

也有人认为自平衡点"人为地强化了桩端支承力的贡献"。此问题必须区别使用荷载和极限荷载下桩端承载力的发挥程度。对于长桩而言，使用荷载较小，仅摩擦力发挥作用，桩端阻力一般不发挥作用。但出于工程安全考虑，必须测试出极限承载力，才能知道桩的安全度有多大。对于桩顶陡变型Q-s曲线，极限桩端阻力和极限桩侧摩阻力都可以发挥出来，桩端阻力贡献大。对于缓变型曲线，整个桩未达到极限值，故桩端阻力没有完全发挥。桩端阻力占总承载力的比例与测试方法无关。

2. 承载力的确定问题

东南大学在同一场地做了60多根静载法与自平衡法的对比试验。作者也在同一场地做了60多根静载法与自平衡法的对比试验，其中有几根是在同一根桩上进行两种试验对比的。如某桩是先进行自平衡法试验，加载到两段桩脱开后，经过一定间隔期，再进行堆载试验，测出向下侧摩阻力约为向上侧摩阻力的0.73倍。为保守起见，文献中给出的计算公式如下：

$$Q_u = \frac{Q_u^+ - G_p}{\lambda} + Q_u^-$$

式中　G_p——荷载箱上部桩自重；

λ——系数，对于粘土、粉土，$\lambda=0.8$，对于砂土，$\lambda=0.7$；　　　　　　　　(9-12)

Q_u^+、Q_u^-——荷载箱上、下段桩极限承载力。

由于上述计算公式没有给出相应桩顶荷载作用下的位移，因此对于重要工程，一般由等效转换曲线来确定承载力。目前自平衡法测试曲线向传统静载曲线转换有两种方法：精确转换法和简化转换法。

在精确转换法中，利用荷载传递解析方法，将每层土实测的 τ-s 曲线（见图9-12）、荷载箱处向下Q-s曲线推导出桩顶静载Q-S曲线，具有较高的精度。

简化转换法公式是基于现场对比试验统计得出的，一般适用于在桩身中仅埋设荷载箱测试承载力的情况。由于桩承载力受施工、地质条件等因素影响，同一场地试桩承载力有时相差也非常大，甚至达1倍左右。我们统计的转换系数也有一个离散范围，因此必须采取一定的数学统计方法，排除明显受施工影响的数据再进行统计。另外，由于传统方法是从上往下发挥，而自平衡法是从下往上发挥，如图9-10所示，再者许多检测为验证性检测，仅按2倍设计值加载，所测位移较小，未达到真正的极限，土层承载力没有完全发挥，也会影响转换系数的取值。转换系数取1是非常保守的，对于重大工程可以这样采用。当然我们所进行的现场对比试验主要集中在江苏省，对于全国其它的特殊土，使用该简化转换法时必须进行对比试验。

我们认为自平衡位移转换仍需做大量的理论和试验研究。东南大学及日本美国等国的科研单位仍在进行大量对比试验，以期使转换曲线尽量逼近传统静载试验曲线。

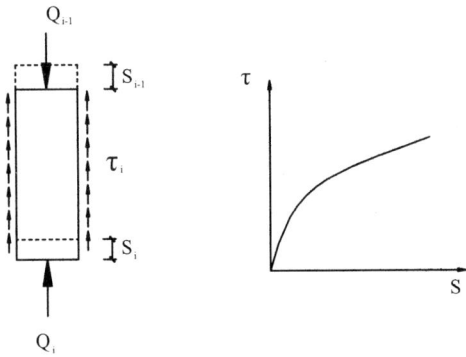

图9-9　桩单元及每层土 τ-s 曲线　　　图9-10　土层摩阻力发挥示意

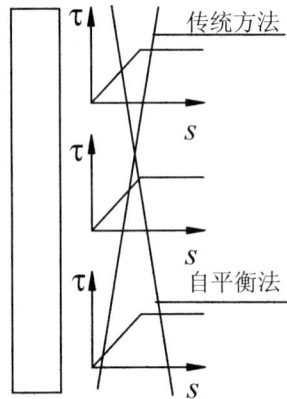

3.自平衡法用于工程桩的问题

自平衡试桩法可以在工程桩上直接使用。国外许多工程实例证明，试验后可通过预埋管对荷载箱处进行压力灌浆。

1997年，美国佛罗里达州阿巴拉契可乐河的试桩在工程桩上进行。该试桩桩径2.7m，桩身总长在河底以下31m，水深6.1m。用了三只荷载箱，放置于距桩底2.1m的同一平面，试验总承载力为133MN。试验后对荷载箱处通过预埋管进行了高压注浆。

国外已有上百座桥梁、上百栋高层建筑安全使用自平衡法多年，证明了此法的可靠性。

自平衡法试桩加载到极限状态，上下段桩分别施加的力约为总极限承载力的一半，故桩身材料不会发生破坏。桩周土层承载力是可以恢复的，因此采用注浆填充荷载箱处试验断层，使该处强度稍大于桩身强度即可。注浆量与注浆材料强度应根据具体试桩确定，高压注浆不仅可以填充荷载箱处断层，还可以根据要求在该处形成一个扩大头。浆液也可沿桩周上下渗透，提高该处承载力，如图9-11所示。

也有人认为"压浆后可以恢复其抗压承载性能,但是会影响起其水平承载力"。实际工程中,桩身平衡点(荷载箱的埋设位置)基本都远处于反弯点以下,其承受的水平承载力几乎为零,因此,可认为其对水平承载力是没有影响的。

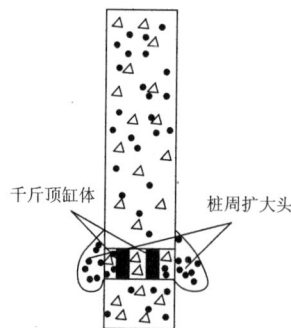

图9-11 荷载箱处压浆示意图

9.5 自平衡法在基桩研究领域的应用

自平衡试桩法对研究桩侧摩阻力、桩端阻力的发挥很有用处,该测试法也可以用来研究桩侧摩阻力的时间效应、施工方法对桩端承载力的影响、循环加载对不同深度桩侧摩阻力的影响,而且,该测试法是唯一能够对基桩指定区段进行水平荷载试验和桩侧摩阻力测试的方法。

1.自平衡试桩法作为研究工具

在15个以上的国家,已在不同的土层、岩层条件下进行了大约800项自平衡法试验,最大的试验荷载是对于极限承载能力为151 MN 的钻孔灌注桩。随着经验和试验资料的积累,自平衡试验法已成为一种研究桩基础工作性能的有力工具。自平衡试验法的特点使各种研究成为可能:

(1)分别测量桩侧摩阻力和桩端阻力;

(2)试验荷载能保持任意长时间;

(3)能对桩施加水平荷载;

(4)能无限地循环加载;

(5)能测试任意角度的斜桩;

(6)单独测试嵌岩段,而不包括覆盖层;

(7)荷载能施加在任一指定的区段。

2.应用实例

(1)干扰因素对桩侧摩阻力和桩端阻力分布的影响

Osterberg 于2000年报道了桩清底不充分对荷载—向下位移曲线的影响。图9-12 显示了一个桩底无明显沉渣的典型 O - cell 试验等效曲线和桩底沉渣过厚的桩顶加载试验曲线。在加载到3.6MN 时,因为全部荷载实际上由小位移激发的桩侧摩阻力承担,桩底沉渣对桩顶荷载曲线基本无影响。然而当荷载仅再少量增加时,桩侧摩阻力就达到极限值,荷载增量由桩端阻力承担。由于桩底沉渣在增量荷载作用下沉降迅速增加,直至沉渣被充分压密。在工作荷载3.6MN 作用下,桩底有沉渣和无沉渣的桩顶沉降皆为3.8 mm。当荷载达到1.5 倍的工作荷载时,桩顶沉降分别为10mm 和40 mm。由此可见桩底有沉渣的情况,安全系数远小于2。因此对桩底无沉渣的基桩进行桩顶加载试验就会显示此桩为合格桩,对桩底有类似图9-12中所示情况的基桩进行桩顶加载试验就会显示此桩为不合格桩,但不能判断缺陷特征。然而自平衡试验就能清楚地判断此种情况的缺陷是由于施工技术原因而非地基土的固有缺陷。充分清底的重要性往往被低估,需进行研究以确定最合适的清孔方法、流程和更合理的孔底沉渣测量方法。

钻孔灌注桩的孔壁泥皮能使桩侧摩阻力显著降低。许多自平衡试验表明,清孔后,混凝土灌注前钻孔暴露时间太久会大大降低桩侧摩阻力。需要研究以确定合适的施工方法以减小泥皮厚度。

（2）桩侧摩阻力的时间效应

众所周知,对于许多土体,打入桩的桩侧摩阻力随时间增加而增加。使用自平衡试桩法能单独测量桩侧极限摩阻力,并且能长期重复测试,而无须重新安装反力架或堆载。Bullock于1999年分别在密砂、软土和半坚硬淤泥质粘土混合层等不同土层进行了5根打入桩试验,所有试桩都在荷载箱底部预先浇筑457 mm厚的预应力混凝土。每个试桩沉桩后立即加载以测量桩侧极限摩阻力,并以2倍于前次试验间隔的间隔时间重复测试,将结果绘制在半对数坐标中。图9-13以试桩任意时间的桩侧摩阻力与1d后桩侧摩阻力的比值(初始比),给出了5根试桩的试验结果。A表示一次循环的初始比增量,例如将1~10d、10~100d等作为一次循环。注意到在1年内密砂增加25%,而软土和半坚硬淤泥质粘土混合层增加高达75%。沿桩长进行的孔隙水压力测量结果表明,即使沉桩引起的孔隙水压力已经消散,桩侧摩阻力仍随时间继续线性增加。

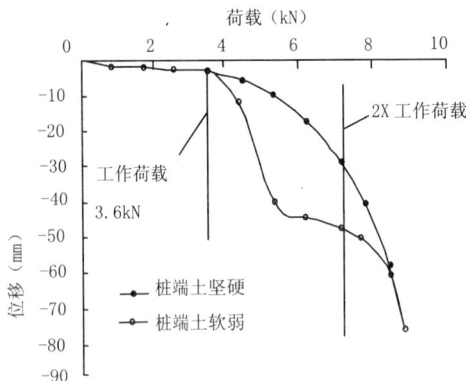

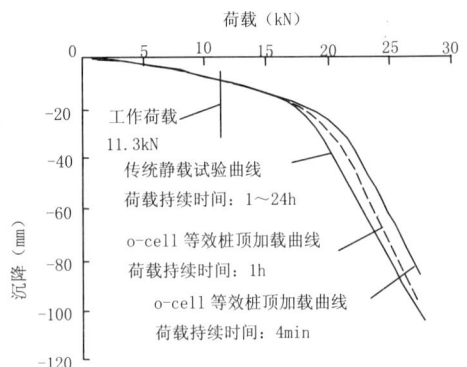

图9-12　自平衡等效转换曲线与桩顶加载曲线　图9-13　极限桩侧摩阻力随时间的增长

（3）嵌岩阻力

自平衡试验法能排除覆盖层的影响而单独测试嵌岩段承载力。预先将荷载箱放置在嵌岩段底部,然后仅灌注混凝土到嵌岩段顶部,或将荷载箱放置在嵌岩段顶部并在桩底另外放置一个荷载箱,然后桩孔全部灌注混凝土,这样可得各分段桩侧极限摩阻力和极限端阻力。

Osterberg于2000年对在不同岩层进行的22项试验结果进行了研究,其中有15项试验没有达到桩侧极限摩阻力或极限端阻力。这些试验中有2项试验是加载到设计荷载的4倍,其它许多试验都是加到设计荷载的10倍,这表明几乎所有嵌岩桩的设计都过于保守。对于试验的结果,设计师仅感到桩端阻力和桩侧摩阻力的设计假定是有效的,而没有尝试修改设计以节约在岩层中钻孔的费用。很遗憾,自平衡试验大多只作为验证性试验而不是用来确定经济、安全的设计值。

(4) 水平荷载试验

自平衡试桩法能对埋深较浅的嵌岩段进行水平荷载试验,此法可排除覆盖层的影响而单独测试嵌岩段的水平抗力。先钻孔至岩层顶面,开挖覆盖层至岩层顶面,然后在岩层中钻孔。在扁平荷载箱两端分别焊接尺寸与岩层钻孔深度和直径相同的钢板,焊接好后沿钻孔的中心线垂直下放,然后灌注混凝土,这样桩身就形成两个半桩。在下放荷载箱前将桩底处理,以保证两块钢板对两个半桩施加的力一致。混凝土达到龄期后就可对试桩循环加载,试验结果根据桩身实际尺寸加以修正。

自平衡试验法具有对深基础指定区域单独加载的独特功能,是一种非常有用的研究工具。这种方法已成功应用于研究时间效应、岩层水平抗力系数、循环加载效应和施工技术对钻孔灌注桩承载力的影响。这种方法还有望进行打入桩残余应力的测试研究。

9.6 工程实例

1.工程概况

杭州湾跨海大桥位于浙江省嘉兴市海盐县与宁波市慈溪市之间,跨越杭州湾,为双向6车道,桥宽33 m,大桥全长36km。大桥设南、北两个航道桥,其中北航道桥为主跨448m的钻石形双塔双索面钢箱梁斜拉桥,南航道桥为主跨318m的A形单塔双索面钢箱梁斜拉桥。除南北航道桥外,其余引桥采用30~80m不等的预应力混凝土连续箱梁结构。

为了验证设计时所采用的地质钻探资料的正确性,应用桩承载力自平衡试桩法,对桩基础进行试桩试验以确定压浆前后单桩承载力、分层岩土摩擦力、端阻力,为设计人员优化桩基础设计提供必要的依据。

本实例选择四期试桩D13墩23号桩。

2.试桩概况

试桩主要参数见表9-2。

四期试桩D13墩23号桩主要参数　　　　　　表9-2

试桩期数	试桩编号	桩径（mm）	桩长（m）	桩长（m）	持力层	成桩形式	预估极限承载力值(kN)	荷载箱距桩底距离(m)
四期试桩	D13墩23号桩	2800	120	-0.8	粘土层	钻孔灌注桩（桩端注浆）	60000	17.5（上）3.0（下）

3. 工程地质概况

四期试桩D13墩23号桩土层分布见表9-3。

D13墩23号桩地质资料 表9-3

土层编号	土层名称	层底标高(m)	层底深度(m)	层厚(m)	岩 性 描 述	极限侧摩阻力(kPa)
②-1	亚砂土	-15.92	4.80	4.80	亚砂土：灰黄色，流塑～软塑	25
③	淤泥质亚粘土	-41.12	30.00	25.20	淤泥质亚粘土：灰色，流塑，夹粉砂薄层	35
④-1	淤泥质粘土	-47.122	36.00	6.00	淤泥质粘土：灰色，流塑，局部软塑，土质较均匀。局部混有少量粉砂或薄层	30
④-1	淤泥	-53.12	42.00	6.00	淤泥：灰色，流塑，局部软塑，土质较均匀	30
④-2	粘土	-58.12	47.00	5.00	粘土：灰色，软塑，土质不均匀，加有少量粉砂薄层	40
⑥	粘土	-59.12	48.00	1.00	粘土：灰—蓝灰色，土质较均匀	60
⑦-1	细砂	-68.92	57.80	9.80	细砂：灰～浅灰色，中密～密实，含少量卵砾石，局部加硬塑状亚粘土	75
⑦-2	亚粘土	-71.42	60.30	2.50	亚粘土：灰～青灰色，硬塑，含云母碎片，加亚粘土薄层	70
⑧1-1	粘土	-75.32	64.20	3.90	粘土：灰色，软塑，土质较均匀	55
⑧1-2	亚粘土	-79.12	68.00	3.80	亚粘土：灰～蓝灰色，硬塑，土质较均匀	70
⑧1-2	粘土	-86.72	75.60	7.60	粘土：灰～蓝灰色，硬塑，土质较均匀	75
⑧1-2	亚粘土	-92.12	81.00	5.40	亚粘土：灰～黄灰色，硬塑，土质较均匀，顶部含少量砂粒	75
⑨	粉砂	-97.92	86.80	5.80	粉砂：浅灰色，密实，含云母碎片，砂质均匀，顶部夹粘性土，局部为亚粘土	70
⑨	细砂	-101.22	90.10	3.30	细砂：浅灰色，密实，含少量云母碎片，砂质较均匀	75
⑩	粘土	-115.72	104.60	14.50	粘土：灰黄色夹杂蓝灰色条纹，硬塑，土质较均匀	90
⑩	亚粘土	-119.52	108.40	3.80	亚粘土：黄灰～蓝灰色，软硬塑，夹细砂，土质不均匀	75
(11)	粉砂	-121.22	110.10	1.70	粉砂：浅灰色，密实	80

注：表中侧摩阻力为钻孔灌注桩指标。

4.试验结果

采用单荷载箱的试桩只进行一次，采用双荷载箱的试桩测试顺序如下：

（1）成桩28天后加载下荷载箱，测出压浆前下荷载箱下段承载力；

（2）随即测试上荷载箱。此时打开下荷载箱，直至上荷载箱下段桩达极限承载力,此时关闭下荷载箱，直到上荷载箱上段桩达极限承载力，测试完毕进行桩端压浆；

（3）压浆后20天进行下荷载箱加载测试，加载至下荷载箱下段桩达极限值；

（4）D13墩23号桩还进行了压浆后上荷载箱的测试，主要测出压浆后上荷载箱上段桩的承载力。

D13墩23号桩压浆前后自平衡法加载测试曲线如图9-14、9-15所示，压浆前后轴力分布曲线如图9-16、9-17所示，压浆前后侧摩阻力分布曲线如图9-18、9-19所示。

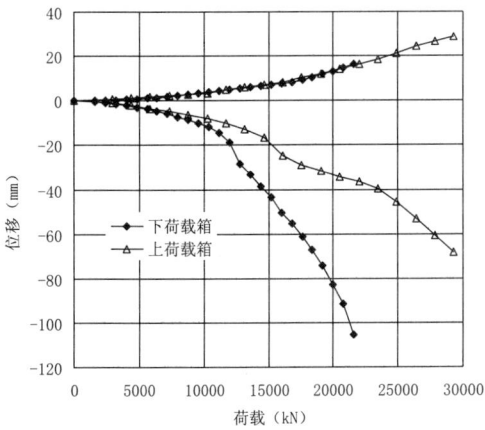

图 9-14　D13墩23号桩压浆前Q-s曲线

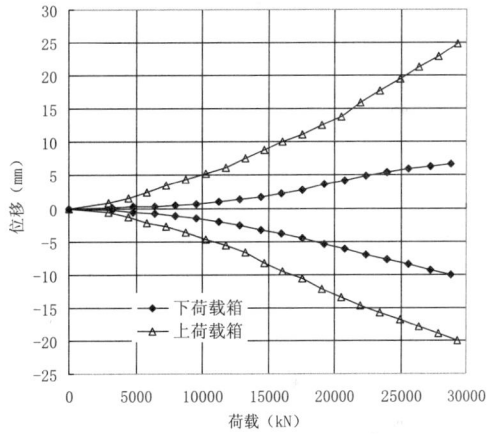

图 9-15　D13墩23号桩压浆后Q-s曲线

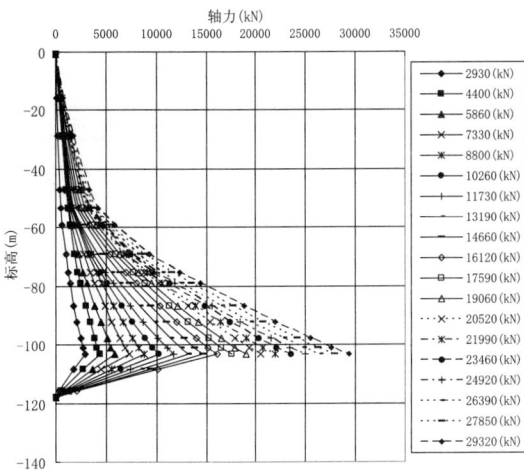

图 9-16　D13墩23号桩压浆前桩轴力分布图

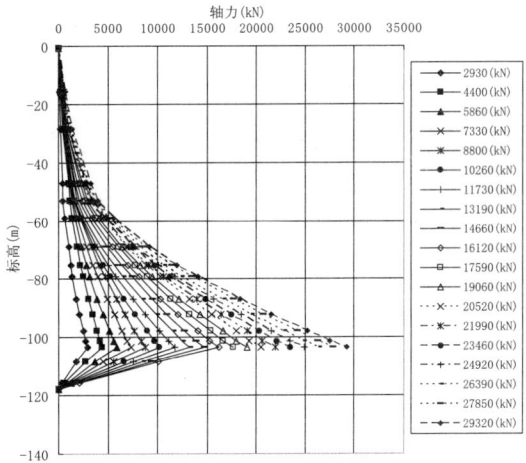

图 9-17　D13墩23号桩压浆后桩轴力分布图

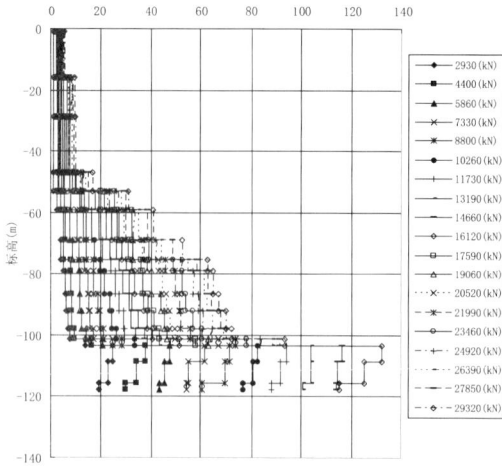

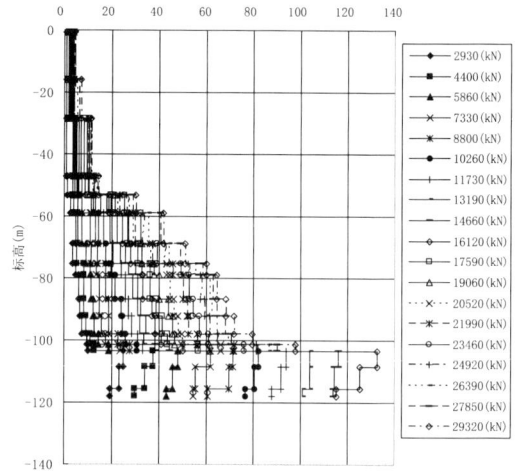

图 9-18　D13墩23号桩压浆前桩侧摩阻力分布图　图 9-19　D13墩23号桩压浆后桩侧摩阻力分布图

为了获得压浆前后等效转换结果，分别将自平衡法实测的向上、向下两条 Q-s 曲线，根据位移协调原则，采用精确转换法由每层土实测 τ-S 曲线转换成传统桩顶Q-s 曲线。D13墩23 号桩压浆前后的等效转换曲线如图 9-20 所示。由图可见，压浆前极限承载力取最后一级荷载 67233kN，相应的位移为 134.48mm；压浆后，试桩尚未达到其极限承载状态，故取最后一级荷载 74473kN 作为试桩的极限承载力，相应的位移为 41.02mm。

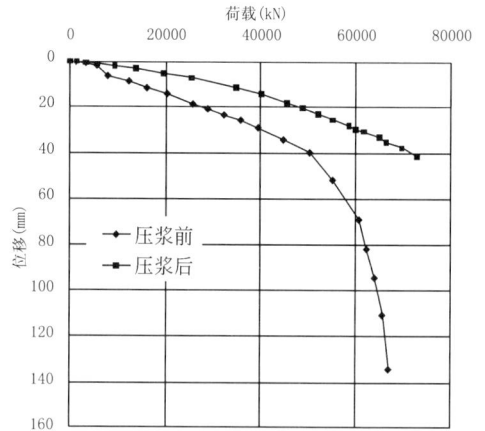

图 9-20　D13墩23号桩等效转换Q-s曲线

参考文献

1 建筑基桩检测技术规范（JGJ 106-2003 J 256-2003）.北京：中国建筑工业出版社，2003

2 建筑地基基础设计规范（GB 50007-2002）.北京：中国建筑工业出版社，2003

3 建筑桩基技术规范（JGJ 94-94）.北京：中国建筑工业出版社，1995

4 建筑地基基础工程施工质量验收规范（GB 50202-2002）.北京：中国计划出版社，2002

5 建筑地基处理技术规范（JGJ 79-2002 J 220-2002）.北京：中国建筑工业出版社，2002

6 基桩低应变动力检测规程（JGJ/T 73-95）.北京：中国建筑工业出版社，1995

7 基桩高应变动力检测规程（JGJ 107-97）.北京：中国建筑工业出版社，1997

8 超声波检测混凝土缺陷技术规程（CECS21: 2000）

9 超声回弹综合法检测混凝土强度技术规程（CECS021: 88）

10 混凝土超声波检测仪（JG/T 5004-92）

11 混凝土强度检验评定标准（GBJ 107-87）.北京：中国计划出版社，1988

12 混凝土结构工程施工质量验收规范（GB 50204-2002）.北京：中国建筑工业出版社，2002

13 江苏省地方标注，桩承载理自平衡测试技术（DB32/T291-1999）：江苏省技术监督局、江苏省建设委员会联合发布，1999

14 公路桥涵施工技术规范（JGJ041-2000）.北京：人民交通出版社，2003

15 公路工程质量检验评定标准（JGJ071-98）

16 徐攸在，桩的动测新技术.北京：中国建筑工业出版社，2002

17 徐攸在,刘兴满.桩的动测新技术.北京：中国建筑工业出版社，1989

18 徐攸在.桩基检测手册.北京：中国水利水电出版社，1999

19 刘兴录.桩基工程与动测技术200问.北京：中国建筑工业出版社，2000

20 段尔焕.桩基试验与检测技术.北京：人民交通出版社，2003

21 华南理工大学、东南大学、浙江大学、湖南大学.地基及基础.北京：中国建筑工业出版社，1998

22 史如平，韩选江.土力学与地基工程.上海：上海交通大学出版社，1990

23 Ascalew Abebe&Dr Ian GN Smith .Pile Foundation Design .School of Build Environment .Napier University

24 曹获，赵竹占.公路工程基桩动测技术：浙江省交通厅工程质量监督站，2004

25 罗琪先.桩基工程检测手册.北京:人民交通出版社，2004

26 祝龙根，刘利民，耿乃兴.地基基础测试新技术.北京:机械工业出版社，2002

27 桩基工程手册.北京:中国建筑工业出版社，1997

28 刘自明.桥梁工程检测手册.北京:人民交通出版社，2002

29 刘明贵等.桩基检测技术指南.北京:科学出版社，1995

30 刘金砾等.桩基设计施工与检测.北京:中国建筑工业出版社，2001